추천의 글

남 편 을   급 매 합 니 다 !

인터넷에 올린 급매물 광고

"사정상 급매합니다. 1991년 12월 14일 예식장에서 구입했습니다.
구청에 정품 등록은 했지만 명의 양도해 드리겠습니다.
아끼던 물건인데 유지비도 많이 들고 성격 장애가 와 급매합니다.
상태를 설명하자면 구입 당시 A급인 줄 착각해서 구입했습니다.
마음이 바다 같은 줄 알았는데 잔소리가 심하고 사용 시 만족감이 떨어집니다.
음식물 소비는 동급의 두 배입니다.
사용 설명서는 필요 없습니다. 어차피 읽어봐도 도움이 안 됩니다.
A/S 안 되고 변심에 의한 반품은 절대 안 됩니다. ㅎㅎ
사은품으로 변덕 심한 시어머니와 까칠한 시누이도 포함됩니다.
울 신랑은 원래는 괜찮았는데 사용자 부주의라며 억울하다네요.
글고 울 친구는 내거 팔 때 자기 신랑 1+1로 같이 내놓겠답니다."

가정법원

치열한 논쟁 끝에 끝내 이혼에 합의하고 법정을 나서는 부부들이 나누는 마지막 말은 무엇일까? "앓던 이 빠진 것처럼 속이 시원하다" "그래 잘 먹고 잘 살아라." 여전히 비아냥대는 말일까? 아니면 "그래, 미안해. 그동안 행복했어. 아이들 데리고 잘 살아!" 이런 회한과 아쉬움의 작별 인사일까? 뜻밖에도 마지막 말은 "당신 그 때 그 말이 그 말이었었어?"

급매물로 저자거리로 쫓겨나야 하는 남자들, 끝내 말귀 못 알아듣고 버림받는 귀머거리 남편들, 폭발 직전의 핵폭탄 같은 폭군들과 불안한 동거를 하루하루 연명해야 하는 부부들 … 그 숨 막히는 가슴을 뻥 뚫어주는 책이 게리 토마스의 《부부학교》다. 간단하다. 만 명이면 오만 가지 처방이 있다는 민간요법에 기대 병을 키우지 말고 전문의를 찾으라고 한다. 전문 치료자는 그리스도다. 그 분이 제시하는 '닭살 돋는' 부부로 살아가는 방법이 있단다. 비법이 아니다. 일상 속에서 누구나 실천해 볼 수 있는 삶의 지혜들이다. 저자의 삶에서 임상실험을 거친 부작용 없는 완전무결의 처방이다.

책을 읽는 내내 나는 무릎을 쳤다. "딱이네!"
지구촌에서 유일하게 '부부의 날'(5월 21일)을 갖고 있으면서도 여전히 높은 이혼율과 갈등을 지닌 채 살아가는 대한민국 모든 부부들에게 자신 있게 이 책을 추천한다. 책을 붙잡는 부부들에게 이런 고백이 울려 퍼질 것이다.

가~ 가장 소중한 사람이 곁에 있는 것을 일러 '행복'이라 합니다.
나~ 나의 빈자리가 당신으로 채워지길 바라는 것은 '소망'입니다.
다~ 다른 사람이 아닌 당신을 기다리는 것이 '기도'입니다.
라~ 라일락 향기와 같은 당신의 향에 목마름은 '그리움' 때문입니다.
마~ 마음속 깊이 당신을 사모하다. …

송길원 목사, 행복발전소 하이패밀리 대표, 가족생태학자

게리 토마스는 초대형 베스트셀러 《영성에도 색깔이 있다》의 저자로서 우리에게도 친숙한 영성신학자이다. 저자는 이 책에서 아내가 어떻게 배우자에게 영향을 미쳐 자신을 사랑하는 남편으로 변화시킬 수 있는가를 제시하고 있다. 스토리텔링을 통해 전달되는 그의 메시지에는 성경적 안목과 남녀 심리에 대한 예리한 통찰이 녹아 있다. 행복한 부부관계를 누리기 원하는 모든 아내들에게 일독을 권한다.

정동섭 가족관계연구소장,, 한동대 겸임교수

남편을 변화시키고 싶은 아내가 있다면, 꼭 이 책을 읽어보라. 먼저 당신이 변하고 당신의 변화가 남편의 변화를 이끌어 낼 것이다. 아내와의 관계가 어려운 남편이 있다면 꼭 이 책을 읽어보라. 자신의 모습을 돌이켜 보며 스스로를 이해해 가는 가운데 자신이 성숙해 감을 느낄 것이다. 그 성숙이 아내와의 관계를 회복시킬 것이다. 남자의 심리와 생리를 이렇게 성경적으로 심리학적으로 생리학적으로 쉽고 깊이 쓸 수 있다니, 저자의 탁월한 식견과 통찰력에 감탄할 뿐이다.

김성묵 두란노아버지학교운동본부 본부장

하나님은 아내들에게 남편을 격려하고 남편에게 영향을 미칠 수 있는 놀라운 힘을 주셨다. 비결은 무엇일까? 이 책은 사랑하고 사랑받는 결혼생활을 원하는 아내들에게 도전과 모범과 희망을 줄 것이다.
데니스 레이니 Family Life 총재

이 책을 처음 읽었을 때 나는 여자들이 어떻게 생각하고 느끼는가에 대해 이처럼 놀라운 통찰을 지닌 게리 토마스에게 입이 딱 벌어졌다! 그런데 놀랍게도 그는 남자들에 대해서도 비슷한 통찰을 가지고 있다. 그래서 그 둘을 통합하여 아주 깊이 있는 부부관계의 해법을 들려준다. 모든 아내들에게 이 책을 적극 추천한다.
린다 딜로우 《준비된 결혼, 준비된 배우자》의 저자

당신의 남편에게 동기를 심어주는 법을 알고 싶은가? 이 책을 읽으라! 지극히 솔직하게 쓴 이 책에 모든 아내들에게 절실히 필요한 깨달음이 들어 있다.
로레인 핀투스 《친밀한 하나됨》의 저자

당신의 남편을 변화시킬 수는 없지만 남편에게 영향을 줄 수는 있다. 그것이 《부부학교》 전체에 담긴 희망찬 메시지다. 남자들과 그들의 필요에 대한 저자의 진솔한 이야기들은 여태껏 수많은 아내들을 상담해 온 나에게 깊은 통찰과 도전을 주었다. 더 나은 결혼생활을 원하는 아내라면 누구에게나 이 책을 권하고 싶다.
주디 보드너 When Love Dies: How to Save a Hopeless Marriage
 (사랑이 죽을 때: 절망적인 결혼생활을 살려내는 법) 저자

부부학교
Sacred Influence

ⓒ 2006 by Gary L. Thomas
Originally published in English as With : *Sacred Influence*
by Zondervan, Nashville, TN, USA.
All rights reserved.

This Korean translation edition ⓒ 2011 by CUP, Inc., Seoul, Republic of Korea.
Published by arrangement with The Zondervan Corporation L.L.C.,
a subsidiary of HarperCollins Christian Publishing, Inc.
through rMaeng2, Seoul, Republic of Korea.

이 한국어판의 저작권은 알맹2를 통하여 HarperCollins Christian Publishing, Inc.와 독점 계약한
도서출판 CUP에 있습니다.
신 저작권법에 의하여 한국 내에서 보호 받는 저작물이므로 무단 전재와 무단 복제를 금합니다.

Sacred Influence

지은이	게리 토마스
옮긴이	윤종석
펴낸이	김혜정
디자인	홍시 송민기
마케팅	윤여근, 정은희
초판	초판 1쇄 발행_ 2011년 8월 8일
	초판 11쇄 발행_ 2019년 7월 16일
개정판	개정판 1쇄 인쇄_ 2022년 4월 18일
	개정판 2쇄 발행_ 2023년 9월 18일
펴낸곳	도서출판 CUP
출판신고	제2017-000056호 (2001.06.21.)
주소	(04549) 서울특별시 중구 을지로148, 803호 (을지로3가, 드림오피스타운)
전화	(02) 745-7231
팩스	(02) 6455-3114
이메일	cupmanse@gmail.com
블로그	www.cupbooks.com
페이스북	facebook.com/cupbooks
인스타그램	instagram.com/cupmanse

ISBN 979-11-90564-36-6 03230   Printed in Korea.
파손된 책은 구입한 서점에서 교환해 드리며 책값은 뒤표지에 있습니다

게리 토마스의
인생학교 03

부부학교
Sacred Influence

게리 토마스 | 윤종석 옮김

"부부들의 가슴을 뻥 뚫어주는 책이다"
하나님이 제시하는 '닭살 돋는 부부'로 살아가는 방법

SACRED INFLUENCE

What a Man needs from his Wife
to be the Husband she wants

스티브와 레베카 월키 박사에게.
"친구의 충성된 권고가 이와 같이 아름다우니라" 잠 27:9

차례

리자 토마스 서문   12
감사의 말   14
머리말_ 하나님은 들으시고 보신다   16

Part 1 결혼생활의 변화는 나에게서부터 시작된다

01_ 그리스도 안에서 자존감을 회복하라   25
02_ 참는 것이 능사는 아니다! 문제를 덮어 두지 말라   43
03_ 배우자를 통하여 자라게 하시는 하나님   59

Part 2 변화의 분위기를 조성하라

04_ 남자의 가장 깊은 갈증을 이해하라   73
05_ 불완전한 남자를 인정하는 법을 배우라   93
06_ 결혼의 고귀한 소명을 받아들이라   125
07_ 하나님이 결혼에 주신 소명과 책임에 집중하라   147

08_ 남자의 뇌를 알면 답이 보인다 165

09_ 끈질긴 추구의 위력을 경험하라 189

Part 3 부부관계의 가장 흔한 문제들, 그 해법

10_ 남편의 분노에 자존감을 꿋꿋이 보여 주라 219

11_ 남편 분노의 메커니즘을 알고 대응하라 245

12_ 남편이 가정생활에 더 관여하도록 돕는 비결 263

13_ 바쁜 남편, 가정을 첫자리에 두도록 도우라 285

14_ 순결한 정열, 남편의 애정을 굳히고 지켜준다 309

15_ 인터넷 불륜으로 빗나간 남편, 사랑을 회복하다 341

16_ 신앙이 없거나 초신자인 남편을 돕는다 363

후기_ 결혼, 그 영원한 아름다움 393

주 402

리자 토마스 서문

독 자 들 에 게 ,

당신의 손에 이 책이 들려 있어 참으로 감사하다! 작정하고 끝까지 읽어 주기를 바라고 기도한다. 당신도 나와 같다면, 정말 유익한 양서들이 읽힐 날만 기다리며 쌓여 있을 것이다. 어떤 때는 읽을 순서를 정하기도 쉽지 않을 것이다. 그 많은 책들 중에 선택된 이 책이 매우 가치 있는 내용을 담았다고 장담할 수 있다. 읽으면 당신의 결혼생활에 반드시 복이 될 것이다.

내 남편 게리는 그의 강연을 듣거나 책을 읽은 수많은 여성들로부터 이메일과 질문을 많이 받았다. 이 책은 그에 대한 답변의 성격도 있다. 도무지 알아듣지 못하는 듯한 남편 때문에 많은 아내들이 느끼는 좌절과 고통과 때로는 분노를 게리는 들었고, 덕분에 실생활의 문제를 실제적으로 다룰 수 있었다. 당신과 나 같은 여자들이 실제로 겪고 있는 문제들이다. 그는 당신의 상황을 책임지고 고쳐줄 '간단한 5단계'를 제시하기보다, 여자들이 남자의 생리를 더 잘 이해하게 해주고, 또 당신의 부부관계에 작용하는 영적인 역동성을 조금이나마 보게 해주려고 하였다. 결혼생활의 여정 속으로 그가 당신을 쭉 안내하는 동안 그에게서 뜨거운 우애를 보게 되기를 바란다.

나는 남편이 정말 자기가 책에 쓴 대로 사느냐는 질문을 자주 받는다.

그때마다 나는 물론 그렇다고 힘주어 대답한다! 그가 말과 행동이 일치하는 사람이기에 나는 전심으로 이 책을 추천할 수 있다. 그리고 혹시 당신이 궁금해 할까봐 하는 말이지만, 물론 남편은 나와 관계된 모든 이야기는 내 허락을 받고 사용했다. 하나님이 우리의 약한 모습을 통하여 다른 사람들에게 복을 주시기를 우리는 바라고 기도한다. 여느 부부처럼 우리의 결혼생활도 완전하지는 않지만, 나는 우리의 결혼생활을 인하여 날마다 하나님께 감사드린다. 다른 삶은 상상할 수 없다. 우리 부부의 삶이 어떤 식으로든 많은 부부들에게 감화를 줄 수 있다면 나는 즐거이 나눌 수 있다. 당신에게 격려가 되기를 바란다.

즐거운 독서가 되기를!

리자 토마스

감사의 말

감사할 사람들이 아주 많다.

첫째, 다른 사람들에게 도움이 되도록 자신의 이야기를 사용하게 해준 분들에게 감사드린다. 그들의 프라이버시를 존중하기 위해 이 책에서는 익명을 사용했다. 본인만은 자신의 이야기를 알 것이다. 다른 사람들의 유익을 위해 자신의 삶을 열어 보이려면 용기가 필요하다. 그 용기를 내준 분들에게 깊은 감사를 표한다.

둘째, 나의 '네 명의 치료자' 멜로디 로드 박사, 레슬리 버니크, 미치 휘트먼 박사, 스티브 월키 박사는 전문가의 분석을 내게 없는 구체적인 관련 지식과 함께 제공하여 이 책을 그에 맞게 다듬게 해주었다. 자신들의 지혜를 아낌없이 나누어 주고 식견이 부족한 내게 인내를 베풀어준 그들에게 감사드린다.

다음으로 원고를 읽어준 도나 버지스, 셔릴 스크러그즈, 조 프랜즈, 리자 페터즈, 디나 혼자신의 정치운동이 끝나갈 무렵이자 선교여행을 떠나기 직전 초고를 통독해 주었다, 니콜 휘태커가 있다. 의견과 격려와 요긴한 평을 들려준 그들을 축복한다.

메리 케이 스미스와 레베카 월키 박사에게 특별히 감사드리고 싶다. 둘 다 전에도 내 책을 여러 권 검토해 주었는데, 부족한 부분에 대한 솔직한 의견으로 이 책이 더 깊이 있게 완성되도록 도와준 그들의 사랑에 깊은 감사를 드린다. 나의 진정한 친구들이다.

위에 언급한 어느 누구도 지금 당신의 손에 들려 있는 이 책의 모든 내용에 완전히 동의하지는 않을지 모른다. 하지만 그들의 도움이 있었기에 모든 것이 그만큼 더 진리에 가까워지고 표현도 더 좋아졌다고 믿는다.

산만한 초고를 정리하느라 바빴던 존더반의 존 슬로운에게도 감사하고 싶다. 아마 가장 쉬운 책은 아니었을 것이다. 어휘를 손보아 주고 격려해 준 더크 버스마에게 감사한다. 열정과 신선한 에너지로 전체 과정의 후반부에 내게 큰 힘이 되어 준 젠 아바스에게 특히 감사한다.

내 아내는 이 씨름이 다하도록 그야말로 성인聖人이나 다름없었다. 원고를 읽고 또 읽어 주었고, 내 생각을 소리 내어 말하면 들어 주었다. 아내는 나에게 단지 '영향'을 주는 정도가 아니라 훨씬 많은 일을 해왔다. 하나님은 아내를 통하여 나를 빚어 오셨다.

리자, 당신을 사랑하오!

머리말

하 나 님 은   들 으 시 고   보 신 다

한번은 교회 모임이 끝난 뒤에 내 친구 니나가 나에게 다가와 말했다. "매트와 라일리가 아파요. 나더러 뭐 볼 거라도 빌려다 달라는데 뭐가 좋을지 모르겠네요."

"그거야 쉽죠." 내가 말했다. "'밴드 오브 브라더스'가 좋겠어요. 아주 좋아할 거예요."

"못 들어본 건데."

바로 그때, 십대의 내 아들이 나타났다. 마침 그는 라일리와 절친한 친구이기도 하다. "그레이엄, 니나 아주머니가 남편과 아들이 회복되는 동안 볼 영화를 찾으신다. 내가 '밴드 오브 브라더스'를 권해 드렸는데 네 생각은 어떠냐?"

"예, 그거 좋겠어요." 그레이엄이 말했다.

"아저씨도 라일리도 전쟁 영화라면 아주 좋아하잖아요."

이것은 내 삶의 한 작은 일에 지나지 않았고, 니나는 기억조차 못할지도 모른다. 하지만 그 일은 내게 이 책을 써야겠다는 생각을 굳혀 주었다. 아내들이 자기 남편과 아들에게 좋은 영화를 빌려다 주고 싶을 때 누구한테 물어볼 것 같은가? 영화라면 '티파니에서 아침을'을 최고로 치는 사람한테는 아닐 것이다.

십중팔구 다른 '남자' 한테 물어볼 것이다.

아내가 남편을 가정생활에 더 관여하도록, 그리스도인의 삶에서 성장하도록, 나쁜 습관포르노를 본다든지 혈기를 부린다든지 등을 버리도록 격려해 줄 수 있는 방법을 알고 싶다고 하자. 당연히 남자의 관점이 도움이 되지 않겠는가?

결혼생활을 주제로 여자가 여자를 격려하는 훌륭한 책들은 많이 나와 있다. 스토미 오마샨, 린다 딜로우, 로라 박사, 그밖에 많은 사람들이 지혜로운 조언과 훌륭한 저서로 많은 아내들에게 큰 도움을 주었다. 하지만 남편과의 관계에서 남자의 마음을 움직이는 법에 대한 남자의 시각 또한 유익하지 않겠는가? 이 책의 출판사와 나는 아내들에게 진작부터 그런 기회가 있었어야 한다는 생각을 했다. 남편의 생각과 감정에 대해 그리스도인 남자의 통찰을 들을 수 있는 기회 말이다. 그런 관점에서 **이 책은 남편을 변화시킬 수 있는 능력을 부여받은 아내의 영향력에 초점을 맞춰 쓰여졌다.** 하나님은 아내에게 남편을 변화시킬 능력을 주셨다. 이 책은 아내들에게 희소식이 될 것이다. 또한 남편들에게는 자기 모습을 돌아볼 수 있는 기회가 될 것이다. 남편들이 자기도 모르는 사이 가정을 무너뜨렸던 자신의 모습을 발견하게 된다면, 그것은 변화의 원동력이 될 것이라 믿는다.

하나님의 마음

집필 과정에 착수한 나는 특별히 어느 날 아침에 이 책에 대해 완전히 새로운 열정이 생겼다. 기도하는 중에 하나님이 이 책을 통해서 하시려는 일에 대한 그분의 마음이 느껴지기 시작했다. 나는 깨달았다. 하나님의 딸들을 향한 그분의 마음을 내가 참으로 이해할 수 있다면, 당신을 향한 그분의 애틋한 심정과 당신이 울 때 함께 우시는 그분의 눈물을 당신이 무시당할 때마다 그분의 기분이 어떠하시며, 남편이 종종 당신을 하대하듯 부를 때 그분이 그런 말투를 얼마나 싫어하시는지를 내가 희미하게나마 볼 수 있다면, 그렇다면 하나님이 이런 책에 신경을 쓰시는 이유와 내게 이 책을 쓸 마음을 주신 이유를 조금이나마 알 수 있을 것 같았다. 당신이 지금 부부관계에서 느끼는 것은 본래 하나님이 설계하신 것 이하일 수 있다. 그리고 하나님은 당신을 그런 관계 속에 혼자 두기를 원하지 않으신다.

실제로 하나님은 당신의 삶과 관계 속에 벌어지고 있는 모든 일을 보시고 들으신다. 사랑 없는 결혼생활로 힘들어하는 많은 아내들을 그분은 아신다. 남자들이 여자를 얕보며 자기 아내에게 고자세로 행하는 경향이 있음도 그분은 아신다. 남자들이 큰 힘과 나눔과 위로와 안전을 제공할 수도 있지만, 또한 속 썩이고 위협하고 요구를 일삼고 이기적으로 굴 수 있다는 것도 하나님은 아신다. 힘든 결혼생활의 덫에 걸린 심정인 여자를 그분은 보신다. 비교적 무난한 결혼생활을 누리고 있지만 그래도 남편이 이따금씩 이기적이거나 무심하거나 쌀쌀맞게 행동하는, 그런 관계의 여자들도 그분은 보신다.

그렇지만 그분은 또한 여자가 남자의 마음을 깊이 움직일 수 있는 거룩한 방법들도 아신다!

그것은 희소식이 아닐 수 없다. 우리 부부는 많은 부부관계에서 일어나는 가슴아픈 이야기들을 셀 수 없이 많이 들었기 때문이다.

- 아내가 아홉째를 임신했는데 남편이 직장을 그만두고 대학에 돌아가 다른 학위를 따서 직업을 바꾸고 싶다고 말한다.
- 남편이 자녀들의 정서적인 상태에는 관심이 없고 화초를 키우는 일에 더 몰두해 있다.
- 남편이 마약을 복용한다든지 재정적 이득을 위해 법을 어기는 등 자녀들 앞에서 위험하고 부도덕한 행동을 보인다.
- 남편이 집에서 자기를 기다리는 가족들을 양육하고 돌보는 것보다 교인 수를 늘리는 데 더 열심이다.

■ 아내한테는 잠자리에서 '냉담하다'고 불평하면서 정작 자신
은 그 친밀한 순간에 기계적이고 이기적이며 급히 서두른다.

물론 이것은 극단적인 경우들이다. 남편이 가정생활에 참여하고, 가정
을 보살피고, 나아가 희생까지 하는 경우가 훨씬 많다. 하지만 그래도 당
신은 남편을 더 좋은 방향으로 변화시키는 법을 알고 싶을 것이다.
 솔직히 말하겠다. 우리는 배우자를 **변화시킬 수 없다**. 그러나 아내가
남편에게 영향을 주거나 남편의 **마음을 움직일 수는 있다**! 이것은 훨씬
절묘한 예술이다. 이 책에서 말하려는 주제가 바로 그것이다.

아파하고 있는 사람들을 위한 희망

 나는 그간 하나님이 당신의 기도를 들으셨다고 믿는다. 당신의 고통을
보고 계심은 **분명하다**. 내가 믿는 것이 또 있다. 어떻게 하면 남편에게 격
려와 감화와 도전과 적절한 영향을 가장 잘 줄 수 있을까에 대해, 당신은
먼저 하나님을 바라보아야 한다. 그분이 결혼을 설계하셨기 때문이다. 하
나님은 당신이 사랑과 주목과 귀히 여김을 받기를 원하신다. 그분은 당신
을 창조해 놓고는 우연이나 상황의 바다에 정처 없이 떠다니게 두신 분이

아니다. 그분은 날마다 당신을 지켜보셨고 지금도 지켜보고 계신다. 하나님은 당신의 생각들을 이렇게 당신이 읽도록 지면에 옮겨놓으실 정도로 당신의 삶에 깊이 개입하신다. 지금 이 순간 당신이 그 하나님을 생각하며 흘리고 있을지 모를 눈물을 그분은 받아주신다.

하지만 미리 경고한다! 당신의 부부관계에서 불완전한 사람은 남편만이 아니다. 당신도 날마다 죄를 한몫 보태고 있다. 우리는 다 죄인이다. 당신이 확신해도 좋은 게 있다. 하나님은 남편의 삶에 더 큰 영향을 미치시기 원하시는 것만큼이나 똑같이 당신의 마음도 손보시기 원하신다. 이런 관점에서 이 책에는 **당신도** 변화되어야 한다는 하나님께 더 가까워지고 남편에게 더 가까워져야 한다는 진지한 도전들이 제시될 것이다.

책을 쭉 읽어나가면서 당신이 모든 행간에서 하나님의 돌보심과 자상하심을 보게 되었으면 좋겠다. 그분은 참으로 당신을 사랑하신다. 그분은 정말 당신의 상황을 속속들이 알고 계신다. 그분은 한 아내가 어떻게 거룩한 영향력을 낳을 수 있는지에 대해 당신을 인도해 주시기 원하신다. 당신은 그동안 여러 성경인물 사르밧의 과부 같은의 이야기를 거듭 읽으면서도 그들의 삶이 주는 생생한 교훈은 깨닫지 못했을 수 있다. 그들에 대해 새로 배우면서 당신은 놀랄지도 모른다. 아울러 나는 캐서린, 다이애나, 팻,

조 같은 우리 시대의 아내들이 어떻게 결혼의 중요한 고비에서 용케 사랑으로 남편의 방향을 돌려주었는지 보게 되기를 기도한다.

손목을 쥐어짜며 요행만을 바랄 게 아니라 당신은 그 이상을 할 수 있다. 당신은 남편에게 감화를 주고, 깊은 영향을 미치고, 격려해 주고, 결국 옳은 방향으로 나아가게 해주는 법을 배울 수 있다. 그리 멀지 않은 미래의 어느 날, 잠에서 깬 당신이 옆에 누워 있는 남자를 보며 마침내 **희망을** 경험하게 되기를 기도한다. 하나님께 자신을 드리고 그분의 지혜로 행하는 법을 배우는 여자는 충만한 능력을 입어, 인생을 바꾸어 놓을 가슴 설레는 여정에 나선다. 나는 우리 삶 속에 계시는 하나님의 임재가 실체임을 믿는다. 진부한 표현 같지만 여전히 성경적인 진리가 있다. **하나님과 함께라면 모든 일이 가능하다.**

출발해 보자.

결혼생활의 변화는 나에게서부터 시작된다

PART 1

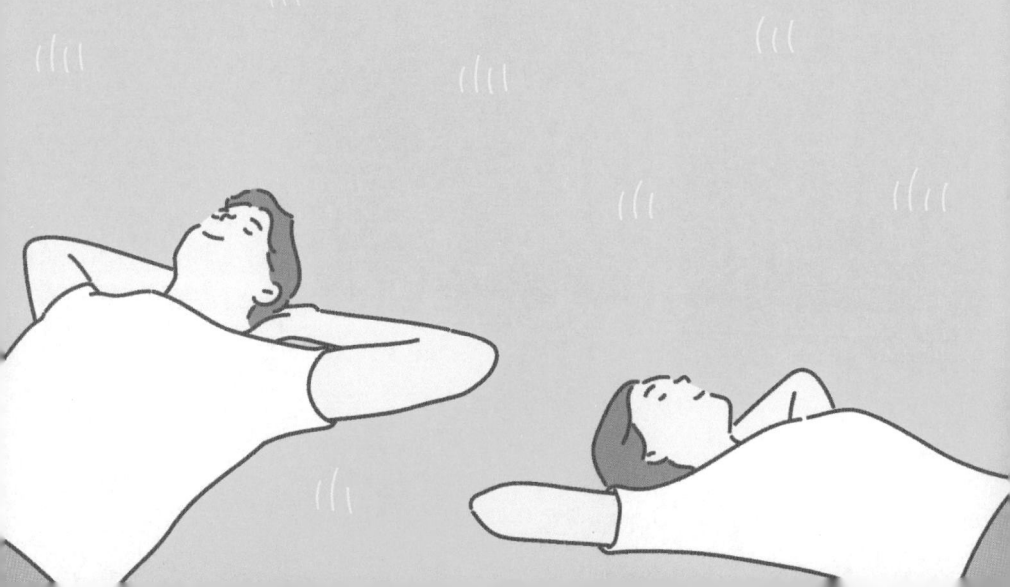

그리스도 안에서 자존감을 회복하라 01

나는 그것을 보면서 큰소리로 웃었다. 식품점 계산대에 줄을 서서 기다리던 중에 나는 어느 유명 여성 잡지의 표지를 읽었다. 그런데 그 기사들 중에 이런 제목을 옮겨 적지 않을 수가 없었다. "그 많은 똑똑하고 착한 여자들이 왜 호통만 치는 형편없는 남자를 참고 사는 것일까?"

내가 무엇 때문에 웃었는지 아는가? 유명 남성 잡지이를테면 《GQ》나 《에스콰이어》에 다음과 같은 제목의 기사가 실린다는 것은 나로서는 **상상조차** 할 수 없다. "그 많은 훌륭하고 점잖은 남자들이 왜 속임수와 조종에 능한 여자를 참고 사는 것일까?" 그런 일은 절대로 없을 것이다. 《사랑이 너무 많은 남자들》이나 《남자를 미워하는 여자들과 그들을 사랑하는 남자들》 같은 제목의 책을 볼 일도 절대 없을 것이다.

거기에는 그럴 만한 이유가 있다. 나는 역사적으로, 신경학적으로, 사회적으로, 심지어 성경적으로 이런 주장이 가능하다고 믿는다. 여자들은 관계와 결혼에 남자들보다 더 비중을 두는 경향이 있다는 것이다. 심리학자이자 결혼 및 가정 치료자인 내 친구 멜로디 로드 박사는 이렇게 표현한다.

"여자들은 남편에게 치중하는 경향이 있다. 그에 비하면 남편들은 그냥 그렇다."

이러한 현실의 뿌리는 인류 최초의 가정으로 거슬러 올라간다.

창세기 3장을 보면 타락 후에 하나님이 하와에게 이렇게 말씀하신다. "너는 남편을 원[할]… 것이니라"^{창 3:16}.

명망 있는 구약 주석가인 카일과 델리취는 이곳에 쓰인 히브리어가 '병에 가까운 갈망'¹⁾을 연상시킨다고 했다. 이 말의 어근에는 '지독한 욕구'라는 뜻이 함축되어 있다.

여자들 중에서도 이것이 더 심한 사람들이 있다. 최근에 나는 어느 토크 프로그램을 들었는데, 어떤 여자가 전화를 걸어 자기 남편이 4년도 넘게 몰래 바람을 피운 이야기를 했다. 그 남편은 다방면으로 잔혹한 행동을 했다. 예컨대, 정부情婦를 자기 아내한테 소개하는가 하면 아내가 없을 때 정부를 집에 데려오기도 했다. 그리고 아내의 침대에서 정부와 함께 자기까지 했다. 불륜의 관계는 정부가 죽고 나서야 비로소 끝났다.

그런데 그 전화 통화에서 내가 가장 놀란 게 무엇인지 아는가? 그 아내는 남자 없는 삶에 부딪치는 것보다 그 비열한 남자를 잃는 것이 더 걱정인 듯 보였다. 그 남자는 그녀를 경멸할 대로 경멸했고, 결혼의 친밀함을 짓밟았고, 부부의 침소를 욕되게 했다. 그런데도 그녀는 아침에 그 남자 옆에서 깨어나는 것보다 그 남자 없이 깨어나는 것을 더 두려워했다. 게다가 정말 그녀는 죽은 정부에 대해서 더 많은 것을 알기 원했다! 그 여자는 외모가 어땠을까? 성격이 어땠을까? 남편이 그 여자에게서 본 것은 무엇일까?

이것을 최근에 〈스포츠 일러스트레이티드〉지에 실린 문답 기사와 비교해 보라. 다수의 프로 운동선수 남자들에게 '달아난 신부', 즉 결혼식장에 자기를 두고 가버려 일가친지 앞에서 망신을 준 여자를 다시 받아들일 마음이 있느냐고 물었다. 그렇다고 답한 사람이 한 명도 없었다. 그중 한 명의 답변은 이 책에 옮길 수조차 없을 만큼 거칠고 원색적이었다.

남녀가 왜 이렇게 다를까? 정말 여자들이 영적, 정서적으로 더 성숙하여 가정과 더 큰 것을 위해 선뜻 용서를 베풀려는 경우도 있을 수 있다. 하지만 그보다 고상하지 못한 경우도 있는 것 같다. 어떤 여자들은 자기에 대한 남자들의 호감수용으로 자신을 규정지으려는 죄악된 성향에서 좀처럼 벗어날 줄 모른다. 안타깝게도, 어떤 남자들은 고감도의 정신적 레이더로 그것을 포착하는 것 같다. 그들은 여자의 정신적 결핍을 용케 직감으로 알아차리고는 그것을 자신의 목적을 위해 이용한다.

그러나 그리스도인 여자들은 그리스도께서 하신 일과 성령의 승리하시는 능력에 힘입어 이런 심리적 종속과 파멸에서 해방될 수 있다. 유진 피터슨이 《메시지》에 옮긴 고린도전서 7장의 한 대목을 들어보라.

"네가 어디 다른 곳에 또는 다른 사람과 함께 있었으면 하고 바라지 말라. 지금 네가 있는 그곳이 하나님이 너를 두신 자리다. 바로 거기서 살고 순종하고 사랑하고 믿으라. 네 삶을 규정짓는 것은 하나님이지 네 결혼 여부가 아니다"고 7:17.

마지막 문장을 들었는가? **당신의 삶을 규정짓는 것은 하나님이지 당신의 결혼 여부가 아니다.**

당신의 삶을 규정짓는 것은 하나님인가? 그럴수록 당신은 더 성공적으로 남편의 마음을 움직일 수 있다. 나약한 여자들은 대개 영향력을 잃기 때문이다.

아주 실제적인 관점에서 생각해 보라. 당신이 별로 존중하지 않는 사람이 있다고 하자. 그 사람이 당신을 어떻게 생각하는지에 대해 당신은 크게 신경을 쓰겠는가? 아닐 것이다. 그렇다면 그런 사람이 어떻게 당신에게 영향을 미치겠는가? 그들의 의사 표현이 분명하고 솔직하고 실제적이라 해도, 그들의 의견이 중요하지 않다면 당신은 어차피 그들의 말을 듣지 않을 것이다. 마찬가지로, 남편이 당신을 존중하지 않는다면, 당신이 하나님의 딸이라는 정체성보다 남편의 수용을 더 우위에 두는 죄를 범한다면, 그런 당신이 어떻게 남편에게 좋은 쪽으로 영향을 미치겠는가?

이번에는 이것을 긍정적인 쪽으로 돌려보자. 당신이 정말 존중하고, 아주 훌륭하게 여기며, 함께 있으면 즐거운 사람이 있다고 하자. 그런 사람이 염려하는 마음으로 당신을 찾아온다면 당신은 그들의 말에 각별히 더 마음을 쓰지 않겠는가? 정말 맞는 말일 수도 있으니 귀담아 들어야 한다고, 적어도 그런 생각이라도 하지 않겠는가?

물론 그럴 것이다.

남편을 **감동시키는** 여자가 남편의 마음을 움직일 수 있음이 그 때문이다. 나는 어떤 남편이 자기 아내의 사업 수완에 대해 열정적으로 말하는 것을 들었다. 다른 남편은 자기 아내가 똑똑하다고 열변을 토했다. 또 다른 남편은 자기 아내의 영적 성숙과 성경을 이해하는 실력에 대해 말을 그칠 줄 몰랐다. 어느 얌전하고 내성적인 남편은 자기 아내가 친구를 잘 사귄다고 탄복하며 말했고, 또 다른 남자는 자기 아내가 최근에 보여준 운동 실력에 대해 상세히 말했다.

당신이 몰랐을지 모르지만, 남편들은 아내 자랑하기를 **좋아한다**. 당신한테는 말하지 않을지 모르지만, 그들은 당신의 장점을 유심히 보고 그것을 자랑으로 여긴다. 하지만 당신의 사업 수완이나 사교성보다 훨씬 더 중요한 것은 당신의 영적인 정체성이다. 그것이 당신에게 힘과 자존감을 가져다준다. 결혼생활에서 경건한 변화의 주역이 되려면 그런 힘과 자존감이 꼭 필요하다. 그것은 또한 당신의 남편에게 엄청난 복이 된다. 디모데전서 3장 11절에 보면, 남자가 영적 직분을 얻는 자격에 그 아내가 '존중받을 만한' NIV 여자라는 항목도 들어 있다.

남편에게 영향을 미치려면 우선 그런 여자가 되는 것이 첫걸음이다. 하나님이 본래 창조하신 당신다운 사람, 당신의 영광이 활짝 피어난 사람이 되는 것이다.

여자들에 대한 예수님의 메시지에는 과격한 성격, 해방의 성격이 있다. 그 성격을 참으로 이해하면 그런 사람이 되는 데 도움이 된다. 그래서 다음 단락에서는, 타락에 기초하여 자신을 규정짓는 여자들 "내가 가치 있는 이유는 남자들이 나를 좋아하기 때문이다"을 하나님과의 관계에 기초하여 자신을 규정짓는 자리 "내가 중요한 사람인 이유는 하나님의 형상대로 지음 받았고, 하나님께 사랑받고 있으며, 세상을 변화시키는 능력을 하나님께 늘 받고 있기 때문이다"로 옮겨주고 싶다.

세상을 빚는 사람들

성경이 여자를 인정하는 방식은 성경이 기록된 시대에는 아주 급진적인 것이었다. 구약은 문화적 정황에서 빠져나와, 여자도 남자 못지않게 온전히 하나님의 성품과 형상을 닮은 존재라고 역설했다. "하나님이 자기 형상 곧 하나님의 형상대로 사람을 창조하시되 남자와 여자를 창조하시고"창 1:27. 이렇듯 우리는 남녀가 **공히** 하나님 형상의 보유자임을 처음부터 배운다. 남자 혼자서는 그 역할을 해낼 수 없다. 하나님은 성을 초월하시는 분이므로 남자또는 여자 혼자서는 그분의 성품과 형상을 충분히 대변할 수 없다.

사도 바울이 남자가 먼저 지음 받았다는 사실에 어떤 의미를 부여하기는 하지만, 창조의 순서를 보면 여자가 절정이다! 모든 것은 갈수록 더 복잡해지고 더 정교해지다가 마침내 여자가 등장한다. 그제야 하나님은 안식하신다.

그와 똑같이 분명한 사실이 있다. 세상에 영향을 주고, 세상을 빚고, 나아가 세상을 다스리라는 명령은 남자 못지않게 여자에게도 주신 것이다. "하나님이 **그들**남자와 여자에게 복을 주시며 하나님이 **그들**에게 이르시되 '생육하고 번성하여 땅에 충만하라, 땅을 정복하라, 바다의 물고기와 하늘의 새와 땅에 움직이는 모든 생물을 다스리라' 하시니라"창 1:28.

하나님은 남자들이 다 알아서 할 테니 여자들은 얌전이 옆에 앉아 응원이나 하라고 하지 않으셨다. 반대로, 하나님이 인류에게 이 땅을 다스리고 정복하고 관리하라고 주신 명령을 처음부터 여자도 함께 받았다. 여자는 공동 통치자다.

어떤 옛 신학자들은 이것을 약간 고치려 했다. 그들은 타락을 하와 탓으로 돌렸는데, 이것은 여자가 영적으로 더 약하다는 암시였다. 하지만 성경 자체는 여자들에게 훨씬 더 공정하다. 성경은 하와가 타락에 연루된 것도 인정하지만 또한 미래의 구속救贖에서 하와가 맡게 될 역할도 선포한다. 창세기 기사는 하와가또한 아담이 열매를 먹는 것으로 끝나지 않는다. 하나님은 비록 이번에는 뱀이 '이겼지만' 뱀의 확실한 완패가 장차 **여자를 통해서** 올 것을 예언하신다. 카일과 델리취는 이렇게 말한다.

이렇듯 뱀의 머리를 상하게 하신다는 약속이 그리스도에 이르러 절정에 달한다면, 뱀을 이기는 승리가 남자가 아닌 여자의 후손에게 약속되었다는 사실은 더 깊은 의미를 얻는다. 즉 마귀의 수작으로 세상에 죄와 죽음이 들어온 일이 여자를 통해서 되었듯이 하나님의 은혜가 타락한 인류에게 정복자를 주셔서 죄와 죽음과 마귀를 이기게 하실 일도 여자를 통해서 된다는 것이다.[2]

예수, 여자들의 친구

여자들에 대한 이런 강한 긍정적 관점은 메시아의 족보에 여자들이 포함되어 있는 1세기의 전통을 깨뜨리는 저작 행위다 신약의 첫 책으로 이어진다. 물론 아브라함과 다윗과 요셉도 나온다. 그러나 라합, 룻, 마리아는 물론 밧세바까지 언급된다. 극히 가부장적인데다 여성 혐오증까지 있던 문화에서 누가 이런 것을 예상이나 했겠는가? 메시아의 출생으로 이어진 인간사들은 남녀가 **함께** 이루어 온 것들이다. 하나님은 다양한 성격과 신분의 여자들별로 깨끗하지 못한 여자들까지 포함하여을 택하셔서 세상의 구주가 태어나실 인간 혈통을 형성하셨다.

그와 똑같이 중요하게, 예수님은 여자를 통하여 이 세상에 들어오셨다. 우리 주님의 잉태나 출생에 남자는 조금도 관여되지 않았다. 대신 하나님은 한 여자를 택하셔서 성육신의 기적을 이루셨다.

여자를 추켜올리기 위해 남자를 깎아내려야 한다는 개념은 해롭고 무익하다. 그럼에도 불구하고 예수님 주변의 남자들은 통 알아듣지 못하는데 여자들은 알아들을 때가 얼마나 많았는지 알면 놀랍다. 한번은 어떤 바리새인이 예수님과 함께 저녁을 먹고 있는데 창녀 하나가 들어와 눈물로 우리 주님의 발을 씻고 자기 머리털로 닦았다^{눅 7:36~50}. 바리새인은 그 행위를 보고 기겁했으나 예수님은 이렇게 말씀하셨다^{내가 부연하여 풀어쓴 표현이다}. "너는 통 알아듣지 못하는구나! 그렇게 학식이 많다는 너는 눈이 멀어 내 위상과 영광을 보지 못하는데 이 여자는 내가 누구인지 알고 있구나!"

바리새인들만 우둔했던 게 아니라 예수님의 남자 제자들도 이따금씩 둔한 머리를 보여주었다. 한번은 어떤 여자가 예수님의 머리에 값비싼 향유를 부었다^{막 14:3-9}. 일부 제자들은 자기들끼리 "이 무슨 낭비인가!"라고 말했으나 예수님은 '드디어 내가 누구인지 정말 아는 사람이 나타났구나'라고 생각하셨다. 사실 예수님은 그분의 복음이 전해지는 곳마다 이 여자의 행동이 기념될 것이라고 선포하셨다. 열두 제자의 이름을 다 댈 수 있는 사람은 백 명 중에 하나도 없지만, 이 담대한 여자의 이야기는 대부분의 사람들이 들어보았다.

예수님은 가르침을 통해서도 여자들을 높이셨다. 마가복음 10장 11절에 예수님은 이런 말씀으로 제자들을 놀라게 하신다. "누구든지 그 아내를 버리고 다른 데에 장가 드는 자는 본처에게 간음을 행함이요." 이것이 왜 놀랄 만한 말씀일까? 랍비들의 율법에 따르면, 남자가 남의 아내와 동침하면 **그 여자의 남편에게** 간음을 행하는 것이었다. 반면에 아내가 다른 남자와 동침하면 **자기 남편에게** 간음을 행하는 것이었다. 남편이 자기 아내에게 간음을 행하게 되는 경우는 어떤 조항에도 없다.³⁾ 한 주석가에 따르면, 예수님은 "여자들을 비하하는 흔한 관행에 그렇게 반응하신 것이다. 그런 관행은 유대교도 예외가 아니었다. … 간음의 개념을 이렇게 뚜렷이 확충하심은 아내의 지위를 남편과 똑같이 존엄하게 격상시키는 효과가 있었다."⁴⁾ 예수님은 1세기의 남자들에게 이렇게 말씀하신 것이다.

"네 아내도 하나님이 보시기에는 동등한 가치가 있다. 네 아내가 너에게 죄 짓는 일이 가능한 것만큼이나 네가 네 아내에게 죄 짓는 일도 똑같이 가능하다."

또한 예수님의 죽음을 보자. 남자 제자들 중 하나는 우리 주님을 배반했고 다른 열 명은 문을 잠그고 숨어 있었지만, 몇몇 아주 용감한 여자들은딱 한 명의 남자 제자와 함께 예수님이 이 땅에서 보내시던 마지막 순간을 과감히 지켜보았다. 마가는 십자가 밑의 광경을 이렇게 애써 강조한다. "멀리서 바라보는 여자들도 있었는데 그 중에 막달라 마리아와 또 작은 야고보와 요세의 어머니 마리아와 또 살로메가 있었으니 이들은 예수께서 갈릴리에 계실 때에 따르며 섬기던 자들이요 또 **이 외에 예수와 함께 예루살렘에 올라온 여자들도 많이 있었더라**"막 15:40~41. 가장 힘드신 순간에 예수께 힘이 되어 드린 사람들은 많은 여자들과 한 남자였다. 현대의 독자들은 이 사실을 그냥 읽고 넘어갈 수 있지만, 초대 교회 때만 해도 이것은 깜짝 놀랄 진리였고, 남성 우월주의라는 잘못된 시각에 대한 도전이었다.

그러나 아마도 가장 대담한 기록은 예수님의 죽음과 부활 후에 나온다. 옛 바리새인들의 법에 따르면, 여자의 증언은 신빙성이 없다하여 법정에서 인정되지 않았다. 남자만 증언할 수 있었다. 그런데 예수께서 죽음에서 살아나셨을 때 그렇게 중요한 사건은 전무후무할 것이다 현장에서 목격하고 증언한 사람들은 누구였던가? 여자들이다! 여자들의 증언은 당시의 법정에서 들을 수조차 없었지만 예수님은 분명히 여자들을 쓰셔서 그분의 영광스런 부활을 선포하게 하신다.

성경의 틀이 남성 지향적 문화 속에서 갖추어졌음을 감안할 때, 이렇게 모든 면에서 신학적 선언, 역사적 사건, 실제적 가르침에서 여자들을 높인 일은 우리에게 정말 충격으로 다가와야 한다. **페미니즘**이라는 단어가 나오기 수천 년 전부터 하나님은 거듭 여자들을 옹호하셨고, 세상 최고의 이야기에서 두드러진 자리를 그들에게 맡기셨다.

하나님의 여성관을 왜곡하는 문화적 오류 개념들이 혹시 당신에게 있다면, 이제 성경 말씀으로 그것을 깨끗이 씻어 버리라. 성경이 보여주는 여자는 하나님의 형상을 선연히 지닌 존재, 세상에 맞서 남자들 및 문화에 강력한 영향을 미칠 수 있는 존재다 성경에서 드보라의 경우나 역사에서 아빌라의 테레사를 보라. 하나님이 창조하신 본연의 삶을 살면 그렇게 된다. 지금까지 당신은 부정적인 메시지들을 받았을 수 있지만 가정에서든, 교회에서든, 문화에서든 이제는 다음과 같이 해야 한다.

- 여자 됨의 영광을 알아야 한다. 당신은 하나님의 형상대로 지음 받았다.
- 성령을 받은 당신에게는 힘이 있다. 그 힘을 누려야 한다.
- 당신은 그분의 딸로서 가치와 목적이 있다. 거기서 안전을

얻어야 한다.

이 확고한 영적 정체를 통해서 당신은 세상에^{당신의 남편을 포함하여} 영향을 미칠 수 있다. **당신의 삶을 규정짓는 것은 하나님이지 당신의 결혼 여부나 결혼생활의 상태가 아니다.**

당신은 혹시 성경에서 말하는 복종이 당신에게 이등 신분을 선고한다고 생각해 왔을지 모른다. 당신이 남편의 동네북이 되어 남편이 깔아뭉개도 찍소리 없이 얌전히 구석에서 기도나 해야 한다고 생각해 왔을지 모른다. 그런 구시대적인 발상은 문화에서 온 것이지 성경에서 온 것이 아니다.

그렇다고 내가 지금 극단적 페미니스트 입장을 선동하고 있다고는 생각하지 말라! 사실 나는 성역할의 차이를 인정하는 것이 중요하다고 믿는다^{여기에 대해서는 나중에 더 자세히 다룰 것이다}. 남자와 여자는 **똑같은** 게 아니다. 남녀는 하나님 앞에서 **대등하며** 각각의 성에 고유의 영광이 있다.

나는 당신이 당신을 창조하신 하나님께^{또한 당신 자신에게, 당신과 결혼한 남편에게, 자녀를 낳았다면 그 자녀에게} 하나님이 설계하신 본연의 여자, 당신의 영광과 능력과 장점과 지혜가 활짝 피어난 여자가 되어야 할 의무가 있다고 믿는다.

결혼이 우상이 될 때

어떤 여자들은 한 남자가 또는 남자들 일반이 자기를 어떻게 보고 수용하느냐로 자신을 규정짓는다. 그러나 당신은 **그리스도인**이기에 창조주와의 관계 속에서 자신을 규정지어야 한다. 그렇다고 남편을 무시하는 게 아니다. 그것은 오히려 결혼생활을 보완하고 남편을 축복하는 방식이다. 그렇게 하면 경건한 여성으로서의 영광이 당신 안에 충만해진다.

여기서 몇 가지 간단한 신학을 적용해 보자. 성경은 당신의 피난처가 누구라고 말하는가? 하나님인가 남편인가? 신명기에 답이 나온다. "영원하신 하나님이 네 처소 피난처가 되시니 그의 영원하신 팔이 네 아래에 있도다" 신 33:27.

당신의 소망은 누구에게 있는가? 남편의 계속되는 애정인가? 베드로전서는 "너희 믿음과 소망이 하나님께 있게 하셨느니라" 벧전 1:21고 말한다. 당신의 안전은 어디서 찾을 것인가? 돈을 벌어오는 남편의 능력, 당신과 해로할 남편의 헌신인가?

빌립보서는 이렇게 답한다.

"나의 하나님이 그리스도 예수 안에서 영광 가운데 그 풍성한 대로 너희 모든 쓸 것을 채우시리라" 빌 4:19.

평생 동안 식거나 흔들리지 않을 절대적 수용은 어디서 찾을 것인가? 이사야에 답이 나온다. "신랑이 신부를 기뻐함 같이 네 하나님이 너를 기뻐하시리라" 사 62:5.

당신이 만일 남편에게서 궁극의 피난처를 얻으려 한다면, 당신의

01_그리스도 안에서 자존감을 회복하라 | 37

소망을 남편에게 집중시켜 왔다면, 당신의 안전이 남편의 인정에 달려 있다면, 남편의 수용을 얻기 위해 거의 못할 일이 없다면, 그렇다면 당신은 의당 하나님 한 분께만 속한 것을 한 남자에게 주고 있는 것이다.

그것은 당신이 결혼생활을 우상숭배로 바꾸어 놓았다는 뜻이다.

그렇게 하면 당신도 남편도 패자가 된다. 헛된 우상을 장기간 사랑할 수는 없다. 불가능한 일이다. 한동안은 그것을 숭배할 수 있을지 모르지만 결국은 우상의 한계들이 나타날 것이고, 당신은 원망과 불만이 생길 것이다. 나무토막이 지혜를 말할 수 없는 것처럼 인간은 당신을 하나님이 본래 사랑받도록 지으신 대로 사랑할 수 없다. 그런데 우상이 당신을 실망시키면 어떤 일이 벌어질까? 바로 그런 경험에서 "여자가 한을 품으면 오뉴월에도 서리가 내린다"는 속담이 나왔다.

게다가, 남편 없이는 당신이 존재할 수 없다고 여길 만큼 남편의 수용이 당신의 행복을 결정짓는다면, 당신은 남편의 잘못을 지적해 줄 용기를 어떻게 얻을 것인가? 당신의 미래가 남편의 호의에 달려 있다고 생각한다면, 위험을 무릅쓰고라도 꼭 해야 할 말을 당신은 어떻게 할 것인가?

당신의 미래는 한 타락한 남자에게가 아니라 하나님께 달려 있다. 당신의 안전은 남편의 월급이 아니라 창조주의 자상하신 섭리에 있다. 당신이 한 인간으로서 받는 수용은 남편이 청혼했을 때가 아니라 하나님이 당신을 입양하셨을 때 확실해졌다. 당신이 정말 남편을 사랑하고 남편에게 동기를 심어주고 영향을 미치고 싶다면, 그 첫걸음은 하나님과 연결되는(그리고 계속 연결된 상태로 있는) 것이다. 당신의 피난처, 안전, 위로, 힘, 소망을 그분 안에서 찾으라.

이런 사고의 흐름은 학적이거나 이론적인 것이 아니다. 통계가 보여주는 대로 대부분의 여자들은 과부로 죽는다. 대체로 여자가 남자보다 수명이 길다. 대부분의 여자들은 나이가 자기와 비슷하거나 연상인 남자와 결혼하며, 따라서 어렵지 않게 유추할 수 있다. **당신이 배우자보다 먼저 죽는다면 당신은 소수에 속한다.** 아마도 조만간 당신은 남편 없이 살 수밖에 없게 된다.

그 말은 막상 그날이 오면 당신에게 이전 어느 때보다 더 힘과 용기와 성품이 필요할 거라는 뜻이다. 당신은 홀로 서야 한다. 그렇다면 그 힘과 용기와 성품을 **지금** 기르면 안 될 이유가 무엇인가? 아직 남편이 살아 있고, 당신이 사별의 슬픔으로 어쩔 줄 모르는 상태가 아닐 때에 말이다. '하나님께 속한 여자'의 본보기가 되어 하나님을 경외하는 삶을 살며 세상을 축복하는 일을, 장차 과부가 되어 어쩔 수 없이 그래야 할 때보다 20년 내지 30년 먼저 하면 안 될 이유가 무엇인가?

실제적인 이슈로 넘어가 당신의 남편에게 영향을 주는 법을 살펴보기 전에 당신에게 권한다. 한 여자로서 당신의 성경적인 신분을 재평가하고 확인하라. 대개 이것은 하나의 과정이다. 어쩌면 당신은 이 장에 나온 성경 구절들이 당신에게 실감나게 다가올 때까지 그 말씀들을 가지고 기도해야 할지도 모른다. 어쨌든, 어떤 정체가 당신에게 주는 것이 성경이 주는 것에 못 미친다면 절대로 그 정체를 받아들여서는 **안 된다**. 경주에 나서려면 먼저 훈련을 해야 한다. 누군가에게 영향을 줄 수 있으려면 먼저 당신이 남편의 '기능성 고착'에 맞설 수 있을 만큼 영적으로 강해져야 한다. 그것을 비롯한 많은 내용을 다음 장에서 살펴볼 것이다.

더 예쁜 부부관계를 꿈꾸며...

1. 남편을 변화시키려 하는 것과 남편에게 영향을 미치려 하는 것은 어떤 점에서 다른가?

2. 여자들이 남자들보다 결혼에 더 비중을 두는 경향이 있다고 보는가? 만약 그렇다면 왜 그렇다고 생각하는가? 이런 현실에서 생겨나는 어려움들은 무엇인가?

3. 남편이 당신을 자랑하는 말을 당신이 '우연히' 들었다고 하자. 남편이 무슨 자랑을 할 것 같은가? 앞으로는 남편이 무슨 자랑을 했으면 좋겠는가? 그렇게 되기 위해서 당신이 이제부터 할 수 있는 일을 몇 가지 찾아보라.

4. 1부터 10까지 중에서 1은 "나는 남자들이 나를 좋아하고 주목해 줄 때 제일 내 가치를 느낀다"이고, 10은 "나는 하나님의 형상대로 지음 받았고 하나님께 사랑받기 때문에 내가 가치 있다고 믿는다"라고 할 때, 당신은 몇에 해당되는가? 여자들이 그 숫자를 높이기 위해서 할 수 있는 일들은 무엇인가? 또 이 점에서 다른 여자들을 어떻게 격려해 줄 수 있겠는가?

5. 저자가 1장에 나눈 성경 말씀들과 비교할 때 여자로서 당신의 자아상은 어떤가? 상통하는 점과 상이한 점은 각각 무엇인가?

6. 결혼을 우상화한 여자는 어떻게 표가 나는가? 그것은 남편에게 경건하고 긍정적인 영향을 미치는 여자의 힘을 어떻게 약화시키는가?

참는 것이 능사는 아니다! 문제를 덮어 두지 말라 02

　멜로디 로드 박사는 남자들이 여간해서 변화되지 않는 현상을 '기능성 고착'이라는 정신신경학적 용어로 표현하곤 한다. 남자들은 평소에 하던 행동이 자신에게 통한다 싶으면 대개 바뀌지 않는다. 여자가 자기를 함부로 대하는 남편을 그냥 두면, 남자는 변화되어야 할 동기가 없다. 앞으로도 없을 것이다.

　멜로디는 이렇게 말한다.

　"남편한테 무시나 업신여김을 당하는 피해 여성들이 그것을 잘 견뎌 내려고 도움을 청하러 오면, 나는 간단히 이렇게 묻는다. '남편이 왜 당신을 함부로 대할까요? 답은 **'그게 가능하기 때문'**이다."

이는 절대로 그런 학대를 여자 탓으로 돌리려는 게 아니다. 오히려 지금과는 다른 미래를 위하여 새로운 청사진을 그리려는 것이다.

계속되는 멜로디의 말이다. "자신의 행동이 통하는데 남자가 왜 달라지겠는가? 변화되려면 설득력 있는 이유가 필요하다. 이 상황으로 인한 아내 쪽의 불행이나 고통보다 더 설득력이 있어야 한다."

하나님을 경외하는 남자라면 자신의 행동이 아내에게 상처가 됨을 아는 것만으로도 변화의 동기가 생길 것이다. 하지만 나는 현실주의자이기도 하다. 자신이 원하는 것을 얻기만 한다면, 자신의 행동이 아내에게 상처가 되든 말든 개의치 않는 남자들도 있다. 당신의 남편도 그럴지 모른다. 그에게 동기가 되는 것은 **아내의** 고통이 아니라 **자신의** 고통이다. 긍정적인 변화보다 현상 유지가 더 고통스러워지는 환경, 그런 환경을 조성하려는 의지가 당신에게 필요하다.

나는 다음과 같은 덫에 빠지는 아내들을 너무 많이 보았다. 아내는 남편이 하는 또는 하지 않는 어떤 행동이 자신에게 상처가 됨을 그에게 계속 표현한다. 그렇게 몇 번 대화를 했는데도 남편은 달라지지 않거나, 며칠 동안만 달라졌다가 다시 구습으로 돌아간다. 그러면 아내는 다시 불평한다. 그래도 장기적인 변화는 없다. 아내는 책을 읽거나 세미나에 참석한다. 자신의 메시지가 전달되게 하려면 더 나은 의사소통 방법을 찾아야겠다고 다짐한다. 하지만 그렇게 했는데도 지속적인 변화는 없다. 여기서 그 아내의 과오는, 자신의 말이 잘 전달되지 않고 있다고 생각하는 것이다. 사실, 그녀의 말은 남편에게 **잘** 전달되고 있다. 남편은 아내의 고통을 충분히 알고 십분 인식하고 있다. 다만, **아내의** 고통은 그에게 동기가 되지 못한다. 이대로의 결혼생활이 자기한테 좋다면, 그는 이따금씩 나누는 불쾌한 대화쯤이야 참을 것이다.

이런 경우에는 아내들이 진지하게 평가할 필요가 있다. '제니'는 결혼생활 도중에 문득 깨달은 게 있다. 시댁과 친정 부모들의 건강 이력을 감안할 때, 자기와 '마이크'의 결혼생활이 60년은 지속될 수 있다는 사실이었다. 당시 제니는 결혼한 지 15년째였다. 그러니까 앞으로 45년을 더 함께 살아야 했던 셈이다. 그런데 제니는 그런 상태로 45년을 더 버틸 자신이 없었다.

제니는 나에게 말했다.

"내 인생 계획에 이혼이라는 시나리오는 없어요. 전혀! 인생이 끝날 때에도 무조건 한 남자의 여자로 남는 것, 그것이 내 간절한 희망이자 결심이거든요. 하지만 내 인내심을 과대평가해서는 안 된다는 것도 충분히 알고 있어요. 물론 어떤 실망 거리들은 당장은 참을 수 있어요. 하지만 그 상태로 45년을 더 살 의지가 내게 있느냐가 문제였지요. … 거기까지 가니까, 좀더 솔직하게 문제를 인정하고 변화를 이루어 나가야겠다는 생각이 들더군요. 다 괜찮은 척하던 걸 그만두려니 한 동안은 불편했지요. 하지만 남은 45년의 결혼생활의 방향을 바꿀 수만 있다면, 한 동안의 불편쯤이야 그만한 가치가 있지 않을까 생각했어요!"

제니는 바가지도 긁지 않고 쩨쩨한 복수섹스를 거부함, 침묵 작전, 비판적인 태도 등도 없이, 부드럽고도 단호하게 남편에게 알려주었다. 그가 계속 지금처럼 행동하는 한, 결혼생활에 구체적인 고생이 뒤따를 것이며, 그 영향이 **그에게** 돌아갈 것임을 말이다. 마이크는 자신의 고통을 느끼기 시작하고서야 비로소 그 충격으로 자신의 기능성 고착을 떨치고 행동을 고쳤다.

제니의 말에 중요한 교훈이 있다. 심한 상처나 절실한 결핍을 안은 채 살아가려는 당신의 의지를 과대평가하지 않도록 조심하라. 사탄한테 이용당하지 않을 것처럼 행세하지 말라. 남편의 약점 부분을 오히려 장점으로 갖춘 딴 남자에게 당신이 유혹을 느끼지 않을 것처럼 행세하지 말라. 제니처럼 당신의 이상적인 인생 계획에도 이혼이 존재할 수 없다면, 당신은 자신의 약점을 정직히 수용해야 한다. 그리고 남편 자신의 고통이 그에게 동기가 되어줄 환경을 의지적으로 조성해야 한다. 이것은 당신이 남편 쪽으로, 결혼생활을 보전하고 강화하는 쪽으로 가는 용감하고 건강한 행동이다. 반항이 아니라 헌신의 행위다.

그러려면 남편의 개성을 감안한 아주 구체적인 적용이 필요하다. 그러므로 여기서 '기능성 고착을 극복하기 위한 5단계'를 내놓을 수는 없다. 하지만 이 책 전체에서 다양한 주제를 다루는 사이에 당신은 많은 아이디어와 제안을 얻게 될 것이다. 여기서는 다음의 말로 충분하다. 만일 당신의 상처를 알리는 것만으로 문제가 해결되지 않는다면, 남편이 기능성 고착 상태일 소지가 높다. 이 문제에 맞서려면 당신은 강해져야 한다.

어떤 아내는 남편을 잃을까봐 두려워 자기 의견을 말하지 못하는 덫에 빠진다. 그들은 '긁어 부스럼'을 원하지 않는다. 부스럼이 암으로 치닫고 있는 것 같을 때도 말이다. 하지만 이런 수동적인 수용이 남편을 **더** 빛나가게 하기 쉽다. 남편은 자신의 형편없는 행동을 그냥 참고 사는 아내를 존중하지 않는다. 아내의 이런 태도는 남편의 무례한 행동을 더 강화시킬 뿐이다. 안타깝게도 남편의 분노를 자신의 안전에 대한 최고의 적으로 생각하는 여자들이 많이 있다. 그러나 사실은 나약함과 그에 따른 권태로운 관계가 훨씬 더 강력한 위협이다.

당신이 만일 자신의 정체성 및 그리스도와의 관계에서 확고부동하게 설 수 있다면, 그리하여 어떤 대우는 용납하고 어떤 대우는 용납하지 않을 것인지를 과감히 밝힌다면, 당신이 깜짝 놀라게 될 사실이 있다. 당신이 자신을 존중하면 그것이 남편에게도 옳는다는 사실이다.

달라져야 한다

결론부터 말해서, 남자 입장에서 본 남자의 시각은 이렇다. 당신이 남편에게 미칠 수 있는 영향은 생각보다 크다. 당신이 존중받을 만한 여자가 되면 남편은 당신을 잃을 마음이 조금도 없어진다. 만일 **당신도** 얻고 자신의 비정상적인 **행동도** 얻을 수 있다고 생각되면, 그는 둘 다 취할 것이다. 그러나 당신이 그의 행동을 그냥 넘어가지 않을 것을 어느 날 그가 알게 된다면, 지금의 길로 계속 가다가는 당신을 잃을 수도 있다는 생각이 그에게 든다면, 그렇다면 그는 그 충격으로 기능성 고착을 떨치고 적어도 변화를 생각은 해볼 것이다.

당신의 반응과 의견은 매우 중요하다. 당신이 생각하는 것보다 훨씬 중요하다. 나중에 뒤에서 보겠지만, 남자들은 자기 아내의 인정을 정말 **애타게** 원한다. 여자가 똑바로 서서 "이 문제는 당신을 보는 내 시각과 우리 관계에 **반드시** 악영향을 미쳐요."라고 말하면, 대부분의 남자들은 적어도 듣기 시작이라도 한다. 이 책을 읽으면서 보겠지만, 남편의 마음을 거룩함 쪽으로 움직인 많은 여자들이 그랬다. 그들에게는 사태를 지금처럼 둘 수도 없고 두지도 않겠다고 작정한 시점이 있었다. 그들은 '대충 넘어가던' 것을 그만두었고, 자신이 주님 안에서 강하게 서기로 결심했음을 남편에게 분명히 알렸다.

앞서 말했듯이, 이렇게 남편에게 영향을 미칠 힘이 있는데도 혼자가 될까봐 두려워 그 힘을 포기해 버린 여자들이 너무 많다.

"내가 '더 이상 안 된다'고 말하면 남편이 나를 떠날지도 몰라. 그럼 어떡하지?"

이렇게 생각해 보라. 남편이 떠나지 않고 남아 오히려 이 일 때문에 주님 안에서 성장한다면 어떨까?

여태까지 당신의 묵종으로 무엇 **하나라도** 달라진 것이 있는가? 만일 없다면 앞으로라고 달라질 까닭이 무엇인가? 하나님의 공급과 힘이 있기에 당신은 순종의 결과를 감당할 수 있다. 일이 어떻게 되든 하나님은 당신을 혼자 두지 않으신다. 당신의 삶을 규정짓는 것은 하나님이지 당신의 결혼 여부가 아니다.

강한 여자, 하나님을 향하여 살아 있는 여자가 되는 이 영광과 자유를 받아 누리라! 하나님은 남편에게 영향을 미칠 힘을 당신에게 주셨다. 하지만 설사 남편이 떠나더라도 하나님은 당신에게 감당할 힘과 은혜를 주신다. 일단 하나님 앞에서의 당신의 신분을 충분히 알고 나면, 다시는 한 남자의 수용에 매달려 살 필요가 없어진다. 당신에게 있는 힘을 알라. 그리고 남녀가 하나 되는 그 유명한 '비밀' 엡 5:31~33을 맛보라.

멜로디 로드 박사는 아내를 잃을지도 모르는 위험을 남편을 움직일 수 있는 최고의 동인으로 꼽는다. 물론 우리는 언약과 헌신의 결혼관계를 유지한다는 전제 하에 이것을 적용해야 한다. 성경은 이혼이 허용되는 요인에 대해 매우 구체적이고 매우 제한적이다. 불만, 성격 차이, 단순한 반감은 해당이 **안 된다**! 멜로디는 "여자의 힘은 하나님께 위탁되어 자기 자신이 아닌 그분의 목적을 위하여 사용되어야 한다"고 지적한다.

하지만 그녀가 강조하는 것이 또 있다. 세상의 문화 때문에 대부분의 여자들은 자기에게 남편의 마음을 움직일 힘이 있음을 깨닫지 못한다는 것이다. 그녀는 이렇게 말한다.

"여자들은 자신의 성 때문에 무력감을 느낀다. 그 결과로 속에 많은 분노와 좌절과 심지어 절망이 쌓여 왔다."

그리스도 안에서 한 형제로 권하건대, 아내들이여! 담대하고 용감하고 강해지라. 이 당연하면서도 지극히 영적인 영향과 역할은 하나님이 당신에게 남편의 마음을 움직이도록 설계해 주신 것이다. 그것을 잘 활용하라.

담대해지라

성경의 수많은 여자들이 맨 처음 들어야 했던 말은 두려워하지 말고 담대해지라는 말이었다. 하갈이 남편한테 버림받고 아들과 함께 굶어죽게 생겼을 때 하나님의 천사는 "두려워하지 말라"창 21:17며 그녀를 다독였다. 예수께 충실했던 여자들이 슬퍼서 어쩔 줄 모르며 귀하신 예수님의 시신이 어찌되었는지 의아해할 때 천사가 그들에게 "너희는 무서워하지 말라"마 28:5고 타일렀다.

내가 당신에게 위험한 행동을 권하는 것처럼 들릴지 모르지만, '안전한' 길이 때로는 천천히 멸망으로 치닫는 길이다. 내가 제일 좋아하는 그리스도인 철학자 중 하나인 엘튼 트루블러드가 아주 잘 표현했다.

> 나뭇가지에 생전 올라가지 않는 사람은 가지가 부러져 다칠 일도 없겠지만, 가장 무르익은 열매가 손에 닿을 일도 없다. 인생이 가져다주는 가장 무르익은 열매는 … 실패할 가능성과 일신상의 위험을 지나치게 걱정하지 않고 담대히 삶에 직면하는 사람들의 손에만 닿는 것 같다. 삶다운 삶은 언제나 도박사의 선택이며, 어느 한쪽 편에 서는 사람들에게 찾아온다. 중립은 좀처럼 미덕이 아니다.[1]

두려움은 우리를 마비시킨다. 아무 행동도 하지 않는 것이 우리의 가장 큰 적일 때가 있다. 한 해 두 해 무감정의 세월이 흐르는 사이에 결혼생활은 서서히 죽어갈 수 있다. 건강하지 못한 습성들이 있는데도 양쪽 누구도 해결하려 들지 않아 결국 시들고 마는 부부관계를 나는 많이 보았다. 관계가 건강하지 못할 때 당신이 할 수 있는 가장 해로운 일은 **아무것도 하지 않는 것**이다. 페덱스 사의 CEO 프레더릭 스미스는 이렇게 말한다.

"아무 행동도 하지 않는 것을 가장 덜 위험한 길로 생각하는 사람들이 너무 많다. 그러나 때로는 행동하는 것이 가장 신중하고 안전한 길이다. 아무것도 하지 않는 것은 극도로 위험하다. 진주만 공격이 있기 전에 미국은 모든 비행기를 비행장 한복판에 두었다. 항공모함을 앞세운 공격보다 파괴 공작원들을 최대의 위험으로 본 것이다. 그들은 허세 부리다 무너진 게 아니라 조심하다 무너졌다."[2]

당신이 결혼생활에서 늘 안전주의로 나간다면 결국은 쳇바퀴에 갇히고 만다. 달라져야 할 이슈들에 맞서려면 용기와 담대함이 필요하다. 내가 믿기로 당신에게 그런 용기와 담대함을 가장 많이 줄 것은, 첫째, 그리스도 안에서 당신의 정체성을 아는 것이고, 둘째, 당신의 인생을 결혼 여부가 아니라 하나님으로 규정짓는 것이다. 그런 수용과 안전과 능력으로 무장하면 당신은 선善을 이루는 강력한 힘이 된다. 그러면 당신도 신명기에 나오는 모세의 말의 능력을 주장할 수 있다. "여호와 그가 네 앞에서 가시며 너와 함께 하사 너를 떠나지 아니하시며 버리지 아니하시리니 너는 두려워하지 말라, 놀라지 말라" 신 31:8.

두려움과 낙심은 결혼생활에 정체停滯와 끝없는 실망을 부른다. 그

간 당신이 그런 것들에 질렸다면 이제 하나님의 길, 믿음과 담대함의 길을 시도해 봄이 어떨까?

희망은 전략이 아니다

지금까지 이 책 서두에서 나는 당신 안의 그 역량을 깨우고자 했다. 흔히 그리스도인 여자들은 자신의 이런 역량에 대한 말을 들을 기회가 별로 없다. 우리 문화 전반은 기독교 문화도 마찬가지 수동적인 쪽으로 잔뜩 치우쳐 있거니와, 이는 하나님이 지으신 본연의 우리 모습에 완전히 어긋난다.

딱 잘라 말해서, 희망은 전략이 아니다. 단순히 남편이 변화되었으면 하는 '소원'과 결혼생활이 달라졌으면 하는 '바람' 만으로는 아무 소용이 없다. 문제는 일부 그리스도인들이 소원을 영적으로 고상하게 해석해 '기도'라고 부른다는 것이다. 오해는 하지 말라. 나는 지금 기도를 나쁘게 말하는 게 아니다. 기도에 대한 **착각**을 지적하는 것뿐이다. 즉 불만을 그냥 말로 표현하기만 해도 자신의 세상과 자신의 관계들이 달라지기를 기대할 수 있다는 착각이다. 진정한 성경적 기도는 그보다 훨씬 더 나아간다. 행군 명령을 받고 그대로 **행동**하는 것까지가 기도다.

좋은 결혼생활은 우연히 되지 않는다. 좋은 결혼생활은 우연히 지속되지도 않는다. 나는 어떤 책도 우연히 쓴 적이 없다. 당신은 사업을 우연히 일굴 수 없다. 이런 모든 노력에는 의지적인 선택과 많은 인내가 요구된다. 당신이 그냥 바라기만 하는 대신 행동에 나서면, 그냥 풀이 죽어 있을 게 아니라 이제부터라도 주도적으로 나서면, 당신은 능동적인 여자가 된다. 능동적인 여자들은 그들을 지으신 능동적인 하나님을 닮았다.

능동적인 하나님, 능동적인 여자들

하나님이 어떤 분이신지를 우리는 창세기 1장에서 처음으로 조금 엿볼 수 있다. 하나님은 우리가 제일 먼저 이것부터 알기를 원하신다. 그분이 지극히 **능동적인** 하나님이라는 사실이다. 창세기 1장에 보면 하나님의 행동을 기술하는 능동적인 동사가 **38번**이나 나온다. 그분은 창조하시고, 말씀하시고, 분리하시고, 부르시고, 복 주시고, 주신다. 그 밖에도 아주 많다. 이 모두가 **단 한 장**에 나온다.

그 다음에 여기가 핵심이다 그분은 여자와 남자에게 **똑같이 하라고** 말씀하신다. "하나님이 그들남자와 여자에게 복을 주시며 하나님이 그들에게 이르시되 '생육하고 번성하여 땅에 충만하라, 땅을 정복하라, 바다의 물고기와 하늘의 새와 땅에 움직이는 모든 생물을 다스리라' 하시니라" 창 1:28.

여자인 당신을 하나님은 이 세상을 다스리고 정복하라고, 그분의 형상대로 행하라고 지으셨다. 죄는 게으름과 자포자기와 낙담에서 시작된다. 사람들은 결혼생활을 포기하고, 기도를 포기하고, 교회를 포기하고, 자녀를 포기하고, 결국 자기 자신을 포기한다. 그들은 "다 소용없다"고 말하며 부루퉁해진다. 결혼생활을 개선해 보려고 애쓰지 않는다. 단순히 그들의 첫 번째^{또는 열 번째} 시도가 실패했기 때문이다.

가혹한 말처럼 들릴지 모르지만, 이전의 내 책들을 읽어본 독자들은 내가 이것을 피해갈 사람이 아님을 안다. **당신의 결혼생활은 당신이 만드는 것이다.** 지금 당신의 관계는 여태껏 당신이 거기에 투입한 것들의 직접적인 결과다. 많은 경우, 결혼생활은 당신의 용기의 수준까지밖에 올라가지 못한다. 처음의 뜨거운 로맨스는 노력으로 얻어내는 게 아니다. 그냥 난데없이 우리 위로 떨어지는 것 같다. 하지만 결혼생활은 벽돌을 한 장 한 장 쌓아 올려야 한다. 의지적인 선택들을 해야 한다. 능동적이 되어야 한다. 자신과 서로 안에 보이는 약점들에 직면해야 한다.

즉석 테스트

다음 장으로 넘어가기 전에 즉석 테스트를 해보기 바란다. 1부터 10까지 중에서 당신은 자신이 얼마나 강하다고 생각하는가? 1은 두려움이 많은 여자를 나타낸다. 그런 여자는 아무나 자신을 주무르게 그냥 두며, 결코 ^{자신을 위해서나 다른 사람을 위해서나} 자기 의견을 말하지 않는다. 5는 간혹 다른 사람들을 위해서는 자기 의견을 말할 의향이 있지만, 자기 자신을 위해서는 그렇지 않은 여자를 가리킨다. 10은 하나님과 함께 용감하게 서서 자신의 가정과 교회와 세상에서 변화의 주역이 되는 강한 여자다.

두 번째로 생각해 볼 질문은 이것이다. 하나님이 어떻게 현재 당신의 결혼생활에 있는 문제를 사용하셔서 당신을 3에서 5로, 또는 7에서 9로 옮겨 주실 수 있을까?

테스트의 마지막 질문에는 단순히 예, 아니오로 답하면 된다. 당신을 더욱 강하게 만드시려는 하나님께 당신은 기회를 드릴 것인가? 당신의 결혼생활에 있는 이슈들에 용감하게 맞설 것인가? 그리고 그분이 인도하시는 대로 그 결과를 끝까지 견뎌낼 것인가?

현재 당신의 결혼생활에 있는 문제들은 당신을 하나님이 지으신 본연의 강한 여자로 빚으시려는 그분의 도구라고 나는 굳게 믿는다.

1. 당신의 결혼생활에서 '기능성 고착'에 부딪친 적이 있는가? 어떤 문제였는가? 당신이 그것을 해결하려 했을 때 통하지 않은 방법은 무엇인가? 저자에 따르면, 앞으로 어떤 방법이 더 효과가 있겠는가?

2. 남편의 순간적인 분노와 아내의 주관적인 나약함 중에서 무엇이 결혼생활에 더 위험하다고 보는가? 후자를 택했다면, 여자들이 자신의 좌절을 표현하기보다 억압할 때가 많은 이유가 무엇이라고 보는가?

3. 성경적인 결혼관(죽음이 우리를 갈라놓을 때까지)에 헌신된 여자가 단호히 맞서서 다음과 같이 말하는 적절한 방법은 무엇일까? "이것이 달라지지 않으면 우리의 관계에 반드시 영향이 있을 거예요." 이런 대화의 위험이 있다면 무엇일까? 아내와 남편 둘 다에게 유익이 있다면 무엇일까?

4. "관계가 건강하지 못할 때 당신이 할 수 있는 가장 해로운 일은 아무것도 하지 않는 것이다"라는 저자의 말에 당신은 동의하는가? 일부 여자들이 담대히 행동하지 못하는 이유는 무엇인가? 어떻게 하면 그들을 좀더 용감하게 행동하도록 도와줄 수 있을까?

더 예쁜 부부관계를 꿈꾸며...

5. 당신은 결혼생활의 어떤 문제를 '포기한' 적이 있는가? 어떻게 포기했는가? 지금 와서 돌아볼 때, 그때 당신이 어떻게 다르게 했더라면 좋았겠는가? 이 경험이 앞으로 당신의 행동에 어떤 영향을 미칠 수 있겠는가?

6. 결혼생활 중에서 당신이 적극적인 자세로 용감히 나서기가 가장 어려운 부분은 어디인가? 결혼생활에서 소극성을 줄이고 적극성을 더하도록 여자들이 어떻게 서로 격려해 줄 수 있겠는가?

7. 당신의 결혼생활에서 하나님을 높이는 긍정적인 영향력이 가장 시급한 부분을 두 가지만 꼽아 보라. 적절하고 적극적인 반응, 사랑을 강화하는 반응을 당신에게 가르쳐 달라고 지금부터 하나님께 기도하라.

배우자를 통하여 자라게 하시는 하나님 03

　베스트셀러 저자이자 역사가인 데이비드 맥컬로우는 존 애덤스가 독립전쟁이 한창일 때 그의 아내 애비게일에게 쓴 놀라운 편지 한 통을 우연히 발견했다.

　"이번 전쟁에서 우리는 승리를 보장할 수 없지만 그보다 더 나은 일을 할 수 있소. 우리는 승리에 걸맞은 사람이 될 수 있소."

　나중에 맥컬로우는 또 다른 편지를 읽었다. 이번에는 조지 워싱턴의 편지였는데 똑같은 말이 적혀 있었다. 맥컬로우가 추적해 보니 그 말은 《카토》Cato라는 희곡에 나오는 대사였다. 미국이 탄생된 배후 정신이 그 말 속에 잘 녹아 있다. 또한 그 말은 오늘의 여자들이 결혼생활을 개혁하는 데에도 도움이 될 수 있다. 맥컬로우는 이렇게 설명한다.

"애덤스의 편지에 적힌 이 말은 전쟁의 결과가 하나님의 손에 있다는 말이다. 우리는 그것은 통제할 수 없지만 우리의 행동 방식은 통제할 수 있다. 성공에 걸맞은 사람이 될 수 있다."[1]

동일한 원리가 결혼생활을 하는 당신에게도 적용된다. 당신은 모든 일의 결과를 보장할 수 없다. 당신이 다른 인간을 통제할 수 없음은 자명하다. 그러나 당신은 성공에 '걸맞은' 사람이 될 수 **있다**. 변화가 거의 일어날 수밖에 없게끔 행동할 수 있다.

이렇게 생각해 보라. 당신의 남편의 결점들이 당신을 빚으시는 하나님의 도구라면 어떨까? 남편의 모습 중 당신을 가장 괴롭히는 바로 그 점이 당신에게 뭔가 새로운 것을 가르치시려는 하나님의 계획이라면 어떨까? 결혼생활의 변화_{남편의 마음을 움직이는 과정}가 당신에게서부터 시작될 수 있음을 당신은 받아들일 마음이 있는가?

"나에게 합당한 사람이 되라"

나폴레옹 보나파르트는 혁혁한 전공 만큼이나 자존심이 강했다. 한 편지에 그는 자기 아내를 이렇게 꾸짖었다.

"필히 더 강단을 키우시오. 듣자 하니 당신은 늘 울고 있다지요. 창피하게 그 무슨 짓이오! … 나에게 합당한 사람이 되어 체통을 지키시오. 파리에서 당당히 과시하시오. … 당신이 늘 눈물이나 흘리고 있다면 나는 당신에게 용기나 기품이 없다고 여길 것이오. 나는 겁쟁이들을 좋아하지 않소. 황후로서 당찬 모습을 보이시오."[2]

나폴레옹의 고자세가 다소 껄끄럽고 거슬리긴 하지만, '나에게 합당한 사람이 되라'는 흥미로운 경구는 그가 우연히 건져낸 꽤 괜찮은 말이다. 이것이 모든 남편과 아내의 목표가 되어야 한다. 남편은 자기 아내에게 '합당한' 사람이 되기를 열망하고, 아내는 자기 남편에게 '합당한' 사람이 되기를 열망해야 한다.

우리 문화가 워낙 잘난 체 하는 경향이 있다보니, 남에게 '합당한' 존재가 되어야 한다는 말이 꼭 악담처럼 들린다. 하지만 이 말은 성경에 더 먼저 나온다. 예수님은 누구든지 자기 십자가를 지지 않는 사람은 그분께 합당하지 않다고 말씀하신다마 10:38. 바울은 로마 교인들에게 뵈뵈를 '성도들의 합당한 예절로' 영접하라고 당부한다롬 16:2. 또 에베소 교인들에게는 "너희가 부르심을 받은 일에 합당하게" 살라고 권고한다엡 4:1. 그밖에도 빌립보서 1장 27절, 골로새서 1장 10절, 데살로니가전서 2장 12절, 데살로니가후서 1장 11절, 요한삼서 6절, 요한계시록 3장 4절에 보면, 합당하게 살라는 권면이나 합당하게 살았다는 칭찬이 성도들에게 주어진다.

이것은 진지하게 영적인 뿌리를 깊숙이 내리라고, 관계의 기술들을 계속 기르라고 우리에게 주는 경종이다. 우리는 성경을 탐구하고, 지혜에서 자라고, 계속 기도하고, 계속 영적인 통찰을 길러야 한다. 그리스도가 우리 안에 계시고 성령이 우리를 변화시켜 주시기에, 우리는 계속 미성숙한 상태로 있을 구실이 정말 없다.

사도 바울은 디모데에게 하나님께 받은 은사들을 온전히 개발하라고 당부한 다음 이렇게 썼다. "이 모든 일에 전심전력하여 너의 성숙함을 모든 사람에게 나타나게 하라"딤전 4:15. 바울은 디모데가 다음 사실을 알기를 원했다. "너는 완전하지는 않지만 네 삶의 진보가 사람들에게 나타나야 한다. 5년 후의 너는 지금의 너보다 더 지혜롭고 강하고 성품이 더 성숙해져 있어야 한다."

아내와 결혼할 때 나는 스물두 살의 아주 미성숙한 청년이었다. 나는 지금의 내가 그때보다는 더 성숙해 있고 더 사랑이 많고 덜 이기적이기를 진심으로 바란다. 또한 앞으로 10년이 지나면 그만큼 더 성숙해 있고, 사랑도 더 많아지고, 그만큼 더 친절하고 지혜롭고 덜 이기적인 모습이 되어 있기를 간절히 기도한다.

물론 이런 성장은 우연히 되지 않는다. 내가바울의 표현을 빌려 '이 모든 일에 전심 전력' 하지 않는 한, '나 자신과 가르침을 살펴 이 일을 계속' 하지 않는 한딤전 4:16, 그런 일은 없다. 내가 성장하지 않는다면 아내가 나보다 더 성장할 것이다. 나는 리자에게 완벽한 남편은 될 수 없겠지만, 영적으로 게으른 남편이 될 마음은 추호도 없다. 나는 아내에게 '합당한' 사람이 되고 싶다. 끝내 거기에 완전히 도달하지는 못할지라도, 아예 내가 시도조차 하지 않았기 때문은 아닐 것이다. 나는 전처럼 날씬해지지도 못할 것이고, 전처럼 머리숱이 많아지지도 않을 것이다. 하지만 아내와 결혼하던 스물두 살 때보다는 성품이 훨씬 뛰어난 남자가 될 수 있다.

이렇듯 당신의 성품이 자라면, 영적인 뿌리를 깊숙이 내리면, 하나님의 음성을 듣고 그분의 지혜로 사고력을 기르면, 성령께서 당신의 성품을 변화시키시고 마음을 다시 빛으시도록 해드리면, 그러면 당신은 남편을 몇 번이고 계속해서 당신과 사랑에 빠지게 할 수 있다. 남편은 당신의 존중과 애정을 잃지 않으려는 동기가 아주 강해질 것이다. 경건한 여자를 아내로 두는 일에 비할 것은 없다. **아무 것도** 없다. 반면, 자아도취적이거나 나약하거나 두려움이 많은 아내와 함께 사는 것보다 더 빨리 지루해지는 일은 없다.

남편은 과거의 당신을 택하였고 현재의 당신을 받아들인다. 하지만 당신은 장차 되려는 여인의 모습으로 그를 축복할 수 있다. 당신은 그렇게 하겠는가? 당신에 대한 남편의 믿음을 존중하겠는가? 남편이 꿈에나 그리는 그런 여자가 되겠는가?

고통스러운 인내

당신 자신의 성장에 집중하는 것이 그토록 중요한 이유는 곧 교만의 죄를 피하기 위해서다. 교만은 언제나 우리 자신의 약점은 무시한 채 배우자를 바꾸는 데 집중하도록 우리를 유혹한다. 예수님은 놀랍도록 강경한 말씀으로 그것을 경고하셨다. "어찌하여 형제의 눈 속에 있는 티는 보고 네 눈 속에 있는 들보는 깨닫지 못하느냐. 너는 네 눈 속에 있는 들보를 보지 못하면서 어찌하여 형제에게 말하기를 '형제여, 나로 네 눈 속에 있는 티를 빼게 하라' 할 수 있느냐. 외식하는 자여, 먼저 네 눈 속에서 들보를 빼라. 그 후에야 네가 밝히 보고 형제의 눈 속에 있는 티를 빼리라"눅 6:41~42.

당신의 결혼생활의 변화는 **당신에게서부터 시작된다.** 만일 내가 다르게 말한다면, 여태까지 내가 쓴 책들의 내용을 일체 부정하는 일이 될 것이다. 남편한테 이 이상을 바라는 게 잘못이라는 말이 아니다. 남편이 나쁜 습관들을 버리고 좀더 당신에게 주목한다면 당신의 결혼생활이 더 즐거워질 수 있음을 부인하는 말도 아니다. **내 말은** 이런 것이다. 당신이 만일 자신의 성장은 외면한 채 남편을 바꾸려는 일념으로 이 책을 활용한다면, 나는 하나님이 구하시는 경건한 여성이 아니라 또 하나의 바리새인을 부추긴 것에 지나지 않는다.

이 책을 읽는 내내 이런 시각을 늘 염두에 두기로 하자.

어떻게 하나님은 불완전한 남자와 함께 사는 현실을 통하여 당신에게 인내와 이해에서 자라가는 법을 가르치고 계실까? 어떻게 하나님은 걸핏하면 짜증내는 남자와의 결혼생활을 통하여 당신에게 분노가 많은 사람들을 사랑하는 법을 가르치고 계실까? 어떻게 하나님은 남편의 성욕, 남편의 불안정한 직업, 남편의 사교성 부족을 통하여 당신에게 자기를 부인하고 자기 십자가를 지고 그분을 좇는 법을 가르치고 계실까?

어떻게 하나님은 당신의 결혼생활을 통하여 당신에게 사랑하는 법을 가르치고 계실까?

당신의 결혼생활이 어렵다면 또는 기본적으로 좋지만 특정한 문제 하나로 삐걱거리고 있다면, 하나님이 당신을 성숙시키기 원하신다고 확신해도 좋다. **힘과 용기와 위엄과 성경적 지혜로 그 문제에**

직면하면 된다. 물론 하나님은 말씀 한마디로 당신의 문제를 짠~! 하고 해결하실 수도 있다. 하지만 그분은 대개 그런 식으로 일하지 않으신다. 그분은 우리로 하여금, 우리를 두렵게 하고 완전히 무력감에 빠뜨리는 이슈들을 직면하게 하신다. 우리의 가장 깊은 두려움 속을 지나게 하실 수도 있다. 우리가 그분 안에서 성장할 수 있도록 하심이다. 성경은 이 점에 대해서 아주 강경하다. 영적인 성장은 힘든 시기를 인내로 지날 때에 찾아온다.

- "다만 이뿐 아니라 우리가 환난 중에도 즐거워하나니 이는 환난은 인내를, 인내는 연단을, 연단은 소망을 이루는 줄 앎이로다. 소망이 우리를 부끄럽게 하지 아니함은" 롬 5:3~5.
- "내 형제들아, 너희가 여러 가지 시험을 당하거든 온전히 기쁘게 여기라. 이는 너희 믿음의 시련이 인내를 만들어 내는 줄 너희가 앎이라. 인내를 온전히 이루라. 이는 너희로 온전하고 구비하여 조금도 부족함이 없게 하려 함이라" 약 1:2~4.
- "너희 믿음의 확실함시련은 불로 연단하여도 없어질 금보다 더 귀하여 예수 그리스도께서 나타나실 때에 칭찬과 영광과 존귀를 얻게 할 것이니라" 벧전 1:7.

우리들 대부분은 이 구절들에 직접 언급된 물리적 박해에는 부딪치지 않을 것이다. 그러나 우리는 같은 취지의 영적, 관계적 시련에 부딪친다. 하나님은 당신의 결혼생활을 통하여 당신을 더 강하고 지

혜롭고 온전한 여자로 만드실 수 있다. 당신이 남편과의 결혼생활에서 오는 도전들을 피하여 달아나지만 않는다면 말이다.

변화의 방정식

당신의 결혼생활은 그냥 1부터 10까지 중의 어느 한 숫자가 아니다. 당신의 결혼생활은 수학 방정식이다. x+y=z. 당신의 남편이 x일 수 있는데, 이 숫자는 당신이 절대로 바꿀 수 없다. 하지만 당신이 y를 즉 당신을 바꾸면 결혼생활의 전체 결과에 영향을 미치는 것이다. x+2y=q. 이것은 인간관계의 아름다움^{한쪽만이라도 변화는 언제나 가능하다}이자 동시에 좌절^{변화의 성격은 제한적이며 보장이 없다}이기도 하다. 이 책의 초점이 여자가 남자를 **변화시킬** 수 있는 법이 아니라 여자가 남자에게 **영향을 미칠** 수 있는 법에 있음도 그 때문이다.

남편에 대해서 큰 꿈을 품는 것은 지당하고 건강한 일이지만, 그런 꿈을 이기적으로 **요구하는** 것과는 전혀 다르다.³⁾ 당신이 뭔가를 긍정적인 방식으로 꿈꾼다면, 그것은 당신 자신을 사랑과 변화와 영적 성숙의 도구로 하나님께 드리는 것이다. 그러나 당신이 누군가에게 당신을 위해서 달라질 것을 요구한다면, 당신은 말 그대로 세상을 구부려 자신의 편의와 욕구와 행복에 맞추려는 것이다. 그것은 교만과 오만과 자기중심적인 태도이며, 하나님은 **그것에는** 절대로 복을 주지 않으실 것이다.

그러므로 우리는 처음부터 기대를 바르게 조정하고 출발하자. 남편에 대한 당신의 꿈은 무엇인가? 어쩌면 당신은 남편이 술을 끊거나, 자녀들에게 좀더 관심을 갖거나, 당신과 함께 기도하거나, 당신과 함께 책을 읽기를 원할지 모른다. 또는 당신은 남편이 성질을 자제하거나, 포르노를 그만 보거나, 좀더 영적인 지도자가 되기를 원할지도 모른다. 관계 면에서 남편의 의식과 참여가 더 높아지기를 바랄 가능성도 꽤 높다.

모두 좋은 꿈이다! 그중 하나라도 이루어진다면 어떤 남자라도 엄청난 복을 누리게 될 것이다. 하지만 당신이 꼭 명심해야 할 것이 있다. 하나님 앞에서 당신의 영원한 상태는 이런 노력의 성공에 달려 있는 것이 **아니다**.

기쁜 소식은 당신과 하나님이 이 일에 함께한다는 사실이다. 당신을 지으시기도 전부터 그분은 당신이 누구와 결혼할지 아셨다. 하나님은 당신을 어떠어떠한 사람이 되라고 부르셨고, 현재의 관계 속에서 어떠어떠한 일을 하도록 지으셨다. 그런 사람이 되고 그런 일을 하려면 도구들이 필요한데, 그분이 그 도구들을 당신에게 계속 주신다. 하나님은 **결코** 당신을 어떤 상황 속에든 혼자 두지 않으신다. "여호와 그가 … 결코 너를 떠나지 아니하시며 버리지 아니하실 것임이라" 신 31:6. 설령 당신이 신앙이 없는 사람과 결혼했어도 하나님의 은혜가 당신에게 족하다. 당신이 구덩이를 아무리 깊이 파도 그것이 당신을 하나님의 공급과 보호와 살아 있는 힘에서 끊어놓을 수 없다. 물론 우리의 선택들은 마뜩찮은 결과를 부를 수 있다. 하지만 그때에도 하나님은 우리를 도우셔서 감당하게 하신다.

바로 그것이 내가 전하고 싶은 메시지다. 당신과 하나님은 이 일에 함께하며, 그분은 결혼생활의 변화를 지금 **당신에게서부터** 시작하신다. 남편의 마음을 움직이려 하되 먼저 당신부터 그분께 변화를 받으라. 당신이 뜻한 결과들이 끝내 이루어지지 않을 수도 있지만, 그래도 당신 자신을 구조조정하면 결혼생활의 방정식이 달라질 수 있다. 그것의 출발점은 경건한 여자 됨의 영광을 어쩌면 처음으로 이해하는 것, 그리고 경건한 여자의 힘으로 행동하는 것이다. 경건한 여자는 자신이 하나님의 형상대로 지음 받았음과, 예수 그리스도께서 하신 일로 말미암아 자신의 죄가 용서되었음과, 하나님이 부르신 삶을 살아갈 수 있도록 성령께서 자신에게 은사와 능력을 주셨음을 아는 사람이다.

당신이 이 책을 집어든 것은 단순히 남편에게 동기를 심어주거나 남편을 변화시키는 법을 알고 싶어서일지 모른다. 나는 이렇게 말하고 싶다. 그것도 귀한 목표일 수 있지만 당신에게는 너무 작다. 하나님은 당신을 **세상을** 변화시킬 사람으로 지으셨다. **당신의 가정은 그 일의 출발점이다.** 당신의 결혼생활에 닥쳐오는 모든 도전들에 용감히 맞서라. 그 과정에서 하나님이 **당신을** 변화시키시게 해드리라. 그러면 뭔가 놀라운 일이 벌어진다. 새로운 여자, 하나님을 향하여 온전히 살아 있는 여자가 빚어지는 것이다. 가정에서 배우는 교훈들을 다른 모든 곳에도 적용할 수 있는 여자다.

"이번 전쟁에서 우리는 승리를 보장할 수 없지만 그보다 더 나은 일을 할 수 있다. 승리에 걸맞은 사람이 될 수 있다."

더 예쁜 부부관계를 꿈꾸며...

1. 남편의 결점이 정말 당신을 변화시키는 하나님의 도구일 수 있다면, 지금 하나님이 당신의 삶 속에서 하시려는 일은 무엇이라고 보는가?

2. 남편의 성장에 영향을 미치고자 힘쓸 때, 아내들이 이 '합당해진다'는 건강하고 성경적인 태도를 잃지 않는 것이 왜 중요한가?

3. 하나님은 어떻게 당신의 결혼생활(지금 있는 그대로의)을 통하여 당신에게 사랑하는 법을 가르치고 계신가?

4. 불완전한 남자와의 결혼생활을 통해 당신은 그동안 어떻게 더 강해지고 더 지혜로워졌는가?

5. 남편에 대해 '꿈을 품는' 것과 남편에게 변화를 요구하는 것은 어떻게 다른가?

6. 하나님이 당신의 결혼생활 속에 함께하신다는 개념은 지금 당신이 부부관계의 좌절과 씨름을 헤쳐 나가는 데 어떻게 도움이 되는가?

7. 결혼생활의 문제에 적극적으로 용감하게 대처하면 당신은 세상을 변화시키고 세상에 영향을 미치는 사람으로 준비된다. 어떤 면에서 그렇겠는가?

변화의 분위기를 조성하라

PART 2

남자의 가장 깊은 갈증을 이해하라

04

사르밧의 과부를 기억하는가? 일찍이 이보다 더 절박한 여자가 있었을까? 기근으로 황폐해진 땅에 먹을 거라곤 어디에도 없는데, 이 어머니가 남은 밀가루와 기름을 바라보니 마지막 한 끼 분량밖에 되지 않았다.

이 장면이 벌어진 것은 거의 3천년 전이었다. 슈퍼마켓마다 먹을 것들이 넘쳐나기 오래 전이었다. 허기진 배의 즉석 해결을 보장하는 편의점과 패스트푸드점이 길모퉁이마다 들어서기 전이었다. 그때만 해도 기근과 가뭄으로 먹을 게 없다는 말은 말 그대로 **먹을 게 없다**는 뜻이었다. 사과도 다 땄고 감자도 마지막 하나까지 다 캤다. 나무

껍질까지 벗겨 먹었다. 먹을 수 있는 거라면 뭐든지 다 먹어, 이제 마지막으로 확실히 남은 것은 죽음뿐이었다.

당신이 그 과부라고 생각해 보라. 당신은 이미 남편의 죽음을 지켜보는 참화를 겪었다. 그런데 이제 아들이 서서히 굶어죽는 것을 지켜보아야 하는 끔찍한 일을 앞두고 있다.

바로 그때, 자칭 하나님의 선지자라는 낯선 사람이 당신의 삶에 등장한다. 그는 당신에게 음식을 청한다. 당신은 밀가루와 기름이 거의 다 떨어져 당신과 아들의 마지막 한 끼 분량밖에 없다고 대답한다. 그러자 그는 당신이 그에게 마지막 빵을 구워 주면 당신의 통과 병에 밀가루와 기름이 떨어지지 않을 거라며 당신을 안심시킨다.

까짓것 잃을 게 무엇인가? 그래서 당신은 그의 말대로 한다. 그리고는 그의 말이 사실임을 보고 놀란다. 그 작은 통과 작은 병에 몇 달 동안 계속 밀가루와 기름이 저절로 다시 채워진다. 처음에는 통과 병을 열어보는 당신의 손이 마구 떨렸다. 눈앞의 기적을 믿고 싶은데도 당신의 생각은 늘 그에 맞서 싸웠다. "어쩌면 밀가루가 통 옆쪽에 붙어 있었는지도 몰라. 기름도 옆으로 흘러서 바닥에 고여 있었는지도 몰라." 며칠이 지나자 당신은 딱 한 가지 설명밖에 가능하지 않음을 점차 깨닫는다. 하나님이 엘리야라는 선지자를 통해 기적으로 당신에게 공급해 주고 계신 것이다. 당신이 경험하고 있는 일은 어떤 자연 현상으로도 설명되지 않는다.

시간이 지나자 당신은 통과 병을 열 때 더 이상 놀라지 않는다. 이성에 어긋나는 현상인데도, 사실 당신은 통과 병이 차 있을 때보다 오히려 비어 있을 때 더 놀랄 것이다. 저절로 채워지는 일이 하도 계속되다 보니 더 이상 기적으로 보이지 않는다. 늘 있는 일일 뿐이다.

그런데 그때 당신을 안일에서 흔들어 깨우는 비극이 벌어진다.

당신의 아들이 굶주림과 상관없는 병으로 심히 앓게 된다. 괴롭게 싸우던 아들은 병을 이기지 못하고 죽는다.

이제 당신은 그동안 당신을 기아에서 지켜준 하나님의 사람에게 격노한다. 이렇게 아들이 병들어 죽는 꼴이나 지켜보아야 할 거라면 진즉 굶어죽지 않은 게 무슨 소용인가? 당신은 엘리야에게 따지며 그에 대한 당신의 생각을 그대로 표현한다. 애당초 그를 만나지 않았더라면 좋았겠다고 말한다.

엘리야는 당신의 아들을 데리고 당신에게 보이지 않는 골방으로 들어간다. 잠시 후에 당신은 자신의 눈이 믿어지지 않는다. 죽었던 아들이 당신의 품안으로 달려든 것이다! 이런 기쁨은 처음이다. 당신은 저절로 찬양이 솟아나 이렇게 외친다. "내가 이제야 당신은 하나님의 사람이시요 당신의 입에 있는 여호와의 말씀이 진실한 줄 아노라" 왕상 17:24.

그때 갑자기 사방이 고요해진다. 아들을 살려준 사람을 당신이 방금 막 모욕했음을 깨달은 것이다. 그가 하나님의 사람이며 하나님이 그를 통하여 말씀하심을 **이제야** 알겠다니? **이제야** 그를 믿는다니? 지난 몇 달 동안 뭘 먹고 살았는데? 그 밀가루가 어디서 계속 왔다고 생각하는데? 이성에 어긋나게 기름이 계속 흘러나올 거라고 말해준 사람이 누구인데? 그런데도 이런 일이 **있고 나서야** 비로소 그의 말을 믿는단 말인가?

옛날에 이 과부에게 있었던 일이 오늘 많은 부부관계에도 그대로 계속되고 있다. 이 여자를 위한 엘리야의 기적적인 공급은 뻔한 일이 되었다. 한때 신기해 보이던 일_{떨어질 줄 모르는 밀가루와 기름}이 머잖아 평범한 축복이 되었다. 너무 뻔해서 더 이상 감사는 고사하고 눈여겨볼 일조차 못되었다. 한두 주일 지나자, 그냥 늘 있는 일로 변했다.

서글프게도, 많은 아내들이 자기 남편을 바로 그렇게 본다. 남편의 장점들에 너무 익숙해져 여자들은 감사는 고사하고 더 이상 그것을 보지도 않는다. 하지만 약점 하나가 흉한 고개를 쳐들면 다른 것은 다 기억에서 지워진다.

물론 남편들은 이것을 알아차린다. 남자 1천 명을 대상으로 실시한 여론조사에서, 자기가 아내를 사랑하는 것보다 아내가 자기를 더 사랑한다고 생각한 남편들은 10퍼센트_{겨우 열 명 중 하나}에 지나지 않았다. 남자들은 아내에 대한 자신의 만족이 그에 대한 아내의 만족보다 훨씬 높다고 생각하는 것이다.[1]

눈이 멀어 축복을 보지 못하는 우리

9.11 공격 1주기 때에 리자와 나는 그 공격 때문에 과부가 된 부인들을 인터뷰하는 장면을 보았다.

"지난 1년 동안 당신의 시각이 가장 크게 바뀐 점은 무엇입니까?"

어느 진행자가 물었다. 맨 먼저 답변한 부인은 이렇게 말했다.

"저는 여자들이 남편에 대해 불평하는 소리를 들으면 못 견디겠어요."

모든 여자들이 고개를 끄덕였다. 다른 부인이 이렇게 덧붙였다.

"안방 화장실에 들어가 변기의 앉는 자리가 위로 세워져 있는 것을 본다면 하루가 즐거울 것 같아요."

그들의 말이 깊이 다가온다. 한때 당연시했던 축복들의 상실에 비하면 우리가 짜증내는 작은 일들은 사소해 보인다. 엄청난 상실 앞에 선 이 여인들에게 소소한 짜증 거리들은 더 이상 신경 쓸 문제가 못 되었다. 그들은 그동안 남편이 해주던 모든 일들이 갑자기 자신의 삶에서 영원히 빨려나가는 거대한 블랙홀에 마주서야 했다.

※ ※ ※

'새라'는 동부에 살고 있다(여러 가지 이유로 나는 이 이야기를 합성했다). 내가 인도하는 '신성한 결혼생활' 집회에 참석한 새라는 중간 휴식 시간에 몇몇 사람들과 함께 얘기를 나누고 있었다. 한 아내가 자기 남편이 연휴 주말 동안 뒷마당에 만든 아름다운 암석 정원을 자랑하기 시작했다. 새라는 유난히 얌전한 듯 싶더니 외치듯이 말했다.

"제발 그만하세요! 내 남편은 지난 주말 내내 소파에 누워 골프 시합만 봤어요. 당신 남편이 그 시간 동안 마당에서 일했다는 얘기까지 내가 듣고 있을 필요는 없잖아요!"

나중에 나는 새라와 일대일로 대화했다.

"집이 얼마나 큽니까?" 내가 물었다.

"200평방미터쯤 될 거예요." 그녀가 말했다.

"좋은 마당도 있고요."

"와우, 멋지군요! 특히 세 어린 자녀가 있으니까 말입니다. 그런 집에 살아서 행복하시겠어요."

"그런 것 같아요." 그녀가 말했다.

"직장은 어디세요?" 내가 물었다.

"아, 저는 직장에 다니지 않아요." 새라가 대답했다.

"아이들을 돌보며 집에 있어도 될 만큼 남편이 충분히 벌거든요."

"환상적이군요~!" 내가 말했다.

"비슷한 또래의 부인들 중 65퍼센트가 싫든 좋든 밖에서 일해야 한다는 걸 알고 계십니까? 직장을 안 다녀도 무방하다는 점에서 매우 행복한 상황이군요. 좋으시겠는데요."

"그런 것 같아요." 그녀가 말했다.

나는 새라의 남편이 게으르게 보냈다는 그 주말 이후의 월요일로 대화의 방향을 틀었다. 새라는 모르고 있었지만, 나는 그녀의 남편과 이미 대화한 터라서 월요일에 무슨 일이 있었는지 알고 있었다. '짐'은 아들을 데리고 나가 공 치는 연습을 조금 했다. 마침 어린 아들은 티볼공을 던지지 않고 티에 얹어놓고 치는 야구의 일종으로 주로 어린아이들이 많이 한다—옮긴이 첫 시즌을 앞두고 준비하던 중이었다. 저녁때는 딸들을 데리고 극장에 갔다. 집에 오는 길에 새라에게 전화를 걸어, 자기가 식품점에서 사다줄 것이 없느냐고 물었다.

새라가 그런 얘기를 다 한 후에 내가 물었다.

"편모에게 딱 하루만 어떤 남자가 찾아와서 그녀의 아들을 데리고 나가 '남자들만의 시간'도 갖고 야구공을 치는 법도 가르쳐 준다면, 또는 그녀가 좀 쉴 수 있도록 저녁때 그녀의 딸들을 데리고 나갔다가 후에 집에 오는 길에 전화를 걸어 가게에서 뭐 사다줄 것이 없느냐고 묻는다면, 그 편모가 뭐라고 말할지 상상이 되십니까? 꼭 죽어서 천국에 간 기분일 겁니다! 잠자리에 들 때 이렇게 기도할 겁니다. '딱 하루만이라도 모든 일을 제가 다 하지 않아도 되게 하시니 감사합니다, 주님.'"

나는 새라의 얼굴에 깨달음이 오는 것을 보았다. 그녀는 짐에게 주르르 달려가 이마에 입을 맞추었다.

그리고는 짐에게 말했다. "당신이 고마워서요."

새라는 짐이 가져다주는 '평범한 축복들'을 잊고 있었다. 불과 몇 분 전만 해도 그녀는 눈이 멀어 남편이 하는 일들을 보지 못했고, 한 번의 주말에 남편이 하지 않은 일에만 집중하고 있었다. 이제 새라는 남편을 보는 눈이 달라졌다.

최근에 나는 남아프리카공화국에서 사역하는 특권을 누렸다. 주최 기관은 나와 아들을 소웨토로 데려갔는데, 그곳은 만델라 일가와 데스몬드 투투 주교의 고향인 유명한 주택 지구였다. 바깥쪽으로 좋은 집들이 몇 채 있고 그 가운데에 잡동사니를 얼기설기 이어붙인 판잣집들의 풍경이 드넓게 펼쳐졌다. 우리는 한 곳에 섰다. 어린 아이들이 달려와 우리를 맞이하며 사탕을 달라고 손을 내밀었다. 저만치 멀리에 20리터 들이 양동이를 들고 공동 수도꼭지로 가는 젊은 어머니가 보였다. 그 동네에는 전기도 없고 수도꼭지도 고작 몇 개로 함께 썼다. 나는 잠깐 그 어머니와 눈길이 마주쳤다. 내가 되돌아가 살게 될 삶이 그녀에게는 그저 상상의 세계였겠지만, 거꾸로 내 쪽에서는 상상이 필요 없었다. 그녀의 삶의 모습이 내 **눈앞에** 있었다. 이 여자가 날마다 부딪치는 현실을 서구의 모든 아내들에게 잠시라도 보여 주었으면 좋겠다는 생각이 들었다. 당신은 스타 영화배우처럼 살지는 않겠지만, 그래도 날마다 물을 길으러 질척이는 골목길을 몇 블록씩 걸어야 할 일은 없을 것이다.

당신의 생활 방식이 가능하도록 도와준 남편에게 당신이 마지막으로 감사를 표한 적이 언제인가?

완전하지 못한 사람을 사랑하기

자신을 소웨토의 젊은 어머니와 비교하는 아내는 정말 드물다. 대부분의 아내들은 자기보다 조금^{또는 많이} '나은' 사람과 비교하고 싶을 것이다. 그들은 골프를 즐겨 보는 남편을 둔 새라와 같다. 새라는 사르밧의 과부와 똑같은 덫에 빠졌다. 엘리야가 번번이 자신을 입증했음에도 불구하고, 새로운 문제 하나가 터지자 그간 엘리야가 해준 모든 일은 갑자기 그 과부에게 보이지 않았다. 그가 하지 **않은** 일만 보였다.

솔직히 내가 짐과 얘기할 기회가 있다면, 주말의 대부분을 골프를 보며 지내는 것이 젊은 남편이자 아빠로서 최선의 시간 사용인지 생각해 보라고 도전하고 싶다. 짐은 분명히 너무 심했다. 하지만 설사 그렇더라도, 새라가 짐을 그 한번의 잃어버린 주말과 연관시켜서만 본 것은 공평하지 못한 처사였다. 짐은 이미 멋진 집을 장만해 주었다. 새라가 자신의 바람대로 아이들과 함께 집에 있어도 되도록 짐은 돈도 충분히 벌었다. 자녀들의 삶에도 관여했다. 짐은 완벽한 남자는 아니었지만, 그에게 고마워할 점들이 많이 있었다. 내 친구 리자 페터즈의 말대로 "아내들은 따로따로 떨어진 사건들이 아니라 전체 그림을 볼 필요가 있다."

남편의 마음을 움직이려면 남편의 존재와 남편이 해주는 일들을 인정할 줄 알아야 한다. 내가 대화해 본 어떤 아내들은 남편이 완전할 수 없음을 추상적으로는 알지만, 실제로는 남편이 완전하지 못하다는 사실에 화를 낸다. 저자이자 결혼 상담자인 레슬리 버니크Leslie Vernick는 이렇게 말한다. "아내들은 동화 속의 왕자님을 찾고 있다. 그러다 남편이 평범한 남자로 밝혀지면 그들은 실망한다."[2]

야고보서 3장 2절 말씀은 가정생활을 보는 내 시각에 변혁을 일으켰다. "우리가 다 실수가 많으니." 여기 '다'라는 말과 '많으니'라는 말을 잘 보라. 어떤 배우자도 이 현실에서 예외가 아니다. 우리는 다_{당신의 남편도 포함된다} 실수가 **많다**. 남자와 함께 산다는 것은 당신을 실망시킬 게 뻔한 사람과 함께 사는 것이다. 그것도 한두 번이 아니라 **많이** 실망시킬 사람과 말이다. 일요일마다 자상하게 아내를 도와주고, 늘 아주 친절하게 배려해 주는 것 같고, 돈도 두둑이 벌어다 주는 그 '완벽해 보이는 남편'은 어떨까? 그들 또한 어디선가 어떤 구체적인 표현에 있어서는 실수가 많다. 만일 당신이 남편과 이혼하고 5년 동안 재혼 대상자들을 면담한다면, 그들에게 각종 심리검사를 실시하고 그들의 친한 친구들과 가족들을 면담한다면, 그래서 정서적으로나 영적으로나 취미 면에서나 당신에게 꼭 맞아 보이는 남자를 찾아낸다면, 그래도 결국 당신의 새 남편은 실수가 많은 사람일 것이다.

일찍이 이 땅에 사셨던 완전한 남자는 하나뿐이며, 그분은 결혼하지 않으셨다. 모든 아내는 불완전한 남자와 결혼하며, 따라서 모든 아내의 결혼생활에는 당연히 실망할 일들이 생기게 마련이다. 당신은 그런 실망스런 일들을 가지고 남편을 규정지을 것인가, 아니면 하나님께 당신의 눈을 열어 달라고 기도할 것인가? 남편이 가져다주는, 그런데도 당신이 자주 눈이 멀어 보지 못하는 평범한 복들을 보게 해달라고 말이다.

한번 진지하고 솔직하게 생각해 보라. 현실의 남자와 결혼하는 순간 당신은 어떤 기대들을 버리는 법을 배워야 한다. 현실의 남자는 **어차피** 죄인이다. 현실의 남자는 **어차피** 모난 데도 있다. 현실의 남자에게는 현실의 약점들이 있고, 지식이나 능력도 부족한 면이 있다. 현실의 남자와 결혼하고 싶지 않다면(또는 남편이 이상이 아니라 현실이라는 달갑잖은 사실에 당신이 노할 거라면) 결혼하지 말라. 현실의 남자와 결혼하면 그가 당신에게 죄를 지을 것이다. 당신은 실망할 것이다. 좌절할 것이다. 그것이 현실의 삶이다.

언젠가 우리 부부가 만났던 한 여자는 손재주가 아주 좋은 남자와 결혼했다. 무엇이든 다 고칠 수 있는 그런 남자였다. 그가 자녀들의 놀이용으로 나무 위에 지어주는 집에는 실제로 작동하는 문과 창문이 달려 있다. 그는 아내의 자동차를 늘 완벽한 상태로 유지한다. 그 집에는 무엇이든 48시간 이상 고장 난 채로 있는 물건이 없다. 그러나 그의 아내가 보기에 그는 별로 '깊지' 못하다. 그는 내면의 긴 대화를 좋아하지 않는다. 잘 들어주기는 하지만 자신의 감정을 많이 나누지는 않는다. 그리고 그는 책을 읽지 않는다.

내 아내는 그 남자 얘기를 듣더니 대번 좋아했다. 손재주라고는 눈곱만큼도 없는 남편과 함께 사느라 늘 속상한 일이 많기 때문이다. 아내는 변기에 물이 계속 흐르고, 문짝이 빡빡해지고, 보수 작업이 지연되어도, 돈을 충분히 모아 전문가에게 맡길 수 있을 때까지 참고 견뎌야 된다. 내가 뭔가를 고쳐보려 하면 매번 문제가 더 악화된다. 그래서 결국은 수리비가 더 든다.

그런데 그 다른 아내는 자기 남편이 길게 대화할 수 있는 사람이었으면 너무 좋겠다고 말하면서, 작가와의 결혼생활에 대해 많은 관심을 아내에게 보였다. 작가는 개념을 상대하고, 사람들에게 늘 강연하며, 책에 대해 토의할 수 있는 사람일 것 같아 너무 부럽다고 했다. 그러나 아마 내 아내는 그 여자야말로 훨씬 좋은 남편을 두지 않았나 하는 생각이 들었을 것이다. 특히 자신이 물을 멎게 하려고 한밤중에 일어나 변기 손잡이를 잡고 씨름할 때면 말이다!

완전하게 다 갖춘 남편은 없다. 뭐든지 다 할 줄 아는 남편도 없다. 아내로서 당신이 할 일은 남편의 장점에 늘 민감해지려고 분투하는 것이다. 남편의 장점과 다른 남편의 약점은 잊은 채 남편의 약점을 다른 남편의 장점과 비교하려는 유혹을 물리치라. 남편이 완벽하지 못하다고 그에게 화를 내지 말라. 어차피 그는 불완전한 존재다.

남편들은 아내의 실망을 간파한다

아내가 남편에게 거룩한 영향력을 미치려면 그런 시각이 매우 중요하다. 왜 그럴까? 남편들은 아내의 실망을 초인적이리만치 정확하게 간파하기 때문이다. 우리 남자들은 인정을 대단히 중시하기 때문에, 매번 인정받지 못할 때마다 마치 길고 요란한 비명소리를 들으며 살고 있는 기분이다. 그리고 우리는 거기에 이렇게 반응하는 경향이 있다. "내가 최선을 다해도 아내를 기쁘게 할 수 없다면 굳이 노력할 게 뭐 있나?" 나는 지금 남자들이 그렇게 **반응해야 한다**는 말이 아니다. 대개 그렇게 **반응한다는** 말을 하고 있는 것뿐이다.

남편의 마음을 긍정적인 방향으로 움직이고 싶거든 마음으로부터 남편의 가치를 인정해야 한다.

리자 터커스트의 책 《그의 마음을 사로잡으라》*Capture His Heart*를 보면, 그녀가 공항에서 셔틀버스에 탄 이야기가 나온다. 거기서 그녀는 60세의 남자 운전기사를 만났는데, 그는 아주 단순하면서도 놀라운 말을 해주었다. 리자는 그에게, 셔틀버스가 도착하면 사람들이 아주 좋아한다고 말했다. 집에 간다는 뜻이기 때문이다. 운전기사는 웃으며 대답했다. "맞아요, 다들 내가 도착하면 희색이 만면해집니다. 그래서 나는 내 일이 아주 좋아요. 사람들은 버스에 타면서 아주 환하게 웃지요. 내가 오기만을 기다리고 있었는데 드디어 내가 온 겁니다. 내가 와서 그들은 기쁜 겁니다. 만나서 반갑다면서 웃는 얼굴로 버스에 오르는 사람들을 비디오카메라에 담았으면 싶을 때가 종종 있어요. 그런 비디오를 내 아내가 보았으면 참 좋겠거든요. 내가 퇴근할 때 아내의 모습이 바로 그랬으면 좋겠습니다."³⁾

'내가 퇴근할 때 아내의 모습이 바로 그랬으면 좋겠다.'

살아 있는 남자치고 그런 심정이 아닌 사람이 있을까. 직업이 셔틀버스 운전기사이든 CEO이든 세계적인 운동선수이든 식품점 부지배인이든, 아내와 아이들이 자기를 보고 좋아하면 남자의 마음은 감동한다. 물론 남자들의 뚱한 기분과 대접받으려는 자세 때문에, 때로 아내들이 남편을 보고 좋아하기가 참 어려울 수 있음을 나도 안다. 하지만 남편에게 필요한 것은 그것이다.

미시간 주 홀랜드의 중앙 웨슬리 교회 목사인 내 친구 데이브 듀어가 결혼생활에 대한 강습을 했다. 도중에 그는 모든 남자들에게 자신이 사랑받고 싶은 방식을 5가지씩 적어 보게 했다. 사실상 **모든** 목록에 인정의 행동이나 말이 들어 있었다. 표현만 달랐지 인정을 여러 차례 꼽은 남자도 많았다. 인정받고 싶다는 내용이 5가지 답 중 적어도 2가지_{많은 경우 3가지}를 차지한 남자들이 하도 많아서 나는 깜짝 놀랐다. 사실 어떤 사람의 목록은 5가지 모두 인정으로 요약될 수 있었다!

그러므로 자기를 볼 때 아내의 얼굴이 밝아졌으면 좋겠다던 그 셔틀버스 운전기사는 특이한 남자가 아니라 전형적인 남자다. 남편에게 영향을 미치기 위한 법칙 1호는 이것이다. **남편을 당연시하는 태도를 버리라.** 남편은 주목받기 원한다. 자신이 특별한 존재라고 느끼기를 원한다. 인정받기 원한다. 그리되면 남편은 '빚어지기 쉬운' 상태가 된다. 그러나 자신이 당연시되고 있다고 느껴지면, 남편은 아내가 변화를 살짝 권하기만 해도 화를 내며 방어적으로 나온다.

《배우자가 잘못 행동할 때 바르게 행동하는 법》*How to Act Right When Your Spouse Acts Wrong*의 저자 레슬리 버니크는 언젠가 한 남편을 상담하던 중에, 아내한테서 가장 원하는 것이 무엇이냐고 그에게 물었다. 그는 이렇게 대답했다. "우리 회사에 한번도 일을 제대로 한 적이 없는 서투른 남자가 있었습니다. 남자들은 아무도 그를 대수롭게 생각하지 않았지요. 그런데 하루는 그의 아내가 왔는데, 마치 흠 없는 사람을 보듯이 남편을 보는 겁니다. 그때부터 우리 모든 남자들은 그가 부러웠습니다. 그가 비록 완전하지 못했어도 아내만은 그를 완전한 사람처럼 대했으니까요. 내 아내도 나를 그렇게 보아 주었으면 좋겠습니다."

영적인 수용

인정받고 칭찬받고 진정으로 존중받는다는 느낌이 없다면 당신의 남편은 아마 절대로 변화되지 않을 것이다. 당신의 가정에 긴장이 팽배하다면, 남편의 삶에 좌절과 분노의 수준이 높다면, 낙심이 수동적 태도로 이어져 남편의 성취도가 떨어진다면, 남편이 자유 시간을 컴퓨터 게임이나 스포츠 관전에 쓰며 지나친 여가생활로 가정을 피하는 '도피주의' 사고를 보인다면, 그렇다면 대체로 당신의 남편은 자신이 사랑받고 인정받고 존중받는다는 느낌이 없을 것이다. 그는 정말 살고 있는 게 아니라 **대응**만 하고 있는 남자다. 단지 대응만 하는 남자는 결코 변화되지 않는다. 시간을 보낼 뿐이다.

  인정은 남자의 소원 이상이다. 훨씬 이상이다. 수용과 격려는 성경적인 필수 요건이다.

- "그러므로 그리스도께서 우리를 받아 하나님께 영광을 돌리심과 같이 너희도 서로 받으라" 롬 15:7.
- "그러므로 피차 권면하고 서로 덕을 세우기를" 살전 5:11.
- "매일 피차 권면하여" 히 3:13.

  설사 당신의 남편이 절대로 변하지 않을지라도, 모든 나쁜 습관과 모든 책임 소홀과 모든 못마땅한 성격이 그대로 남아 있을지라도, 당신 자신의 영적인 건강을 위해서라도 당신은 남편을 **있는 그대로** 사랑할 줄 알아야 한다. 이 점을 무시하는 책들과 기사들이 너무 많다. 당신의 첫걸음가장 중요한 걸음은 불완전한 남편을 사랑하고 수용하고 나아가 존중하는 것이다.

  이것이 내가 1~3장에 쓴 내용과 상충된다고 생각하는 독자들이 있을지 모른다. 하지만 적용해 보면, 이 두 진리남편의 잘못을 지적하는 것과 남편을 인정하는 것는 서로 보완이 될 수 있다. 당신이 남편에게 존경과 인정을 보이면, 놀랍게도 그 불완전한 남편은 아주 변화되기 쉬워진다. 설득력 있는 한 예를 댄 알렌더의 이야기에서 볼 수 있다.

"당신은 좋은 사람이에요"

댄 알렌더의 탁월한 책 《타고나는 부모는 없다》예수전도단에 보면, 그의 어린 아들이 스키장에서 겁을 먹은 얘기가 나온다. 아들이 댄에게 자기를 안고 내려가 달라고 하자 댄은 거절했다. 그래서 아이는 주저앉아 발길질을 하며 울음을 터뜨렸다. 점점 더 짜증이 난 댄은 아들에게 스키를 타고 내려가라고 다그쳤다. 댄이 화가 나서 언성을 높이자 그의 아내 베키는 자기가 수습할 테니 먼저 내려가라고 했다.

댄은 그 말대로 했으나 아들은 엄마 말을 듣지 않았다. 그것을 본 댄은 더 이상 참을 수 없었다. 그는 줄곧 씩씩거리며 다시 비탈을 걸어 올라가 베키에게 말했다. "비켜요. 당신 방식이 통하지 않았으니 내 방식대로 내려가게 할 거요."④

지금부터 당신은 한 강하고 경건한 여자가 보여주는 믿을 수 없을 만큼 깊은 힘을 목격하게 된다. 여기서부터는 댄의 말로 들어보자.

> 베키는 물러나지 않았다.
> 내 아내는 온유하고도 힘 있게 나를 보았다. 내가 기어이 바짝 다가가자 아내는 고개를 천천히 좌우로 흔들며 말했다.
> "안 돼요."
> 잠시 침묵이 흐른 다음 아내가 말했다. "당신 또한 당신이 온 세상같이 생각했던 남자들한테 수치를 당한 적이 많았지요? 당신은 아들한테 그러고 싶지 않잖아요." 그 말로 충분했다. 수많은 얼굴들이 내 기억 속에 섬광처럼 떠올랐다. 내게 정말로 중요했

던 어른들에게 모욕과 수치를 당하던 경험이 다시 날것으로 내게 느껴졌다. 그것이 나의 분노를 침묵시켰고 나는 울음이 터져 나왔다. 아내는 내 가슴에 손을 얹으며 말했다. "당신은 좋은 사람이예요." 아내는 돌아서더니 유연하고 우아한 동작으로 미끄러운 비탈을 스키를 타고 활강했다.5)

댄이 최악의 행동을 보였을 때에도 그의 아내는 인정을 통해서 그를 최선의 상태로 이끌어 주었다. 그녀는 그에게 용감히 맞섰지만, 또한 분노한 그를 만져주면서 단호하고도 온유하게 일깨워 주었다. "당신은 좋은 사람이예요."

댄이 아들에게 다가갈 때는 사뭇 다른 사람이 되어 있었다. 그것이 여자들에게 있는 힘이다. 관대한 몸짓 하나와 적절한 말 한마디가 기적을 이룰 수 있다. 아들도 모든 것을 보고 들었으므로 댄은 단도직입적으로 말했다.

"앤드류, 내가 비탈을 올라올 때 내 얼굴을 보았지?"
아들은 떨며 말했다. "예."
"내가 얼마나 화가 났는지도 보았지?"
"예."
"그래서 무서웠지?"
"예, 예."
"엄마가 그렇게 강하게 사랑으로 나를 막아 너를 보호하지 않았다면, 내가 너를 가만두지 않았을거야."

그때부터 아이의 눈에는 눈물이 그렁그렁해졌고 두 뺨은 두려움에 떨고 있었다. 나는 아이를 바라보며 두 뺨에 손을 대고 말했다.

"앤드류, 내가 잘못했다. 엄마가 나를 잘 사랑해 주었고 또 너를 잘 사랑해 주었다. 내가 어떤 모습이 돼 있는지, 그리고 어떤 모습이 되고 싶지 않은지를 엄마가 보게 해 주었어. 앤드류, 그렇게 화를 내서 미안하다. 아빠를 용서해 다오."

아들이 준 선물은 엄청난 것이었다. 아들은 엄마가 하는 것을 본 대로 내 가슴에 손을 얹고는 울먹이며 말했다.

"아빠, 엄마 말이 맞아요. 아빠는 좋은 사람이예요."[6]

남편이 최악의 상태일 때에도 당신은 남편 안에 있는 선善을 볼 수 있는가? 진득하게 멈추어 그 혈기 배후의 상처를 볼 수 있는가? 그리하여 남편을 최선의 상태로 이끌어 줄 수 있는가? 그것을 배울 수만 있다면, 당신은 남편의 마음을 **반드시** 움직이게 된다. 남편이 하나님의 품안으로 직행하도록 말이다.

더 예쁜 부부관계를 꿈꾸며...

1. 당신을 맨 처음에 남편에게 끌리게 한, 남편의 두드러진 긍정적 특징을 세 가지만 꼽아 보라. 그 특징들에 대해 남편에게 마지막으로 칭찬해 준 것이 언제인가?

2. 남편이 죽는다면, 동반의 삶 외에 당신이 가장 아쉬워할 것 두세 가지는 무엇인가? 그 부분들을 지금 어떻게 인정해 줄 수 있겠는가?

3. 야고보서 3장 2절 말씀 "우리가 다 실수가 많으니"는 당신의 남편을(또한 결혼생활을) 새로운 시각으로 보게 해주는가? 어떻게 그런가?

4. 남편이 퇴근할 때 대개 당신의 얼굴 표정은 어떤가? 평소에 영향력을 높여주는 건설적인 방식으로 남편을 맞이하기 위해, 아내들에게 현실적으로 기대할 수 있는 모습은 무엇인가? 장기적으로 이 부분에 늘 민감하기 위해 당신이 할 수 있는 일은 무엇일까?

5. 남편의 친구들은 당신이 남편을 보는 방식을 뭐라고 표현할까? 이 부분에 변화가 필요한가? 어떻게 그런가?

6. 성격 면에서 당신의 남편이 가장 넘어지기 쉬운 부분은 어디인가? 어떻게 하면 당신도 베키 알렌더를 본받아, 죄는 거부하면서도 여전히 인정을 통해 남편을 최선의 상태로 이끌어 줄 수 있을까?

불완전한 남자를 인정하는 법을 배우라 05

　바비 케네디가 미국 법무장관이 되자 민권 운동 지도자들은 절망했다. 바비는 아일랜드계이며, 당시의 한 지도자에 따르면, "민권 운동에 관심이 없기로 유명했다. 우리로서는 그야말로 큰 문제였다. 기운을 잃고 절망한 우리는 사건의 그러한 반전에 대해 마틴 루터 킹 주니어 앞에서 불평불만을 늘어놓았다. 그때 킹 박사가 손을 탁 내리치면서 우리에게 불평을 그치라고 명했다. 그는 말했다. '그만 좀 하세요. 바비 케네디에 대해서 뭔가 좋은 점을 말해줄 사람이 이 자리에 아무도 없소?' 우리는 말했다. '마틴, 지금 우리가 하는 말이 바로 그겁니다! 아무도 없어요. 그 사람에 대해서 좋게 말할 게 하나도 없습니다. 그 사람은 아일랜드계 천주교 보수비속어입니다. 골칫거리입니다.'"[1]

때로 당신도 남편에 대해 그런 기분이 든 적이 있을 것이다. 당신은 부정적인 면들과 문제들과 편견들과 버려야 할 나쁜 습관들만 너무 많이 보아, 솔직히 남편에 대해 좋게 말할 게 하나도 생각나지 않는다. 그 생각에 머물러 있는 한 당신은 절대로 남편의 마음을 움직일 수 없다. 절대로 남편에게 영향을 줄 수 없다.

마틴 루터 킹 주니어는 그것을 잘 알았다. 그는 동료 지도자들을 보며 말했다. "그렇다면 오늘 모임은 여기서 마칩시다. 누군가 바비 케네디에 대해서 긍정적으로 말할 걸 하나라도 찾아내면 그때 다시 모이겠소. **왜냐하면 친구들이여, 그것이 우리의 운동이 통과해야 할 문이기 때문이오.**"[2]

그대로 킹은 모임을 끝냈다. 그는 누군가 바비 케네디에 대해서 좋게 말할 것을 알아낼 때까지는 더 이상 할 일이 없다고 역설했다. 킹이 보기에, 그들이 바비에 대해서 뭔가 긍정적으로 말할 걸 한 가지라도 찾아내지 않는 한, 그 사람을 자기네 입장 쪽으로 움직일 수 있는 방도는 없었다. 그 한 가지가 해방의 문, 영향력의 문, 변화의 문이 될 것이었다.

킹의 방법은 통했다. 그들은 바비가 그의 주교와 가깝다는 사실을 알아내고는 그 주교를 통해서 작업했다. 효과가 어찌나 좋았던지, 전에 케네디에 대해서 긍정적으로 말할 걸 하나도 찾을 수 없다던 그 지도자에 따르면, "민권 운동에 바비 케네디보다 더 우호적인 사람은 없었다. 우리의 진전은 누구보다도 그 사람에게 가장 큰 빚을 졌다."[3]

최악의 악몽이 최고의 꿈으로 반전된 것이다.

그들은 상대방의 장점을 한두 가지 인식하고, 그것을 토대로 자기네 운동의 길을 찾았다. 그 위력이 바로 기적 같은 승리의 기반이 되었다. 아내가 남편의 마음을 움직이게 할 방법도 그와 똑같다. 아내들이여, 남편에 대한 부정적인 태도에 잠겨 절망하게 되거든, 마틴 루터 킹 주니어의 말을 떠올리라. "누군가 바비 케네디에 대해서 긍정적으로 말할 걸 하나라도 찾아내면 그때 다시 모이겠소. 왜냐하면 친구들이여, 그것이 우리의 운동이 통과해야 할 문이기 때문이오."

당신만 그런 게 아니다

남편의 배경과 재능과 성격은 부부마다 다 다르지만, 모든 아내에게 한 가지 공통점이 있다. 남편이 불완전한 사람이라는 것이다. 정당한 불평의 사유가 하나도 없는 남자와 결혼한 여자는 없다. 당신은 다른 아내들보다 불평할 게 더 많을지도 모른다. 하지만 아내라면 누구나 남편에게 개선이 필요한 부분을 찾아낼 수 있다. 그렇지 않다면 이 책을 읽고 있지도 않을 것이다!

그것이 우리에게 주는 영적인 도전이 있다. 우리는 배우자의 약점에 집착하려는 인간의 본성과 싸워야 한다. 아내에게 남편의 장점을 인정하라고 역설한다고 해서 그의 많은 약점을 축소하는 것은 아니다. 다만 **날마다** 영적인 선택을 하여, 감사할 점들에 집중하라고 권하는 것이다. 약점을 다룰 수 있을 때가 온다. 그 일은 우리가 사랑과 격려의 기초를 든든히 놓은 **후에야** 가능하다. 우선 지금은 배우자의 장점에 감사하기로 의식적인 선택을 해야 한다.

빌립보서 4장 8절은 삶 전반뿐 아니라 결혼생활에도 적용되는 적절한 말씀이다. "무엇에든지 참되며 무엇에든지 경건하며 무엇에든지 옳으며 무엇에든지 정결하며 무엇에든지 사랑 받을 만하며 무엇에든지 칭찬 받을 만하며 무슨 덕이 있든지 무슨 기림이 있든지 이것들을 생각하라."

남편의 약점에 집착해 봐야 그 약점은 없어지지 않는다. 당신은 벌써 몇 년째 그렇게 해왔을 수 있다. 만일 그렇다면, 그래서 얻은 게 무엇인가? 늘 똑같았던 것밖에 더 있는가? 레슬리 버니크는 이렇게 경고한다. "남편에 대해 늘 부정적으로 생각하면 남편은 물론 결혼생활에 대한 당신의 불만만 **더 커진다**." 그러나 남편의 장점들을 인정해 주면 당신이 귀히 여기는 그 부분들이 아무래도 더 강화되고 세워진다. 그리고 그것이 동력이 되어 남편은 다른 부분들에서도 탁월한 성품을 추구하게 된다.

우리 남자들은 칭찬에 살아난다. 누가 칭찬해 주면 우리는 그 사람의 긍정적인 평가를 그대로 지속시키고 싶어진다. 아내한테 존중받는 기분을 우리는 정말 좋아한다. **아내의 칭찬을 듣거나 대단해하는 눈빛을 보는 것보다 더 진한 감동은 없다.** 그것을 계속 얻을 수만 있다면 모든 남자들이 땅 끝까지라도 갈 것이다.

하나님의 말씀에 기초한 이 방법을 적어도 시도해 볼 가치는 있지 않겠는가?

현실성을 잃지 않으려면 당신이 명심해야 할 것이 있다. 항상 좋기만 한 남자는 없다. 오늘은 그토록 배려가 깊고 자상하고 잘 들어주던 남편이 내일은 그토록 쌀쌀맞고 매정하고 비판적일 수 있는 것도 그 때문이다. 남편에게 불완전한 인간이 될 여지를 주어야 한다. 일진이 사나운 날, 꼬이는 날, 그저 그런 날도 있을 수 있음을 받아주어야 한다. 그런데 우리는 좋은 날들을 규범으로 삼기보다 오히려 나쁜 날들을 가지고 배우자를 규정짓기가 더 쉽다. 그 사실에서 영적인 도전이 온다. 좋은 점들을 붙들라. 지금부터 그 좋은 점들을 가지고 남편을 규정하라. 그 좋은 점들을 인하여 남편에게^{또 하나님께} 감사하고, 그리하여 그 좋은 점들을 더욱 **강화해** 주라.

이번 장에서는 불완전한 남자를 인정하는 법을 가르쳐 줄 실제적인 영적 훈련들을 소개할 것이다. 이것을 길잡이 삼아 당신이 남편을 당연시하던 자리에서 남편 때문에 늘 깊이 감사하는 자리로 옮겨가게 되기를 기도한다. 하나님이 인생길의 동반자로 주신 그 남편 때문에 말이다.

정죄하지 말고 양육하라

어렸을 때 우리 집에 애완견이 있었는데 이 작은 푸들은 자동차를 쫓아가는 것을 아주 좋아했다. 어느 운명의 오후에 개는 결국 어떤 차를 쫓다가 중상을 입었다. 아빠가 길로 달려 나가 개를 꺼냈다. 우리 집 애완견은 괴물이 되었다. 두려움과 고통으로 잔뜩 날카로워진 푸들은 자기를 품에 안은 아빠를 계속 물었다. 아빠는 급히 달려가 자기를 도와주었고 치료해 주려 했으나, 워낙 고통이 컸던 개는 자기를 보살피려는 그 손을 물 뿐이었다.

당신의 남편도 그와 같을 수 있다. 그의 부모가 아주 훌륭했다 하더라도 여전히 그는 어떤 상처를 안고 결혼생활에 들어섰을 소지가 높다. 형제자매들이 그를 놀렸을 수도 있다. 이전의 여자친구가 그의 마음을 찢어놓았을 수도 있다. 어머니가 냉담하고 계산적인 사람이었을 수도 있다. 가능성은 끝이 없다. 어쨌든 그는 상처 입은 남자로 당신에게 온다. 당신의 남편은 상처가 **깊을** 수도 있다. 불행히도, 상처 입은 남자들은 문다. 때로 우리 집 개처럼 그들도 자기를 치료해 주려는 그 손을 문다.

가벼운 관계가 평생의 헌신으로 바뀌기 전까지만 해도 많은 여자들은 상처 입은 남자를 보며 '내가 이 남자를 도와주고 싶다'는 생각을 한다. 하지만 일단 결혼하고 나면 대개 그것이 반전되어 아내의 입에서 "이 사람, 왜 **이 정도밖에** 안 되는 거지?"라는 말이 나온다. 남자의 필요가 한때는 양육과 긍휼의 감정을 자아냈으나 이제 똑같은 상처가 그녀를 원망과 후회 쪽으로 유혹한다.

성격을 따져 판단을 해야 할 때는 결혼하기 전이다 _{'나는 정말 이 남자의 상처와 함께 살 수 있는가?'}. 일단 결혼식이 끝났으면, 하나님은 당신에게 원망과 좌절의 태도 대신 관심과 양육의 자세를 품으라고 명하신다.

그의 과거의 상처를 너그러이 품어 주면서, 장기적인 변화를 위해 꾸준히 기도할 수 있는가? 아니면 판단과 원망과 정죄와 비판으로 남편을 무력한 상태로 묶어둘 것인가? 판단하는 태도 대신 **양육하는** 태도를 품을 수 있는가?

남편에게 유리한 쪽으로 해석해 주라

어떤 아내들은 관계에 서투른 남편의 결점에 실망하여 말 그대로 속이 부글부글 끓을 수 있다.

"남편이 왜 날 도와주지 않는 거지?"

"왜 이 문제를 나한테 말하지 않는 거지?"

"왜 관심이 없어 보이는 거지?"

그러면서 그들은 남편이 어찌할 바를 모를 수도 있다는 사실은 통 깨닫지 못한다. 남편이 자상하지 못하거나 애정이 없다며 남편을 비난하는 여자들이 많지만, 사실은 남편이 단순히 몰라서 그럴 수도 있다! 그는 지금 완고하거나 자상하지 않거나 무정하게 대하려고 **일부러** 그러는 게 아니다. 사실은 당신에게 무엇이 필요한지 또는 자기가 해야 할 일이 무엇인지 모르기 때문이다.

그리스도인 저자 게리 스몰리Gary Smalley의 아내 노마 스몰리Norma Smalley는 자기가 인도하는 부부 소그룹에 참여한 사람들이 정말 그렇다는 것을 알게 되었다.

여자들은 흔히 남편이 나를 사랑하면 내가 무슨 생각을 하고 있고 내게 무엇이 필요한지 알 거라고 생각한다. 전혀 그렇지 않다. 우리 아내들은 남편의 언어로 말하는 법을 배워야 한다. 의사소통이 명확해야 한다. 남편한테 무엇을 원하는지 말해 주어야 한다. 남편이 내게 충고하지 않고 단지 내 말을 들어주기만을 원한다면, 그렇다고 말해야 한다. 어떤 일에 도움을 원하거든 딱 부러지게 도움을 구해야 한다.[4]

우리 형은 자기 아내를 기쁘게 하려다 오히려 속상하게 한 적이 있다. 아이들의 치약이 다 떨어졌다. 그래서 그는 가게에 가서 아이들이 좋아할 것 같은 치약을 사왔다. 스타워즈 젤 치약이었다. 딸들은 좋아서 소리를 질렀지만 그의 아내는 그 치약을 싫어했다. 그녀는 이렇게 지적했다.

"그 찐득거리는 파란색 액을 닦아본 적이 있나요? 끔찍해요. 아무 데나 달라붙어요!"

다행히 형수는 이 일을, 비록 방향은 빗나갔어도 의도는 좋았던 경우로 이해했다.

안타깝게도, 이렇게 남편에게 유리한 쪽으로 해석해 줄 마음이 없는 아내들이 너무 많다. 그들은 남편이 관심이 없다거나, 더 심하게는, 남편이 나를 고생시키려고 일부러 그런다고 단정한다. 사실은 남편이 단순히 몰라서 그러는 것일 수 있는데 말이다. 나의 형수는 그 치약 사건을 보는 방식을 둘 중 하나로 선택할 수 있다. 남편이 직접 가서 치약을 사올 정도로 자상하다고 생각할 수도 있고 비록 잘못 고르기는 했지만, 아니면 일부러 자기 삶을 더 고달프게 만들려고 잘 닦이지 않는 제품을 구입했다고 비난할 수도 있다.

남편에게 만족하느냐 아니면 격노하느냐는 남편의 행동을 어떻게 보기로 선택하느냐에 주로 달려 있다.

아주 해로운 신화 하나를 퇴치해 볼까? 혹시 당신은 남편이 나를 사랑할수록 내 마음을 더 잘 읽을 거라고 생각할지 모른다. 그것은 낭만적이지만 지극히 비현실적이며 해롭기까지 한 생각이다. 그런 생각은 결혼생활을 망쳐놓을 수 있으며, 성숙한 의사소통을 방해한다. 직접적인 표현을 하지 못하게 당신을 막기 때문이다. 동시에 그런 생각은, 남편에게 텔레파시 능력이 전혀 없다고 밝혀지면 아내를 원망 쪽으로 유혹한다.

그보다 훨씬 건강한 방법을 소개한다. 남편이 때때로 둔감한 것은 적어도 부분적으로는 잊지 말라! 당신은 지금 남편에게 유리한 쪽으로 해석하고 있다 그냥 몰라서 그런 것이다. 그것을 원망하기보다는 남편에게 딱 부러지게 말해 보라. 당신에게 필요한 것을 남편이 '알아맞히기'를 바랄 게 아니라 명확히 표현해 보라. 남편이 선뜻선뜻 도와주지 않는 듯한 이유는 당신이 무엇을 원하는지 그가 모르기 때문일 수 있다. 내 친구 도나 버지스는 결혼생활 초에 남편에게 이렇게 말했다고 한다. "여보, 전구가 나갔어요." 그러자 남편은 아내가 그냥 그렇다고 말하는 줄 알았다. 그러나 아내는 전구를 갈아 달라는 뜻으로 한 말이었다. 자기를 표현하는 좋은 예를 몇 가지 생각해 보자.

- "여보, 10분 동안만 내 발을 주물러 주면 정말 좋겠네요. 오늘 힘들었거든요."
- "오늘은 기운이 쭉 빠지네요. 지금부터 30분 동안 내 말을 들어 주실래요? 충고는 원하지 않아요. 그냥 이해해 주었으면 좋겠어요. 지금은 든든히 기댈 사람이 필요해요."
- "직장에서 아주 녹초가 되었어요. 오늘밤에 성관계를 했으면 좋겠다고 생각하고 있었는데, 당신이 설거지를 마쳐 주면 정말 도움이 되겠어요. 그동안 잠시만 쉬고 있을게요."

이런 것들을 원하면서도 명확히 요구하지 않는 아내들을 나는 너무 많이 보았다. 그들은 '남편이 나를 사랑한다면 내가 뭘 원하는지 알겠지'라고 생각한다. 하지만 사실은, 당신을 사랑하는 남편이라면 당신의 관심사를 듣고서 그에 따라 행동할 것이다. 사랑은 헌신이며 기술이다. 텔레파시가 **아니다!** 당신의 필요를 남편이 '알아맞히기'를 바라는 것보다 그냥 딱 부러지게 도움을 구하는 편이 훨씬 건강하다. 여자들이 남자를 모르는 것만큼이나 대부분의 남자들도 여자를 잘 모른다. 그러니 남편의 소통을 도와 주길 바란다.

아내들이여, 부디 그냥 말해 주라. 솔직하게, 구체적으로, 항상 **필요를 직접 말해 주라!**

사람에게 동의가 안 될 때도 지위는 존경하라

성경은 아내들에게 남편을 존경하라고 명한다.

"아내도 자기 남편을 존경하라" 엡 5:33.

성경은 아내들이 **완전한** 남편이나 **경건한** 남편을 존경해야 한다고 말하지 않는다. 남편이라면 아무 조건 없이 마땅히 존경받아야 한다고 말한다.

어떤 경우에 존경은 사람이 아니라 지위에 따라온다. 사도 바울은 대담한 말로 "회칠한 담이여!" 어떤 사람을 모욕했다가 상대방이 대제사장이라는 것을 알고는 사과했다. "형제들아, 나는 그가 대제사장인 줄 알지 못하였노라. 기록하였으되 '너의 백성의 관리를 비방하지 말라' 하였느니라" 행 23:3-5.

당신의 남편도 **남편이기에** 마땅히 존경받아야 한다. 당신은 그의 판단에 동의하지 않을 수 있고, 그의 일처리 방식에 반대할 수 있다. 그러나 성경에 따르면, 그의 지위만으로도 당신은 그에게 마땅히 존경을 보여야 한다. 당신이 이 존경을 거두면 남편은 더 이상 당신의 말을 듣지 않을 것이다.

하나님이 당신에게 베푸시는 동일한 은혜를 남편에게 베풀라

상담자 엘리즈 피츠패트릭은 자신의 소그룹 멤버들에게, 하나님이 자기를 율법주의적이고 행위 지향적인 신앙에서 '자비로우신 하늘 아버지와 함께하는 은혜 충만하고 평화로운 실존'으로 옮겨 주신 얘기를 한 적이 있다.

그녀는 그들에게 말했다.

"제게서 압박감이 떨어져 나갔어요. 그렇다고 제가 거룩함을 추구하지 않는다는 말은 아니에요. 다만 저는 아버지께서 나를 그분이 원하시는 자리로 데려가시리라는 것과 내 실패들까지도 어떤 식으로든 그분을 영화롭게 하는 데 소용된다는 것을 압니다. 저와 하나님의 관계에서 그분의 은혜, 그분의 자비, 그분의 능력이 점점 더 모든 것이 되어가고 있어요."

그러자 엘리즈의 친구가 이렇게 대답해서 그녀를 '깜짝 놀라게' 했다.

"엘리즈, 당신의 남편한테도 큰 복이 되겠네요. 당신이 그렇게 은혜 가운데 행하면 남편을 대할 때도 인내와 은혜가 넘칠 테니까요. 하나님이 당신 안에서 일하시는 것처럼 남편 안에서도 똑같이 일하고 계심을 아니까 결혼생활이 아주 즐거워지고 남편도 아주 만족스러워 할 것 같아요. 압박감이 떨어져 나간 덕을 남편도 함께 보게 생겼으니, 남편도 그걸 알면 좋아할 거예요."

친구의 말이 엘리즈를 '깜짝 놀라게' 한 데는 이유가 있다. 엘리즈는 그 친구처럼 양쪽을 연결 지은 적이 거의 없었던 것이다.

"나는 내가 주님한테서 누리는 은혜를 남편한테 베푼 적이 거의 없었다. 오히려 나는 예수님의 비유에 나오는 사람과 비슷할 때가 많았다. 자기 자신은 큰 빚을 탕감 받았으면서, 자기한테 적은 빚을 진

동료 하인을 때린 그 사람 말이다."⁵⁾

인자(仁慈)를 사랑하고 은혜를 베풀려면, 나 자신이 하늘 아버지한테서 받고 있는 영적 유익들을 누군가에게 그대로 주려면, 대단한 영적 성숙이 필요하다. 하나님이 당신에게 해주신 것들이 얼마나 많은지 잊지 말라. 그분은 당신이 여태까지 저지른 악한 행위를 다 보셨고, 험담을 다 들으셨고, 악의적이고 추하고 혐오스런 생각까지도 다 보셨다. 그런데도 그분은 당신을 사랑하신다. 뿐만 아니라 당신을 무척 좋아하신다. 그리고 당신을 용서하셨다.

여기가 어려운 대목이다. 당신은 하나님께 받은 것들을 배우자에게 베풀 것인가?

기도로 당신의 심성을 빚으라

배우자를 위하여 긍정적인 기도를 드리기를 연습하라. 당신의 배우자가 정말 잘하는 것을 대여섯 가지아니 한두 가지만이라도! 찾아서, 그런 자질들을 갖춘 배우자를 주신 하나님께 감사하되, 그분이 질리실 정도로 해보라. 기도한 뒤에는 실제 행동으로 옮겨, 남편이 그런 사람인 것에 대한 감사를 말이나 카드로 그에게 직접 표현해 보라.

나도 아내에게 이것을 연습해 보았는데 결과는 놀라웠다. 그날 아침에 나는 일찍 잠에서 깼는데, 전날 밤에 느꼈던 좌절감이 순식간에 되살아났다. 우리는 부부관계의 어떤 한 문제로 지난 20년 동안 죽도록 얘기해 왔었다. 아내 리자도 그 부분에서 자신에게 성장이 필요함을 인정했지만, 이전 몇 주 동안의 사건들을 통해서 나는 아무것도 달라진 게 없음을 확인했다.

나는 화가 났다. 그렇게 화가 날 때면 아내의 잘못들이 꼬리에 꼬리를 물고 머릿속을 헤집고 다닌다. 그리고는 내가 마치 변호사가 된 것처럼, 모든 무시당한 일과 모든 대화를 끄집어내, 아내가 얼마나 틀렸고 내가 얼마나 옳은지를 가상의 배심원단에게 입증해 보인다.

그때 문득 사르밧의 과부가 생각났다. 나는 그 본문의 진리를 적용하기로 했다. 그래서 리자의 성격 중에서 내가 정말 감사하는 부분을 혼자서 말해 보았다. 그러자 다른 부분이 생각났고, 다시 다른 부분이 생각났고, 다시 다른 부분이 생각났다. 15분쯤 지나자 나는 픽 웃음이 터졌다. 감사할 것이 어찌나 많이 보이던지 이번 문제 하나로 안달하며 시간을 낭비한다는 게 터무니없어 보였다.

감사 기도는 말 그대로 우리의 영혼을 빚어 준다. 우리의 감정을 아주 잘 손질해 준다. 레슬리 버니크는 이것을 상담학의 관점에서 이렇게 설명한다.

"인지 치료자들이 알고 있듯이, 우리가 무슨 생각을 하느냐가 우리의 정서에 직접적인 영향을 미친다. 우리가 부정적인 것들을 생각하고 나쁜 태도나 비판적인 마음을 품으면 우리의 정서도 내리막으로 치닫는다. 반대로 우리가 선하고 참되고 옳은 것들, 감사한 것들을 생각하면 우리의 정서도 고양될 수 있다."

이 확실한 도구를 아낌없이 활용하라. 시간이 걸리는 일이다. 한 번의 감사로 돌덩이같이 딱딱한 마음이 다 녹지 않는다. 그러나 시간이 가면서 감사는 애정의 한결같고 꾸준한 친구가 된다.

비현실적인 기대를 버리라

오래 전에 나는 유명한 전도자 루이스 팔라우의 아내 패트리샤 팔라우의 글을 읽다가 결혼생활에 대한 아주 지혜로운 통찰 하나를 만났다. 남편 루이스는 잃어버린 영혼들에게 복음을 전하라는 하나님의 소명을 열심히 수행하려 했다. 패트리샤는 그것을 결혼 전부터 알았다고 한다.

"하나님은 모든 사람이 구원을 얻기 원하신다딤전 2:4. 나는 남편이 남아있는 40억의 잃어버린 영혼들을 예수 그리스도께 인도하기 위해 혼신을 다하기로 작정했다는 생각이 들곤 했다."[6]

루이스의 소명 때문에 패트리샤는 일부 여자들을 미치게 할 만한 여러 어려움에 부딪쳤다.

"남편의 출장이 잦아 떨어져 지내는 기간이 길었고. 적어도 결혼생활의 3분의 1 기간은 나 혼자서 네 아들을 길러야 했다." 거기에 불확실한 수입과 신혼 초에 몇 년 동안 3개국에서 살았던 일까지 합하면, 아내가 원망과 불만으로 가득찰 만하다.

그러나 패트리샤의 얘기를 들어 보면 그렇지 않았다. 내가 만났다는 지혜란 바로 이것이다.

"우리는 일반적인 경우와는 상황이 다를 것을 예상했다. 우리는 서로의 필요를 백 퍼센트 채워줄 수 없음을 처음부터 알았다. 그런 인식이 있었기에 비현실적인 기대에서 비롯되는 실망을 피할 수 있었다."[7]

당신의 배우자는 당신의 필요를 백 퍼센트 채워줄 수 없다. 아마 80퍼센트도 채워줄 수 없을 것이다. 남편에게 그런 것을 기대한다면 당신은 좌절과 불만과 원망과 분노에 빠지게 될 것이다. 본래 하나님은 당신의 필요를 백퍼센트 채워주라고 결혼을 제정하신 게 아니다! 당신이 누릴 알맹이는 남편에게 있는 게 아니라 결혼을 창조하신 분께 있다! 하나님이 설계하신 것보다 더 많은 것을 결혼생활에 요구한다면 당신의 좌절은 순전히 당신 탓이다.

당신은 이렇게 되받고 싶을지 모른다. "하지만 **나의** 기대는 정당한데 남편이 채워주지 않고 있다!"

이것만은 알아두라. 분노와 실망에 찬 **모든** 아내들이 그렇게 말한다는 사실이다. 당신을 나무라거나 당신의 상처를 부인하려고 하는 말이 아니다. 어렵지만 끝내 성장을 가져다주게 될 진리에 눈을 뜨게 해주려는 것뿐이다. 나는 당신이 늘 좌절 속에 살기보다는 만족을 누렸으면 좋겠다.

패트리샤는 자신의 삶에서 십자가의 역할을 받아들이는 것이 자신의 갈망을 제어하는 데 도움이 됨을 깨달았다. 이 지혜로운 여인의 말을 다시 한번 들어보라.

> 어떤 일들은 우리의 초점을 내면에 두지 않을 때 오히려 더 나아진다. 루이스와 나는 우리의 결혼생활이나 갈망에 초점을 두

는 대신 우리의 삶을 향한 하나님의 소명에 초점을 두었다. 우리 둘보다 더 큰 대의를 위해서 살아온 것이다. 그렇게 40년이 지난 지금, 우리는 서로 좋아하며 함께 잘 지낸다. 여태껏 가능한 한 최대한으로 서로를 채워 주었다.

우리의 충족은 하나님의 뜻을 행하는 것이다. 우리 마음의 기도는 "주님, 저의 뜻대로 하지 마시고 주님의 뜻대로 하소서!"이다. 이 초점 덕분에 나는 루이스가 네 어린 아이들을 두고 2주일 동안 집을 비울 때도 이런 말을 하지 않았다. "나는 당연히 이 이상의 도움을 받아야 되는데." 이런 생각도 하지 않았다. "지난번 출장에서 돌아온 지 2~3주밖에 안 됐는데 또 떠나야 하다니 기가 막히는군." 내게는 "네 십자가를 지고 나를 좇으라"는 주님의 명령이, 루이스를 보내주고 내가 집안일을 맡는 것을 의미했다. 물론 '공평하지' 않지만, 다른 사람들에게 생명영원한 생명을 가져다 주는 일이다. 그래서 나는 평안과 자족과 만족을 얻는다.[8]

패트리샤의 태도는 전도자나 목회자의 아내들뿐 아니라 출장이 잦은 일반 직장인의 아내들에게도 똑같이 적용된다. 패트리샤는 **하나님의 뜻**이 무엇이든 거기에 순복했다. 자녀를 기르고, 남편을 내조하고, 교회에 참여하는 이 모든 활동이 '우리 둘보다 더 큰' 소명이 될 수 있다. 그런 소명을 역사가 알아주지 않는다 할지라도 말이다.

당신의 삶의 상황이 어떠하든 관계없이, 그리스도인의 삶에는 반드시 십자가가 요구된다. 당신의 십자가는 패트리샤의 경우와 다를 수 있지만, 당신도 십자가를 져야 하는 것만은 **분명하다**. 원망과 불만을 품는다면 그 십자가의 나뭇결 하나하나가 뾰족하고 깔쭉깔쭉한 못처럼 느껴질 것이다. 순순히 복종하는 태도로 진다고 해서 십자가가 보드라워지지는 않겠지만 그래도 한결 즐거워질 것이다. 그리고 당신의 인생이 끝날 때는 그 십자가가 귀해 보이기까지 할 것이다.

결혼한 지 40년이 넘는 한 성숙한 여자로서 패트리샤는 자신이 '평안과 자족과 만족'을 얻었다고 증언한다. 사실상 모든 여자가 원하는그러면서도 정작 얻는 여자는 극소수인 그것을 얻었다는 뜻이다. 왜 극소수일까? 수많은 여자들이 십자가를 가장 참된 친구가 아니라 자신의 적으로 보기 때문이다. 평안? 자족? 만족? 이것이 남편의 잦은 부재로 혼자 네 아들을 기른 여자의 고백인가? 2년 동안 항암 치료를 받은 여자의 고백인가? 어떻게 그럴 수 있을까? 패트리샤는 세상이 조롱하는 그것을 알고 있었다. "결국 그분께 순종하는 것보다 우리를 더 '기분' 좋게 해주는 일은 없다."[9]

비현실적인 기대를 버리지 않고 십자가를 거부한다면, 당신은 배우자와 화목하지 못하고 늘 불화할 것이다. 자족 대신 좌절을, 만족 대신 실망을 느낄 것이다. 왜 그럴까? 부부의 기대는 **양쪽 모두**에게 있다는 것과 때로 그 기대가 서로 상충된다는 것을 우리가 자주 망각하기 때문이다.

조셉 스토웰 박사무디 성경학교 전 학장의 아내 마티 스토웰은 자신의 결혼생활에서 그것이 사실임을 알게 되었다.

조와 약혼할 당시에 나는 우리의 결혼생활에 대한 기대를 나름대로 품고 있었다. 조가 거의 저녁마다 집에 있어 우리가 몇 시간씩 대화하고, 뭔가를 같이 하고, 함께 꿈꾸리라는 것도 그중 하나였다. 연애 시절에 그랬던 것처럼 말이다. 그러나 그런 기대는 현실이 되지 않았다. 결혼한 뒤에 조는 아내인 내게 대한 헌신 외에도 신학교와 시간제 일과 사역을 병행해야 했다. 그는 집에 늦게 올 때가 많았고, 그러면 나는 하루 종일 집에서 힘들게 일하고도 남편 없이 저녁을 보내야 한다는 사실에 속이 상하곤 했다. 조가 나와 함께 시간을 보내겠다는 무언의 약속을 어기는 것처럼 느껴졌다. 하지만 바로 그게 문제였다. 나는 내 기대를 그에게 말한 적이 없었다. 내 생각에는 그가 약속을 어기고 있었지만, 본인의 생각에는 그는 자신의 책임을 다하고 있었을 뿐이다.[10]

결국 마티는 조에게 자신의 갈망을 말했고, 둘은 며칠 저녁이라도 함께 보내기로 조치를 취했다. 그리스도인 지도자라는 소명 때문에 조는 마티가 한때 꿈꾸던 것처럼 저녁마다 집에 있을 수는 없다. 그러나 그리스도인 남편이라는 소명 때문에 그는 아마 미혼 때 자신이 생각했던 것보다는 더 많은 저녁을 집에서 보내고 있다. 어느 쪽도 자신이 원하는 것을 다 얻지는 못했으나 둘 다 자신들보다 더 큰 것에 복종했다. 그래서 나는 십자가 대신 기대에 지배당하는 가정에는 결코 조화와 기쁨과 평안이 깃들 수 없다고 말하는 것이다.

루스 벨 그레이엄은 《내 차례》*It's My Turn*라는 책에서 이 점을 아주 솔직하게 말한다.

> 나는 서로에게 너무 많은 것을 기대하는 부부들은 보면 딱하게 느껴진다. 예수 그리스도만이 되어 주실 수 있는 모습을 남편에게 기대하는 여자는 어리석다. 항상 선뜻 용서하고, 전적으로 이해하고, 끊임없이 인내하고, 늘 자상함과 사랑이 넘치고, 모든 면에서 틀림없고, 모든 필요를 미리 알아주고, 넘치도록 공급해 주는 그런 모습을 말이다. 그런 기대는 남자에게 감당 못할 중압감이 된다.[11]

당신의 남편은 교회가 아니다

이 타락한 세상은 어김없이 우리를 실망시킨다. 그래서 우리에게는 서로가 필요하다. 당신은 알고 알려지려는, 사랑하고 사랑받으려는, 돌보고 돌봄 받으려는 갈망을 타고났다. 그래서 하나님은 우리를 결혼으로만 부르지 않으시고 또한 공동체 속으로 부르신다. 당신의 배우자는 훌륭하고 경건한 사람일 수 있지만 **그가 교회는 아니다!**

당신의 배우자는 도저히 당신에게 모든 것이 되어줄 수 없다. 당신의 개인적인 발전과 정서적, 영적 건강에 필요한 어떤 것들을 당신은 스스로 얻어야 할 책임이 있다. 당신이 만일 외부의 지원망^{동성 친구들, 취미, 레크리에이션, 영적 우정}을 다 없애고는 배우자가 그 모든 것을 대신해

주고 당신의 모든 관계적인 필요까지 채워 주기를 바란다면, 그것은 당신 자신에게⁽또한 결혼생활에⁾ 실망과 실패를 자초하는 것이다. 어떤 배우자도 혼자로는 부족하다. 당신은 배우자 외에도 다른 사람들이 필요하다. 그런 다른 관계들을 가꾸는 것은 **당신의** 책임이다.

당신이 배우자에게 느끼는 실망의 아픈 빈자리를 다른 사람이 채워줄 수는 없을까? 예를 들어, 당신은 배우자가 가정에 대해 당신과 함께 더 많이 기도했으면 하고 바랄 수 있다. 그렇다면 그렇게 되려고 노력하는 동안, 다른 기도의 동역자를 찾아 당신의 가정에 대해 기도하면 어떨까? 당신의 배우자는 너무 피곤하거나 그냥 매주의 성경공부에 당신과 함께 가고 싶은 마음이 없을 수 있다. 혹시 당신의 배우자는 당신과 함께 바깥에서 뛰기보다는 집 안에 있기를 더 좋아할 수 있다. 그렇다면 함께 운동할 친구를 찾아보라.

이런 당연하고 자연스런 갈망들 중 일부를 스스로 채운다면, 당신은 배우자가 못해주는 일들에 대해서는 원망이 줄고 배우자가 **해주는** 일들은 더 인정하게 될 것이다. 자신에게 늘 이렇게 일깨우라. '내 남편은⁽아내는⁾ 한 인간이지 교회가 아니다. 그에게 모든 것이 되어 달라고 요구하는 것은 공평하지 못하다.'

이 모두는, 당신의 삶을 규정짓는 것은 하나님이지 당신의 결혼 여부가 아니라는 사실로 다시 귀결된다. 당신은 하나님의 딸이기에, 의미 있고 생산적이고 만족스런 삶을 살아가는 데 필요한 모든 것이 이미 당신에게 있다. 그런 삶은 교회 공동체라는 장 안에서 가장 잘 이루어진다. 우리가 세움을 입는 곳도 거기요 우리가 섬길 기회를 얻는 곳도 거기다.

하나님께 당신을 변화시켜 달라고 하라

당신이 남편을 인하여 감사 기도를 드리기 시작하자마자 틀림없이 벌어질 일이 있다. 당신 영혼의 적이자 결혼생활을 파괴하려는 자가 당신에게 남편의 모자란 점을 환기시킬 것이다. 확실하다.

당신은 점점 원망이 깊어질 것이다. "남편은 낮에는 열심히 일하지만 저녁에 집에 오면 나하고 말도 하지 않으려고 하는데, 그런 남편을 인해서 내가 왜 하나님께 감사해야 하나?" "남편은 항상 내게 충실하긴 하지만 돈을 많이 못 벌어 집을 살 수 없고, 그래서 나는 싫어도 시간 외 근무를 더 많이 해야 한다. 그런데 내가 왜 감사해야 하나?" 이 유혹에 당신은 건강한 영적 연습으로 응해야 한다. 즉 남편의 약점이 떠오르는 순간_{그런 부족한 점들이 생각나는 순간} 하나님께 당신 자신의 특정한 약점들에 대해서 **당신을** 도와 달라고 하라. 맞다. 거꾸로 된 말 같겠지만, 당신의 남편을 판단하려는 유혹이 들거든 그 반응으로 하나님께 **당신을** 변화시켜 달라고 기도하라. 두 가지 목록을 가지고 기도에 들어가라. 남편의 장점과 당신의 약점이다.

혹시 내가 모든 것을 여자들 탓으로 돌린다고 생각할까봐 말하지만, 나도 똑같이 한다. 나는 아내의 장점과 내 약점을 가지고 기도에 들어간다. 남편과 아내가 **둘 다** 그래야 한다고 생각한다. 다만 이 책을 아내들에게 더 치중해 쓰다 보니 아내의 책임이 더 강조되어 보일 것이다.

냉정할 만큼 솔직하게 말하겠다. 아내가 실망해 있으면 남편은 자신의 나쁜 습관을 고칠 동기를 거의 다 잃는다. 당신의 남편이 결혼 전에 왜 그렇게 열심히 노력했겠는가? 당신이 알아주는 게 좋아서였다. 그는 당신의 주목을 끌고 당신을 감동시키고 싶었다. 그러다 당신이 **정말** 보아주고 **정말** 인정해 주자 그는 당신을 더 기쁘게 해주고 싶어졌다. **당신이 알아준 것이 그에게 움직일 동기가 되었던 것이다.**

지독한 실망은 관계의 암이다. 그것은 더 이상의 변화에 대한 모든 동기를 먹어치운다. 남편의 마음을 움직이려 하기 전에, 우선 느긋하게 앉아서 그를 누리고 인정해 주고 그를 인하여 하나님께 감사하라. 그에게 변화가 필요한 부분들을 생각하기 전에 우선 지금 이대로 좋은 부분들부터 모두 찾아보라. 그러고 나서 그것들을 인하여 하나님께 감사하라. 남편에게도 감사하라.

새로운 눈을 얻으라

그레그는 15년 전에 남편으로서 뼈아픈 실패를 했다. 그는 작은 사역지에서 최대한 열심히 일했지만 점점 돈에 쪼들렸다. 그레그의 아내 앤은 남편이 실제적인 부분에서 친정 아버지에 비해 한없이 무능해 보여 충격을 받았다. 집에 어린 아기가 있었으므로 앤은 남편에게 기대하는 것이 점점 많아졌다. 그러나 그는 많은 저녁 시간을 사역을 위해 보내야 했다.

그레그는 집 밖에서는 일을 통해 상당한 존경을 얻었다. 많은 사람들이 그를 칭찬하고 인정하며 그에게 감사했다. 그들은 하나님이 그를 통하여 자기들의 삶 속에서 일하심을 느꼈다. 하지만 집에서는 늘 돈 못 버는 남편, 손재주 없는 남편, 항상 너무 피곤한 남편처럼 느껴졌다.

마귀가 덫을 놓고 있는 게 보이는가?

그레그는 자기가 훌륭하지 못한 남편이었다고 솔직히 인정한다. 그때 그는 아직 20대였고 자기중심적이었고 여자를 사랑하거나 인정할 줄 몰랐다. 되돌아보면 그 자신도 자기한테 그토록 좌절한 아내가 십분 이해가 된다.

그러던 중 그레그는 자기와 사역의 비전이 같은 한 여자와 동역하게 되었다. 처음에는 그 여자에게 육체적 매력을 느끼지 못했고, 그래서 경계를 늦추었다. 하지만 몇 달 동안 함께 일하면서 그레그는 정서적으로 '선을 넘었다'. 자신의 생각이 두려웠던 그는 어리석게도 그녀를 찾아갔다(같은 사역 단체의 다른 남자한테 갔어야 했다). 그리고는 자기들 둘이 더 이상 함께 시간을 보내서는 안 되겠다고 에둘러 설명했다.

그녀는 우둔하지 않았다. 그레그가 가정이 자신에게 매우 중요하며 가정을 위험에 빠뜨리고 싶지 않다고 말하자 그녀는 행간을 읽어 냈다.

"그러니까 당신 말은 … " 그녀는 말을 끝맺지 않았지만 그 말이 무슨 뜻인지 둘 다 잘 알았다. 두 그리스도인이 입에 담기에는 너무 충격적인 사실이었다.

"믿을 수가 없네요." 그녀는 말했다.

"당신은 정말 흠잡을 데가 없는데 … "

"당신은 정말 흠잡을 데가 없는데"라는 그 한 마디가 그레그에게는 가장 약효가 센 마약처럼 느껴졌다. 집에서 인정과 존중을 받지 못하고 당연시되고 있다고 느껴지던 터에 이렇게 황홀한 격려의 말을 들었으니, 그는 말 그대로 공중으로 붕 뜨는 기분이었다.

둘의 관계는 곧 엉망이 되었다. 그레그는 그 끌림을 자기 힘으로 통제할 수 있다고 생각했지만, 물론 그러지 못했다. 관계가 육체적으로 발전하지는 않았지만 정서적인 외도는 엄청난 상처를 불렀다. 경건한 주변 남자들의 강력한 조언과 질책, 그리고 그 여자 쪽에서 내린 훌륭한 결단이 아니었다면 일이 어찌 되었을지 아무도 모른다.

의심의 여지없이 그레그의 큰 실수였다. 그를 이 실패로 몰아간 것은 아내한테서 느낀 무시도 아니었고, 그렇다고 상대방 여자의 잘못도 아니었다. 그레그는 자신의 잘못을 솔직히 인정한다.

내가 그의 이야기를 하는 이유는 이 뼈아픈 교훈이 다른 아내들에게 격려가 되기를 바라서다. 보라, **똑같은 남자**에게 한 여자는 실망했고 한 여자는 매혹되었다. 한 여자는 그를 피곤한 눈으로 본 반면, 다른 여자는 새로운 눈으로 보았다. 하나는 그를 무산된 기대의 관점에서 보았고, 다른 하나는 그를 무한한 가능성의 관점에서 보았다.

당신은 지금 어떤 눈으로 남편을 보고 있는가? **당신의 남편을 보고 있는 사람이 당신만이 아님을 명심하라.** 이것은 협박이 아니다. 현실이 그렇다는 것뿐이다.

내가 대화해 본 많은 유능한 남자들은 기막힐 정도로 배우자에게 인정받지 못하는 것 같다. 그들의 아내는 집에서 남편의 부족한 점들을 보기 때문에, 남편의 업적이나 외부인들의 존경은 볼 줄 모른다. 그래서 아내가 집에서 남편에게 베푸는 격려가 남편이 일터에서 얻는 것보다 적다. 물론 이 둘은 위험한 배합이다. 지혜로운 아내는 때로 뒤로 물러앉아 남편을 보는 자신의 눈을 다시 조정한다. 그래서 남편에게 합당한 존중을 베푼다.

　다르게 말해보자. 어쩌면 당신의 남편은 평범한 부지배인이거나 부목사일 수 있다. 그 자리가 당신에게는 대단해 보이지 않을지 모르지만, 그래도 다른 사람들은 당신의 남편을 존경과 심지어 애정으로 올려다 본다. 남편이 채용했거나 훈련시킨 사람들도 있고, 남편의 리더십이나 기술에 의지하게 된 고객들이나 교인들도 있다. 남편이 집보다 일터에서 더 존경과 인정을 받게 되면 위험한 상황이 벌어진다. 결국 그의 마음은 자기를 더 아껴주는 쪽으로 기울 수 있다.

　직장에 다니는 아내들은 가정주부들보다 이 유혹에 더 많이 부딪칠 수 있다. 주로 그 이유는 당신도 남편보다 수입이 많은 약 33퍼센트의 여자에 들 수 있기 때문이다.[12] 지니 그레이브즈Ginny Graves는 여기에 대해 이렇게 지혜롭게 말했다.

> 온종일 직장에서 일한 뒤에 집에서 대부분의 집안일까지 하고 나면, 많은 여자들이 화가 나고 녹초가 된다. 거기에 자녀들까지 있다면, 여자들은 대개 자유 시간은 더 많고 스트레스는 더 적기

를 간절히 바란다. 또한 재정적인 짐을 남편이 더 많이 져주기를 소원하지만, 이 소원은 대개 이루어지지 않는 경우가 많다.[13]

이런 좌절 속에 살다 보면 당신이 맨 처음에 남편에게 끌렸던 점들그의 유머 감각, 사려 깊음, 영적인 깊이, 기타 많은 장점들을 망각하기 쉽다. 당신은 그런 자질들을 못 보게 될 수 있지만, 그렇다고 다른 사람들까지 다 그렇게 되는 것은 아니다. 존경은 영적인 의무이자 훈련이다. 당신의 남편에게 마땅히 줄 존경을 주라!

린다 딜로우의 글에 보면, 남편이 근무하는 대학에서 자신이 강연을 했던 일화가 나온다. 강사 소개가 있은 후에 열여덟 살 된 한 여학생이 말했다.

"아, 조디 딜로우 씨의 부인이시군요. 그분은 정말 훌륭하신 분이예요!"

린다는 이렇게 썼다.

"그 마지막 문장에 약간 황홀한 기분마저 묻어났다. 그 학생은 마치 내 남편이 타잔과 알베르트 아인슈타인과 빌리 그레이엄을 다 합해 놓은 사람이라도 된다는 듯이 계속해서 그에 대해 말했다. 그날 오후 나는 강연을 하는 둥 마는 둥 했다. 집으로 오는 내내, 내 남편을 보는 그 여학생의 시각에 대해 생각했다. 남편을 다른 여자의 눈으로 보니 정신이 번쩍 들었다!"[14]

불완전한 남자를 인정하는 일을 당신은 어떻게 시작할 수 있을까? 하나님께 새로운 눈을 달라고 하라.

헤아릴 수 없는 가치

12세기에 막대한 부를 누렸던 와인즈버그 성이 위기에 봉착했다.[15] 석조 요새를 포위한 적군은 그 안의 재물을 노렸다. 주민들은 그런 대부대를 막아낼 승산이 없었고, 적들은 전적인 항복을 요구했다. 적군은 주민들이 순순히 재물을 내놓고 남자들이 목숨을 포기하면, 여자들과 아이들은 살려주겠다고 했다.

의논 끝에 와인즈버그 성의 여자들은 한 가지 조건을 걸었다. 어떤 것이든 재산을 최대한 많이 들고 나갈 수 있게 해 달라고 했다. 적군이 이 한 가지 요구를 수락하면 성 안의 남자들은 무기를 버리고 성의 재물을 넘겨주기로 했다. 성 안에 쟁여진 어마어마한 부를 익히 알고 있던 적군은 수락했다. 여자들이 들고 가면 얼마나 들고 갈 수 있겠는가.

마침내 성문들이 열렸다. 눈앞에 펼쳐진 광경에 아무리 냉정한 군사들도 눈물을 적시지 않을 수 없었다. 모든 여자들이 등에 자기 남편을 업고 있었던 것이다.

그 구조된 남자들 중 완전한 사람이 얼마나 되었을까? 하나도 없었다. 그러나 그 불완전한 남자 하나하나가 그들의 아내에게는 그 어떤 재산보다도 귀했다.

당신의 가장 큰 부는 어디에 있는가?

더 예쁜 부부관계를 꿈꾸며...

1. 당신의 남편에게 있는 최소한 한 가지의 구속救贖적인 특성, 즉 당신이 거룩한 영향력을 미칠 통로가 될 만한 특성은 무엇인가?

2. 자기 남편을 생각하는 방식에 빌립보서 4장 8절 말씀을 적용하기 위해 아내들이 할 수 있는 실제적인 일들은 무엇일까? "무엇에든지 참되며 무엇에든지 경건하며 무엇에든지 옳으며 무엇에든지 정결하며 무엇에든지 사랑 받을 만하며 무엇에든지 칭찬 받을 만하며 무슨 덕이 있든지 무슨 기림이 있든지 이것들을 생각하라."

3. 당신은 남편의 좋은 날들보다 나쁜 날들을 가지고 그를 규정하는 편인가? 어떻게 하면 여자들은 현실적인 기대를 품을 수 있을까? 어떻게 하면 남편에게 긍정적인 영향을 미치는 쪽으로 계속 노력하면서도, 동시에 남편에게 꼬이는 날들이 있다는 사실도 받아들일 수 있을까?

4. 당신의 남편이 결혼할 때 가지고 온 상처들은 무엇인가? 그런 상처에 대한 당신의 현재의 태도는 어떤가? 구속救贖과 양육 쪽인가, 아니면 비판과 판단 쪽인가? 여자는 이 부분에서 어떻게 성장할 수 있을까?

5. 당신은 당신이 무엇을 원하는지 남편이 왠지 직관적으로 알 거라고 생각하는 우를 범할 때가 있는가? 앞으로 어떤 부분에서 당신은 남편의 도움이나 지원을 좀 더 직접적으로 청하겠는가?

6. 잠시 시간을 내서 그동안 하나님이 당신에게 베풀어 주신 은혜를 생각해 보라. 하나님이 용서해 주신 당신의 모든 불순한 생각과 추한 태도와 부도덕한 행동을 떠올려 보라. 그런 다음 자신에게 이렇게 물어보라. "하나님이 내게 베풀어 주신 이 은혜를 어떻게 남편에게 똑같이 베풀 수 있을까?"

7. 당신의 필요들 중에서 여태까지 당신이 남편에게 채워 달라고 한 것은 몇 퍼센트나 되는가? 그간 당신은 하나님이 설계하신 것보다 더 많은 것을 결혼생활에 요구해 왔다고 생각되는가? 만일 그렇다면 어떤 면에서 그랬는가? 이 부분에서 사과가 필요하다면, 당신은 용기를 내서 남편에게 사과하겠는가?

더 예쁜 부부관계를 꿈꾸며...

8. 당신의 결혼생활에서 채워지지 않고 있는 관계적, 영적 필요들 중에서, 교회에서 다른 우정을 가꿈으로써 채울 수 있는 것들은 무엇인가? 당신은 이것을 차선책에 머무는 타협이라 보는가, 아니면 기독교 공동체의 건강한 유익이라 보는가? 반드시 동성 간의 우정이어야 한다는 것 외에, 이런 관계를 맺기 위한 기본 지침들은 무엇인가?

9. 약혼 기간 중 누가 만일 당신의 남편에게 당신이 그에게 얼마나 만족하느냐고 물었다면, 1부터 10까지 중에서 그가 뭐라고 답했을 것 같은가? 누가 만일 지금 똑같은 질문을 남편에게 던진다면, 뭐라고 답할 것 같은가? 달라진 것은 무엇인가?

10. 당신의 남편은 집 안에서보다 집 밖에서 더 인정을 많이 받고 있는가? 이것을 바로잡기 위해서, 또는 계속 바른 방향으로 가기 위해서 당신이 할 수 있는 실제적인 일들은 무엇인가?

결혼의 고귀한 소명을 받아들이라 06

그랜트 피시북Grant Fishbook이 교회 사역을 그만두기로 결심했을 때, 몇몇 사람들은 그 이유를 달가워하지 않았다. 그들은 따로 모임을 만들어 그를 비방하기 시작했다. 그들은 그랜트의 성품과 정직성에 의문을 제기했고, 그러잖아도 비참한 심정이던 그는 그래서 더욱 힘들어졌다. 낙심에 빠진 그랜트는 건물 밑을 기어 다니며 시간급 8달러를 받고 일했다. 그렇게 다달이 집 융자금을 내고 가족들을 먹여 살릴 방도를 모색하면서 그는 계속 미래에 대한 하나님의 음성에 귀를 기울였다.

그랜트는 하나님이 자기를 사역의 길로 부르셨음을 여전히 믿었다. 그래서 근래의 사건들로 인한 실망, 만족 없는 직장에서 일하는 좌절감, 불확실한 미래, 갑작스런 재정의 위기는 모두 그를 낙심 속에 파묻을 듯 위협했다.

하지만 그랜트에게는 그를 신뢰하는 아내가 있었다. 경건하고 강인한 그 아내가 개입했다. 로렐은 남편의 얼굴에서 실망을 보았고, 그러나 결코 남편에 대한 신뢰를 멈추지 않았다. 그 낙심의 한복판에서 그녀는 그를 비난하지 않았고, 그를 보호하는 사람이 되었다.

하루는 그랜트가 집에 들어서니 로렐이 전화에 대고 말하는 소리가 들렸다. 그랜트가 뒤쪽에서 방에 들어갔기 때문에 로렐은 그가 온 것을 몰랐다. 그랜트에게 들린 말은 이것이었다. "아니요, **저한테 직접** 말씀하세요. 나를 거치지 않고는 그와 대화할 수 없습니다. 나 몰래 그에게 접근할 길을 찾는다면 이걸 알아두시는 게 좋을 겁니다. 그 사람은 내 남편이고 나는 그의 아내라는 사실을 말입니다."

현재 그랜트는 워싱턴 주 워트컴 카운티_{내가 살고 있는 곳}에서 가장 큰 복음주의 교회의 목사다. 최근의 부활절 아침에 5천 명도 넘는 사람들이 그곳에 모여 그리스도 왕의 부활을 축하했다. 그랜트는 지금 자기가 그 일을 할 수 있는 이유로, 로렐이 그때 해주었던 역할을 빼놓을 수 없다고 앞장서서 말할 것이다. 그때 그는 강인한 아내의 내조를 받는 연약한 남자였다. 그러나 로렐의 내조 덕에 그랜트는 이 지역 전체의 영적인 지도자가 되었다.

바로 그것이 하나님이 의도하신 부부의 역할이다.

부부 역할의 영적인 무게

하나님께서 "사람이 혼자 사는 것이 좋지 아니하니 내가 그를 위하여 돕는 배필을 지으리라"창 2:18고 말씀하신 것은 그분 자신에게가 아니라 **우리에게** 하신 말씀이다. 그분은 인간의 결혼에 대한 삼위일체의 설계에 우리를 끼워 주셨다. 하나님은 아내를 자기 남편을 돕는 자로 설계하셨다.

이 주제는 성경 전체에 나타난다. 잠언은 여자의 돕는 영향력에 대한 진리를 이렇게 선포한다.

- "어진 여인은 그 지아비의 면류관이나 욕을 끼치는 여인은 그 지아비의 뼈가 썩음 같게 하느니라"잠 12:4.
- "지혜로운 여인은 자기 집을 세우되 미련한 여인은 자기 손으로 그것을 허느니라"잠 14:1.
- "그런 자의 남편의 마음은 그를 믿나니 산업이 핍절하지 아니하겠으며"잠 31:11.

바울은 부부간에 '돕는' 일을 전수하고 가르칠 수 있는 기술로 보았다. 그는 디도라는 젊은 목사에게 권하기를, 나이 든 여자들이 젊은 여자들에게 남편을 사랑하는돕는 법을 잘 '교훈' 하게 하라고 했다딛 2:3~4 참조.

거기서 물론 가장 논란이 많은 이슈가 제기된다. 바로 성경적인 복종의 문제다. 표현 자체에 오해의 소지가 많다 보니또한 실제로 오해되다 보니, 성경적인 복종을 찬성하는 경우든 반대하는 경우든 양쪽 다 큰 피해를 초래했다. 그러므로 우선 몇 가지를 분명히 해두자.

첫째, 성경은 여자가 남자에게 예속되어야 한다고 가르치지 **않는다**. 성경은 여자가 정부 지도자나 CEO로 봉직하거나 가정 바깥에서 일하는 것을 금하지 않는다. 성경이 말하는 복종은 남편과 아내의 역할, 교회 내의 다양한 역할에 해당되는 것이지 이웃들이나 직장인들 간의 관계에 대한 것이 아니다.

둘째, 제대로 정의된 복종은 '열등함'을 뜻하지 않는다. 완전한 성적인 평등이 존재한다고 할 수 있을 정도로 갈 3:28 참조 우리는 다 그리스도 안에서 하나다. 하나님은 남자를 아끼시는 것 못지않게 여자도 아끼신다. 여자도 남자 못지않게 유능할 수 있고 남자보다 더 유능할 수 있다.

셋째, '돕는 배필'은 아내의 **유일한** 직분이 아니다. 나는 남편으로 내 아내의 종이자 순교자로 부름 받았지만, 그렇다고 하나님이 나를 동시에 다른 역할들로 부르지 않으셨다는 뜻은 아니다. 나는 성경적인 복종을, 마치 남편을 기쁘게 하고 돕는 것이 평생 여자의 **유일한** 역할인 것처럼 가르치는 말을 들을 때가 있다. 창세기 저자도 사도 바울도 그렇게 가르치지 않는다. '돕는' 일이 하나님께서 아내들을 부르시는 중대한 역할의 **하나**일 수는 있어도 **유일한** 역할은 아니다.

끝으로, 복종의 문맥은 **상호적**이다. 바울은 아내들을 향하여 남편에게 복종하라고 가르치기 엡 5:22 바로 전에 우리 모두에게 "그리스도를 경외함으로 피차 복종하라" 21절고 말한다. 남편을 향한 아내의 복종은 남편이 그리스도를 닮도록 부름 받은 문맥 속에 놓여 있다. 즉 남편은 아내를 위하여 자기 목숨을 버리고, 아내를 첫째로 여기고, 아내를 섬기고, 아내를 돌보고, 그리스도께서 교회를 사랑하시는 것과 똑같이 희생적이고 자기 목숨까지 버릴 수 있는 사랑으로 늘 아내를 사랑해야 한다25절.

바울은 지금 부부가 상대의 유익을 위해 동시에 헌신해야 한다는 이상적 관점을 기술하고 있다. 여기에 내가 쓴 '이상적'이라는 말은 부정적인 의미가 아니다. 모든 부부는 의당 그것을 추구해야 한다. 아울러 나는 만일 여자들한테는 복종을 촉구하면서 거만하고 독단적인 남편들한테는 그에 상응하여 그리스도처럼 사랑하라는 도전을 던지지 않는다면, 바울이 제일 먼저 반대할 거라고 생각한다. 교회는 남편에게 요구되는 희생적 사랑과 섬김을 **떠나서는** 아내의 복종을 가르쳐서는 안 된다. 남편에게 희생적인 사랑이 없다고 해서 아내의 복종의 소명이 **없어지는** 것은 아니지만, 이 원리의 적용이 약간 더 까다로워지는 것은 사실이다.

아내에게 거만하게 독단적으로 행하는 남자, 아내를 하녀 대하듯 대하는 남자, 아내에게 성적으로 자기가 시키는 대로 하기를 요구하는 남자, 그는 절대로 자신의 생활방식을 성경으로 정당화하려 해서는 **안 된다**. 그런 행동과 태도는 하나님의 계시된 뜻과 기록된 말씀에 어긋난다. 그것은 하나님이 설계하신 결혼생활이 **아니다**. 남편과 아내의 역할에 대해서 창세기와 잠언과 바울이 가르치는 바도 아니다. 그렇다면 남편과 아내의 역할은 무엇인가?

서로 보완하는 역할

부부간의 성역할에 대한 두 가지 주된 입장을 공식적 신학 용어로 각각 **평등**과 **보완**이라 한다.이 두 구분을 더 잘게 세분하는 학자들도 있다. 평등 입장에는 부부간의 성역할 같은 것이 아예 존재하지 않는다. 모든 부부는 누가 무슨 일에 최적인지를 자기들 나름대로 결정하여 책임을 분담해야 한다. 결혼생활의 기초는 각 개인의 장단점에 있다. 이 입장에서는 하나님이 주신 남편과 아내의 차이는 생식기뿐이다.

보완 모델에서는, 하나님은 남편에게 사랑으로 섬기는 지도자의 역할을 주셨다. 단, 성경은 남편의 역할을 **특권**보다 **책임**으로 기술한다. 신약성경에서 여자들이 사역도 하고 가르치기도 했지만, 바울은 가정과 교회에서 남자가 이끌기를 확실히 바랐다. 나를 비롯한 많은 사람들이 창세기 3장 16절, 고린도전서 11장 3절, 에베소서 5장 22~32절, 골로새서 3장 18~19절, 디모데전서 2장 12~14절, 기타 많은 본문에서 성경이 가르치는 바가 바로 그것이라고 믿고 있다.

보완 입장은 남녀의 뇌가 작용하는 방식에 관한 근래의 신경과학 연구 결과들과도 더 잘 조화되는 것 같다. 남자들의 구조상, 아내의 복종이야말로 남편에게 영향을 미치는 가장 효과적인 길로 보인다. 린다 딜로우는 이렇게 말한다.

"복종만이 당신의 남편을 변화시킬 수 있는 유일한 희망이다. 당신이 남편을 가장으로 인정하고 그에게 복종하면 남편은 변화될 것이다. 당신이 바가지를 긁거나 비하하거나 은근히 빗대거나 지적하거나 이래라 저래라 해서는 남편이 변화되지 않는다."[1]

당신이 '장악하려는' 것으로 남편에게 느껴진다면, 그는 유순해지기보다 방어적이 될 것이다. 당신을 이해하려는 시도조차 없이 그는 자기 영역을 빼앗기지 않으려고 싸울 것이다. **당신이 자기를 지지하는 것처럼 느껴지지 않으면 남편은 당신의 말을 듣지 않을 것이다.**

성경이 보완 모델을 가르치고 있음에 당신이 동의한다면, 당신이 받아들여야 할 것이 또 하나 있다. 당신의 남편은 자신의 역할을 굳이 노력으로 **얻어낼** 필요가 없다. 여기 조심해야 할 것이 있다. 성경적인 시각의 복종을 결정하는 것은 복종 대상의 가치가 아니라 우리에게 복종을 명하신 분의 가치다. **"그리스도를 경외함으로 피차 복종하라"** 엡 5:21.

여기서 지적해 둘 것이 있다. 예수님도 부모에게 복종순종, 눅 2:51하셨는데, 그 이유는 부모가 그분보다 훌륭해서가 아니라 그분은 하나님의 아들이 아니신 적이 없으므로 하늘 아버지께서 그분에게 그것을 바라셨기 때문이다. 즉 하나님은 부모와 자녀가 각기 본분을 다하기를 원하셨다.

이렇게 생각해도 좋다. 성경이 복종을 가르칠 때, 하나님은 아내들이 남편의 실패와 실수를 반드시 보게 될 것을 익히 아셨다. 다행히 이 구절에는 한계선도 함께 나온다. '그리스도를 경외함으로' 복종할진대, 당신은 그리스도께서 싫어하실 일은 무엇이든 결코절대로 할 의무가 없다.

불완전한 사람에게 복종하기가 쉽지 않음을 나도 인정한다. 그래서 나는 미혼자들과 대학생들에게 말할 때면, 배우자감의 성품을 따져볼 것을 강조한다. 감정은 사라지지만 성품은 남는다. 평생을 함께 살 사람을 고를 때 성품의 문제보다 감정에 지배당한다면 그것은 어리석은 일이다.

하지만 남자 입장에서 말한다. 당신에게 복종이 힘들게 느껴진다면, **그리스도께서 교회를 사랑하시듯이 당신을 사랑해야** 하는 쪽이 한번 되어 보라! 우리 남편들에게는 우리 나름의 도전들이 있다. 내가 이렇게 많은 활동을 하는 데는 이유가 있다. 내 활동 덕에 리자는 집에서 지낼 수 있다. 리자는 늘 집에서 지내기를 원했고, 결혼 전부터 내게 그렇다고 말했다. 내가 날마다 이렇게 기도하려 하는 데도 이유가 있다.

"주님, 오늘 어떻게 하면 내가 전에도 사랑받은 적이 없고 앞으로도 없을 것처럼 그렇게 아내를 사랑할 수 있을까요?" 그리스도께서 늘 일편단심으로 열심히 우리를 사랑하시듯이, 그분은 또한 나도 늘 일편단심으로 열심히 리자를 사랑하도록 부르신다.

리자와 내가 터득한 사실이 있다. 우리의 성경 이해를 바탕으로 보완 모델을 따름으로써, 우리는 그리스도 안에서 서로의 소명을 인정하는 상호 지지적인 가정을 가꾸어 올 수 있었다. 내 역할은 영적인 지도자이지만 그렇다고 내가 철권을 휘두르며 제멋대로 군림한다는 뜻이 아니다. 나는 소위 '남자들 일'을 맡고 리자는 '여자들 일'을 맡는다는 뜻도 아니다. 우리집에서는 평소 일요일 아침의 분주한 시간이면 우리 집에서 내 옷을 다림질하는 리자보다 리자의 옷을 다림질하는 나를 볼 일이 더 많을 것이다. 리자는 우리의 모든 재정 거래와 세금 보고 같은 일을 관할한다. 그런 일들을 나보다 더 잘하기 때문이다.

나의 역할은 가족들의 유익을 도모하며 희생하고 섬기는 지도자다. 그 역할을 다하는 영적인 무게가 나를 그리스도 안의 남자로 성숙시켜 준다. 그것은 나의 게으름, 자기중심성, 못된 남성적 독립성을 지적해 준다. 리자는 리자대로 돕는 배필의 소명 덕분에 교만, 자기중심성, 경박한 삶에 빠지지 않는다. 결혼할 때 리자는 아직 스무 살이 되기 몇 주 전이었고, 나는 아주 미성숙한 스물두 살이었다. 그러나 우리 자신을 부인하고, 사랑하는 법을 배우고, 함께 가정을 만들어 나가는 그 작업들을 통해서 우리는 놀랍도록 만족스럽고 영혼을 넓혀주는 여정을 걸어왔다. 지금까지 우리 둘 다에게 결혼생활과 가정생활은 우리를 영적인 성숙 쪽으로 더 멀리 이끌어주는 필수 요소였다. 일반 세상의 눈에는 우리가 많은 것을 나는 '자유'를, 리자는 '자아실현'을 포기한 것처럼 보일지 모르지만, 그 대가로 우리가 받은 것의 가치는 그보다 훨씬 크다. "누구든지 [예수님을] 위하여 제 목숨을 잃으면 구원하리라" 눅 9:24.

부부의 역할에 관하여 당신이 어떤 입장을 취하든, 창세기 저자와 사도 바울이 공히 분명히 밝힌 것이 있다. 아내는 자신을 최소한 '돕는 자'로 보아야 한다. 생각해 보면 그것은 남편의 마음을 '움직이는 자'와 아주 비슷하다.

남편에게 줄 수 있는 것이 아내에게 있다

안타깝게도 어떤 사람들은 성경의 이 가르침을 무시해 버린다. '돕는 자' 라는 표현이 여자의 품격을 떨어뜨린다고 믿기 때문이다. 하지만 만일 그렇다면 성경은 하나님의 품격도 떨어뜨리는 것인가? 성경에 하나님이 우리를 도우시는 분이라고 했으니 말이다.

- "내 아버지의 하나님이 나를 도우시는 분이었다" 출 18:4 NIV.
- "[여호와]는 너의 방패와 돕는 자시요" 신 33:29 NIV.
- "주는 벌써부터 고아를 도우시는 이시니이다" 시 10:14.
- "주는 나를 도우시는 분이 되셨나이다" 시 27:9 NIV.
- "여호와께서 나와 함께 계시고 나를 도우시는 분이시니" 시 118:7 NIV.

창세기에 그려진 남자는 확실히 부족한 존재로 지음 받았다. 남자는 분명히 자기 혼자서 충족한 존재가 아니다. 남자에게는 그의 곁에 와서 삶을 함께 살아갈 사람이 필요하다. 아담과 그 후의 모든 남자는 데렉 키드너의 말대로, "권력이 아니라 교제를 위해서 지음 받았다. 남자는 동급의 타자에게 자신을 내어주며 사랑하지 않고는 살지 못하게 되어 있다. 그래서 여자는 전적으로 남자의 배필과 짝으로 제시된다. 여자가 아기를 낳는 사람이라는 말은 아직 없다. 여자는 그 자신만으로 가치가 있다."[2]

당신이 결혼이라는 하나님의 작품 속에 들어와 있다면, 당신의 역할은 남편을 돕는 자가 되는 것이다. 성경에 하나님을 우리를 도우시는 분이라 표현했다 해서 그분이 격하되지 않는 것만큼이나 당신도 그런다고 격하되지 않는다. 사실 당신이 도울 수 있다는 것은 어떤 의미에서 그 돕는 대상에게 없는 뭔가가 당신에게 있다는 뜻이다. 당신이 자신을 더 이상 남편을 돕는 자로 생각하지 않는다면 결혼생활이 힘들어질 것이다. 하나님이 결혼을 그렇게 작동하도록 설계하셨기 때문이다.

당신이 일단 결혼했다면 '미혼자'처럼 생각해서는 안 된다. 아내가 되었는데도 마치 아직도 미혼인 것처럼 행동해서는 안 된다는 말이다. 우리 중 많은 사람들의 혼인 서약에는 '다른 모든 것을 버린다'는 문구가 들어 있었다. 이것은 성적인 정절을 넘어서 '미혼자'의 사고까지를 포함하는 말이다. 우리는 자기를 가장 먼저 앞세우는 미혼자 지향적인 세계관을 버리기로 합의했고, **부부**를 세우는 일에 자신을 바쳤다. 한 남자와 결혼했다는 말은 곧 그를 돕는다는 뜻이다. 그것이 성경적인 모델이다. 도움의 형태는 다를 수 있지만, 항상 상대의 유익을 도모한다. 아내의 역할을 자진해서 취함으로, 당신은 **남편**의 행복을 위하여 많은 노력과 시간을 들이기로 서약한 것이다.

내가 '남편'이라는 말을 강조하는 이유는 현대 생활이 여자들을 다른 모든 곳에당신의 직장, 가정, 나아가 자녀에게 집중하도록 유혹하기 때문이다. 캐롤린 마허니는 아내들에게 이렇게 환기시킨다.

"우리가 자녀의 어머니로 지음 받은 게 아니라 남편의 돕는 배필로 지음 받았음을 … 명심하라. 물론 우리는 자녀를 사랑하고 돌보고 키워야 한다. 하지만 이 사랑은 남편을 돕는 일에 우선적으로 헌신된 생활방식에서 자연스럽게 흘러나와야 한다. 남편이야말로 우리의 마음과 돌봄에서 항상 첫째로 남아야 한다."3)

당신은 이런 돕는 자의 역할을 생각할 때가 얼마나 많은가? 잠에서 깨어 "오늘은 어떻게 내 남편을 도울 수 있을까?" 하고 생각하는 일이 얼마나 많은가? 그 질문을 되풀이해서 던질 때에 당신은 하나님이 설계하신 결혼생활을 하고 있는 것이다. 그러나 이기심에 통치권을 내주면"남편은 왜 나를 돕지 않고 있나?", 당신은 사탄이 오염시킨 결혼생활을 하고 있는 것이다.

마찬가지로 남편들도 날마다 이런 생각을 품어야 한다.

"오늘은 어떻게 내 아내를 돌볼 수 있을까? 어떻게 아내를 섬길 수 있을까? 그리스도께서 나를 위하여 목숨을 버리신 것처럼 어떻게 나도 아내를 위하여 목숨을 버릴 수 있을까?"

이 책에서 특히 아내의 영향력에 초점을 맞추고 있기 때문에 다소 아내의 역할을 더 강조하고 있음을 이해하기 바란다. 아내들은 남편의 무슨 잘못이나 부족함 때문에 결혼생활이 망가졌다고또는 원래에 못 미친다고 생각하고 싶은 마음이 굴뚝같을 수 있다. 첫걸음은 자기 자신부터 점검하는 것이다. 우선 이 근본적인 질문으로 시작하라.

"오늘부터 어떻게 내 남편을 도울 수 있을까?"

일단 그것을 연습하기 시작하면, 남편의 변화를 더 잘 촉진해 주는 분위기가 만들어지기 시작한다.

아내가 이 의무를 소홀히 하면 결혼생활은 원활해지지 않는다. 아내에게 이런 태도가 없다면, 설령 그녀가 지상에서 가장 완벽한 남자와 결혼했다 하더라도 부부관계는 힘들어지게 마련이다. 하나님께서 아내를 돕는 배필로 설계하셨기 때문이다.

남자의 마음을 움직이려면

심지어 일부 페미니스트들도 성경적인 복종의 배후에 담긴 지혜를 발견했다.대다수가 복종이라는 표현은 **절대로** 쓰지 않겠지만 말이다. 로라 도일은 1999년에《아내여 항복하라》그린북를 출간하여 일부 동료 페미니스트들을 충격에 빠뜨렸다. 제목만으로도 뉴욕 출판계에 일대 논란을 불러일으켰다. 책이 베스트셀러 10위권에 진입하자 정말 인구에 회자되기 시작했다.

그 책에서 로라는 자기의 결혼생활이 불행했음을 시인했다. 그래서 그녀는 다른 남편들에게 그들이 아내에게 무엇을 원하는지 물었다. 그들의 의견을 들은 후에 로라는 자기 남편이 원하는 것도 똑같을 거라고 결론지었다. 그래서 그것들을 연습하기 시작했다. 로라는 남편에게 바가지 긁던 것을 그만두었다. 불평과 비난도 그쳤다. 그리고 중요한 결정들을 남편의 주도권에 맡겼다. 로라는 힘닿는 대로 남편을 도왔다. 심지어이것은 정말 논란을 불러일으켰다 남편이 원할 때마다 성관계를 갖기까지 했다. 이런 식의 대우를 받자 로라의 남편은 갑자기 '최고의' 남편이 되었다.

나는 로라의 책에 나오는 수법들에 찬성하지 않는다. 우리의 동기는 결과를 얻어내기 위해 수단을 동원하는 것 이상으로 그리스도를 경외함에서 와야 한다고 믿기 때문이다. 그러나 적어도 이것은 페미니스트들도 남자의 '생리'를 발견하고 있다는 사실을 보여준다. 전형적인 남자라면 강압이나 비난을 통해서는 또는 자기를 존중하지 않는 아내를 통해서는 마음이 움직이지 않는다. 그러나 아내가 남편의 인도에 따라주고 그가 가려는 곳으로 가도록 도와주면 그의 마음이 움직인다.

이것은 비단 문화적인 현상만이 아니다. 신경과학도 남자의 뇌 구조가 그렇다는 것을 밝혀준다. 대체로 남자들은 직장과 가정에서 생리적으로 특정한 태도들을 보이는 경향이 있다. 남편의 마음을 정말로 움직이고 싶다면, 그를 하나님이 대우받도록 설계하신 대로 대우해야 한다.

당신은 남편이 당신을 섬기거나 돌보도록 만들 수는 없지만 그를 돕는 일에 집중할 수는 **있다**. 그러면 대개 당신의 그 행동만으로도 남편은 당신을 섬기고 돌보게 된다. 설사 그렇게 되지 않더라도 당신 자신의 삶에 굉장한 영적 모험이 시작된다. 이 말은 뒤에서 읽게 될 한 아내의 표현이다.

다행히 당신은 이 일에 혼자가 아니다. 당신이 결혼에 대한 하나님의 계획을 일단 받아들일 수 있다면, 결혼생활을 원활하게 해주시는 하나님의 도움도 받아들일 수 있다. 하나님은 그분을 공경하는 가정을 세우도록 당신과 당신의 남편을 돕기 원하신다. 그분의 도움은 당신의 필요들을 채우기에 충분하고도 남는다. "[그리스도]는 너희에게 대하여 약하지 않고 도리어 너희 안에서 강하시니라"_고후 13:3_.

우리 가정에 대한 아내와 나의 목표는 교회에 대한 바울의 목표와 똑같다.

"너희도 성령 안에서 하나님이 거하실 처소가 되기 위하여 그리스도 예수 안에서 함께 지어져 가느니라"_엡 2:22_.

하지만 우리는 어떻게 그런 처소가 되어갈까? 나는 남편의 본분을 충실히 수행해야 하고, 내 아내는 아내의 본분을 다해야 한다. 우리는 가정과 동네에서 하나님의 생명의 아름다움, 하나님의 교회의 아름다움을 증언하고 싶다.

우리에게 그 일은 늘 쉽지만은 않다. 나는 성취욕이 강한 성격이 못된다. 강한 리더가 되어야 마땅하겠지만 늘 그렇지는 못하다. 나는 주도권을 가지기보다는 오히려 일을 되는 대로 내버려 둠으로써 리자를 더 속상하게 하는 편이다. 틀림없이 리자도 이 불완전하고 때로 나약한 남편에게 복종하라는 하나님의 소명에 충실하기가 늘 쉽지만은 않을 것이다. 그러나 우리는 둘 다 하나님의 설계에 헌신되어 있다. 하나님의 계획이 내 성격과 상반되어 보인다 해도 나는 하나님의 계획에 이의를 제기하지 않는다. 오히려 나는 그분의 뜻에 순복하며, 내 타고난 죄성의 나약함을 극복하게 도와 달라고 그분께 구한다.

문제는 나나 리자를 행복하게 해주는 것이 무엇이냐가 아니다. **하나님을 행복하게 해드리는 것이 무엇이냐**가 중요하다. 우리의 삶을 영위하는 기준은 우리를 편하게 해주는 것들이 아니다. 우리는 하나님께 최대의 영광을 돌려드리는 것들, 하나님의 화해의 메시지를 전하는 사명을 성취하게 해주는 것들을 기준으로 삶을 조정하려 한다. 그것이 우리에게 준 기쁨은 모든 일시적인 행복을 훨씬 능가한다.

우리의 삶을 향한 그분의 소명을 이루려면, 우리 둘 다 수시로 하나님 앞에 엎드려야 한다. 20년이 넘게 남편과 아내로 이 삶을 살아오면서 우리는 하나님이 넘치도록 능하신 분임을 경험했다. 또한 에베소서 3장 20~21절 말씀이 진리임도 알게 되었다.

"우리 가운데서 역사하시는 능력대로 우리가 구하거나 생각하는 모든 것에 더 넘치도록 능히 하실 이에게 교회 안에서와 그리스도 예수 안에서 영광이 대대로 영원무궁하기를 원하노라. 아멘."

아내들에게 도전한다. 정말로 남편의 마음을 움직이기 원한다면 우선 이 기도로 시작하라.

"주님, 오늘 제가 어떻게 남편을 도울 수 있을까요?"

돕는 배필들이 피곤할 때

해나는 직장생활을 하면서 유치원에 다니는 딸을 기르고 있는데, 결혼생활에 로맨스가 줄어드는 데 대해 죄책감을 느끼는 때가 있다.

"나는 여섯 시에 일어나 분주히 아침을 준비하고 딸을 준비시키고, 출근하여 8~9시간 동안 일하고, 집에 와서 딸과 함께 시간을 보내고, 온 식구의 먹을 것을 준비하고, 딸을 잠자리에 누인다. 그러고 나면 육체적인 친밀함에 들일 에너지가 거의 남지 않는다."

이런 피로는 당연한 것이다. 스케줄이 말 그대로 넘쳐나는데, 기준에 못 미친다고 아내들에게 죄책감이 들게 하는 것은 잔인한 일이다. 남편을 돕는 주제를 말하면서, 나는 직장생활을 하는 아내들에게 그들이 더 잘하고 있지 못하다고 설변을 늘어놓는 일만은 하고 싶지 않다. 아내가 집 밖에서 일을 하고 있다면 남편은 집안의 다른 요소들이 밀려날 것을 알아야 한다. 아내가 만일 어린 자녀들을 기르고 있고 직장생활을 주 30시간만이라도 하고 있다면, 사실 그거야말로 인생의 이 시점에서 남편을 돕는 방식이다.

남편이 돈을 충분히 벌 능력이나 의지가 없어 아내가 집에 있을 수 없는 경우라면, 남편이 그 상황에 어느 정도 책임을 지고 아내의 짐을 덜어 주어야 한다. 많은 경우에 문제는 아내가 성관계를 할 수 없을 정도로 피곤해진 그 직접적인 이유들이 아니다. 문제는 아내의 피로를 유발하는 우선순위와 생활방식의 선택에 있다.

그러나 이따금씩 희생하면, 역시 진한 감동을 줄 수 있다. 나는 직장생활을 하고 있으므로 내 경우를 예로 들어보겠다. 나도 당신과 똑같은 씨름들에 부딪친다. 주 40시간이 족히 넘게 일하면서 배우자를 충실히 사랑하려 애쓰는 것이다. 하루는 내가 아침에 일어나 내가 늘 결혼생활 세미나에서 다른 부부들에게 권유하는 기도를 드렸다.

"주님, 오늘 어떻게 하면 마치 아내가 전에도 사랑받은 적이 없고 앞으로도 없을 것처럼 그렇게 아내를 사랑할 수 있을까요?"

오래지 않아서, 그날 오후에 있을 물리치료에 내가 딸을 데리고 가야겠다는 확신이 들었다. 4시간이 소요되는 그 일은 평소에는 아내의 몫이었다. 그러나 앉아서 하나님께 기도하면 할수록 그분이 이 일을 내가 하기를 원하신다는 확신이 더 강해졌다. 내 업무 스케줄에 차질이 생길텐데도 말이다.

내 계획을 리자에게 말했더니 아내는 시큰둥하게 "좋을 대로 하세요"라고 대답했다.

솔직히 나는 아내가 이런 식으로 약간은 더 감동할 줄 알았다. "온 세상을 다 뒤져도 당신처럼 너그럽고 사랑이 많은 남자는 없을 거예요. 나를 오후 한나절 쉬게 해주려고 이렇게 자기 근무 시간까지 선뜻 포기하는 사람이잖아요!" 그러나 그런 행운은 없었다. 그래도 이미 하겠다고 했으므로 나는 빠져나올 수 없었다.

오전이 지나면서 리자는 몸이 아프기 시작했다. 점심을 먹은 후에 낮잠까지 잤는데, 평소에 거의 없던 일이었다. 그때 리자의 여동생에게서 전화가 와 우리 집에 방문할 뜻을 밝혔다. 우리는 그 집에 막 이사 온 터라 리자의 동생들 중에 아직 아무도 와본 적이 없었다. 리자는 다음 날 방문할 동생을 위해 집을 정리하고 야단법석을 떨었다.

내가 리자를 사랑할 길에 대해서 기도하고 하나님이 아주 실제적인 방안으로 응답하셨을 때만 해도, 아내가 아프게 될 줄은 우리 둘 다 몰랐다. 하지만 하나님은 아셨다. 리자의 여동생이 전화를 걸어 예기치 않게 방문해도 되겠느냐고 물어볼 줄도 우리 둘 다 몰랐다. 하지만 하나님은 아셨다. 그리고 그분은 나를 통해서 아내를 사랑하기 원하셨다. 그래서 아내의 하루 중에서 큰 뭉치로 들어갈 시간을 비워 주셨다. 나의 희생을 통해서 말이다.

또 한 번은 내가 똑같은 기도를 하고 있는데, 아이들을 깨워 아침을 먹이고 점심 도시락을 손에 들려 학교에 보내는 일을 내가 하고 그 시간에 리자는 푹 자게 해주어야겠다는 느낌이 강하게 들었다. 그런 인도하심에 내 마음은 당혹감이 들었다. 나는 다음 날 어떤 기조연설을 하기로 되어 있어 원고를 작성해야 했다. 게다가 두 개의 워크숍도 기획해야 했다. 또 내게는 이른 아침 시간이 가장 생산적인 시간이다. 하지만 하나님은 내가 이튿날 내 강의를 들을 9백 명의 사람들보다 아내의 필요를 더 앞세워야 함을 분명히 하셨다. 리자는 남은 일주일을 남편 없이 사실상 편모로 지내야 하는 상황이었다. 그래서 리자의 하늘 아버지께서는 리자가 그 일에 치이기 전에 잠시 쉬기를 원하셨던 것이다.

물론 나는 매일 그러지는 못한다. 거의 매일도 아니다. 그래도 하나님이 때로 우리에게, 일을 양보하고 배우자를 돌보라고 하신다는 내 생각에는 변함이 없다. 그 집회에 도착할 때 나는 바람만큼 준비되어 있지는 못했지만, 내 첫째이자 최고의 헌신의 대상은 내게 일을 맡긴 단체가 아니라 아내여야 한다.

마찬가지로 아내인 당신도 하나님이 때로 당신에게, 일을 희생하고 남편을 도우라고 부르실 것을 예상해야 한다. 내 친구 멜로디 로드는 이 부분에서 자주 내게 감동을 준다. 나는 그녀 속에 혁신적인 생각들이 들어 있다고 확신한다. 그러나 그녀는 지금은 가정의 책임들 때문에 적극적인 집필 활동을 자제하기로 했다. 그녀는 일주일에 사흘을 결혼 및 가정 치유자로 일하는데, 거기에 저술 일까지 늘리면 가족들을 사랑하고 돌보는 데 지장이 있을 거라고 믿고 있다. 그러나 나중에 가정에서의 책임들이 줄어들면 반드시 책을 쓸 작정이다.

멜로디와 함께 직장과 가정의 책임에 대해 얘기하면서 나는 그녀의 조언에서 매우 큰 힘을 얻었다. "삶은 타협이다"라고 그녀는 말한다. 우리는 이상을 추구하되 현실 속에 살아야 한다. 물론 가정이 언제나 개인적인 야망보다 앞서야 한다. 어떤 부부들은 아내가 직장생활을 줄이거나 아예 하지 않아도 되도록 생활방식을 철저히 바꾸기로 결정할 수도 있다. 우리 친구들 중 더러는 그렇게 결정한 뒤에 감격스런 결과를 누리고 있다. 물론 그들은 어떤 것들이 없이 지내는 법을 배워야 했다. 하지만 그 결과로 얻은 친밀함과 가족 간의 유대감은 그런 조정이 충분히 가치 있었음을 확증해 주었다.

당신 부부가 어떤 결정을 내리든 그 결정 때문에 두 사람이 서로 더 가까워지기를 기도한다. 자식들을 먹여 살리느라 맞벌이를 하더라도 그 또한 협력이 될 수 있다. 부부가 서로 지지하고, 서로에게 관심을 보이고, 가끔씩 이런 희생으로 배려를 표현한다면 말이다.

이 모든 와중에서, 아내인 당신이 남편 편이며 그가 행복해지고 잘되기 위해 헌신되어 있다는 확신을 그에게 줄 수 있다면, 당신은 한없는 친밀함과 충절을 누리게 될 것이다. 남편을 돕는 **방식**은 각 가정의 상황마다 다르지만, 남편을 돕는 소명만은 그대로다.

오늘 당신은 어떻게 남편을 도울 수 있을까?

더 예쁜 부부관계를 꿈꾸며...

1. 당신의 남편이 낙심에 빠졌거나 취약해졌을 때를 생각해 보라. 당신은 어떻게 반응했는가? 당신이 했을 수 있는 다른 말이나 행동이 있는가? 있다면 무엇인가?

2. 남편을 사랑하고 돕는 법에 대해서 디도서 2:3-4에 따라 나이 든 여자들이 젊은 여자들에게 가르쳐 주어야 할 것을 최소한 세 가지만 꼽는다면 무엇인가?

3. "당신이 자기를 지지하는 것처럼 느껴지지 않으면 남편은 당신의 말을 듣지 않을 것이다." 저자의 이 말을 가지고 토의해 보라. 당신의 경험상 이 말은 사실인가? 아내들은 어떻게 남편과 의견을 달리하면서도 남편을 지지할 수 있을까?

4. 결혼생활에서 하나님이 정해 주신 아내의 역할을 이해하고 적용하는 여자가 누리게 될 영적인 유익들을 친구와 함께 찾아 대화해 보라.

5. 남편에게 육체적, 정서적, 또는 영적으로 정말 도움이 될 일들로 지금부터 당신이 할 수 있는 일을 세 가지만 꼽아 보라.

6. 남편을 도와주면 어떻게 남편에게 영향을 미칠 토대가 다져질 수 있는가?

7. 더 좋은 돕는 배필이 되기 위해 당신의 삶 속에 이룰 수 있는 두세 가지 변화는 무엇인가?

하나님이 결혼에 주신 소명과 책임에 집중하라 07

어느 날 나는 우리 신학교 학생들을 웃긴 일이 있다. 어머니날 설교들과 아버지날 설교들을 비교하면서였다. 전자는 거의 언제나 모성애의 영광과 힘과 경이와 아름다움에 대한 찬가인 반면, 후자는 자신의 책임과 소명을 다하지 못하는 남자들을 책망하는 내용으로 언제나 일관된다.

책임이라는 단어를 논할 때 교회 공동체는 어찌된 이유에선지 대개 주로 남자들을 생각한다. 남자에게 하는 설교들은 거의 언제나 책임에 대해서 말한다. 책임이라는 단어를 여자들에게 사용하는 설교를 나는 단 한 번도 들어본 기억이 없다. 하지만 성경을 읽어보면 그렇지 않다.

디도서 2장 4절에 바울은 나이 든 여자들이 젊은 여자들에게 남편을 사랑하는 법을 교훈해야 한다고 말하면서 신기한 단어를 사용한다. 고든 피 박사에 따르면, "여기 '교훈하다'로 번역된 동사는 … 굉장히 특이한 단어로, 문자적으로 '누군가를 정신 차리게 한다'는 뜻이다." 피 박사는 문맥상 이 동사가 "아내의 책임을 '일깨워 주는' 것 같은" 의미일 수 있다고 말한다.[1]

바울은 여자들의 책임이라는 문제에 예리한 관심이 있었다. 고린도전서에 그가 분명히 밝히듯이, 결혼은 아주 특정한 개인에게 아주 특정한 책임을 부여한다. 그는 여자들이 미혼으로 자유롭게 살 수 있으며 굳이 결혼할 의무가 없지만, **일단 결혼하면** 아내의 의무를 **반드시** 다해야 한다고 단언한다.

고린도전서 7장 3~5절에 다루어진 주제는 구체적으로 성적인 의무이지만, 이 원리는 훨씬 더 광범위하게 적용된다. 바울은 상대방의 동의가 있을 때에만 결혼의 의무에서 벗어날 수 있다고 분명히 말한다. 내가 결혼하던 날 당신이 결혼하던 날 우리는 우리의 몸에 대한 전권을 배우자에게 양도했다. **우리는 배우자에게 책임을 다해야 하는 사람이 되었다.** 이 관계에서 우리의 **본분**이 생겨난다. 나는 남편이기에 어떤 일들은 해서는 안 되는 반면 어떤 일들은 꼭 해야만 한다. 나는 미혼자처럼 행동해서는 안 된다. 결혼하던 날 나의 독신 생활을 버렸기 때문이다. 나는 미래의 '자유'를 버리기로 자진해서 선택했다. 어떤 의미에서 스스로 의무에 예속된 것이다.

예를 들어, 아내가 첫 아이를 가졌을 때 나는 영국에서 박사 과정을 공부할 기회를 사양했다누군가 돈을 벌어야 했으므로. 나중에 세 자녀의 아버지가 되었을 때도 나는 전임 작가로 일할 수 있는 재정적 기반을 닦기까지 여러 해가 걸렸다. 10년 가까이 직장생활 외에 부업까지 해야 했다. 그냥 무턱대고 '내 꿈을 추구할' 수는 없었다. 40대 때에 나는 어느 신학교의 주재駐在 작가가 되어 달라는 아주 매력적인 제의를 사절했다. 내가 남편이요 아버지이기 때문이다. 내가 그 자리를 수락했다면 가족들은 자신들이 원하지 않은 곳으로 이사를 가야 했을 것이다. 비슷한 시기에, 나는 흔히들 미국에서 가장 영향력 있는 교회라고 말하는 곳에서 일할 엄청난 기회도 고사했다. 우리 아이들의 삶이 힘들어질 것이기 때문이었다. 내가 이런 얘기를 하는 것은 아내뿐 아니라 남자와 여자, 남편과 아내, **양쪽 다** 배우자와 자녀를 위해 희생할 의무가 있다는 말이다.

하지만 우리는 책임보다 이기심을 칭송하는 문화 속에 살고 있다. 책들과 영화들은 헌신과 상관없이 "마음 내키는 대로 하라"고 우리를 부추긴다. 우리는 책임의 아름다움, 성실성의 영광을 되찾아야 한다. 슈퍼모델은 20대 초반에 절정기에 달하지만, 경건하고 책임감 있는 여자의 아름다움은 세월이 더할수록 더 깊어진다. 어떤 여자들은 스러져가는 과거를 붙잡으려 헛수고를 하지만, 어떤 여자들은 새로운 미래를 빚어가는 기쁨을 누린다. 이 모두는 그들이 무엇을 가장 중시하느냐에 달려 있다.

우리가 책임을 중요시하는 마음을 잃은 탓에 가정들이 무너지고 있다. 대신 우리는 짜릿한 로맨스에 매혹된다. 우리의 감정도 하나님이 지으신 것이므로 감정은 분명히 선한 것이며, 홀딱 반하는 마음 이면에는 분명히 하나님의 목적이 있다. 그러나 불행히도 우리는 로맨스 탐욕가들이 되었다. 로맨스가 올 때에 감사하는 대신, 우리는 그것을 탐하고 요구하며 아예 그것을 중심으로 살아간다. 우리는 충절과 헌신과 책임에서 오는 더 한결같은 만족을 경험할 기회를 자신에게 좀처럼 주지 않는다.

그리하여 우리는 하나님이 평생의 헌신된 결혼생활을 통해 의도하신 것들을 누릴 준비가 부실하다. 결혼생활은 어렵다. 본인의 자발적 선택이 없이는 결코 누구에게도 결혼생활의 책임을 강요해서는 안 될 만큼 어렵다. 하지만 일단 그 관계를 선택했으면 우리는 그 관계가 요구하는 역할들을 수행해야 한다. 일단 아내나 남편의 책임을 맡기로 결정했으면, 다른 책임들이 거기에 자연히 딸려온다. 게다가 자녀까지 생기면 상황은 완전히 새로운 국면으로 접어든다.

한 여자의 힘이 가정과 나아가 국가에까지 중대한 변화를 가져올 수 있음을 나는 직접 보았다. 때로는 한 여자의 강인함 때문에 남자들이 오히려 부끄러워져서 책임을 감당하게 되기도 한다. 이스라엘의 지도자가 된 드보라가 생각난다. 왕의 마음을 움직인 에스더도 있다. 영국의 전 수상 마가렛 대처는 동시대의 남자들에게, 한마디로 지금은 편하게 안주할 때가 아니라고 말했다. 그녀의 남자 동료들은 공산주의에 제대로 맞서려면 강골이 되어야 했다.

책임감 있는 아내들은 우리 문화에는 큰 의미가 없을지 모르지만,

영적인 의미는 아주 깊고 귀하다. 역설적이게도, 자신의 행복과 만족감과 자존심에 집착하기보다 성실히 책임을 다하는 여자들이 많을수록, 진정한 행복과 만족을 누리는 여자들이 훨씬 많아진다. 그리고 교회와 세상도 훨씬 튼튼해진다. 예수님은 하나님의 나라와 그분의 의를 **먼저** 구하라고 말씀하신다. 우리가 그 둘을 추구하면 '이 모든 다른 것'들을 우리에게 더하실 것이다 마 6:33.

무책임 앞에서도 책임을 다한다

나의 자녀들은 나한테서 이 말을 듣는 데 이골이 났을 것이다. "너희가 죄를 지으려는 유혹을 가장 강하게 느낄 때는 남이 먼저 너희에게 죄를 지을 때다. 하지만 그들의 죄 때문에 **너희의** 죄가 정당화되는 것은 절대로 아니다."

이것은 동기간에 못지않게 부부간에도 사실이다. 남편의 무책임에 당신도 무책임으로 맞선다면, 그것은 불난 데 부채질하는 꼴이다. 상황을 그만큼 더 격화시키고 악화시킬 뿐이다. 성경은 그보다 더 도발적인 방법을 권한다. 사랑으로 악을 이기라. 책임으로 무책임을 부끄럽게 하라.

친절이 잔소리나 불평이나 경멸보다 훨씬 더 효과적으로 악을 멸한다는 것은 영적인 진리다. 잊지 말라! 하나님은 우리가 그분께 반항하는 원수였을 때 은혜로 우리의 마음을 얻으셨다. 하나님은 그분이 이미 몸소 행하지 않으신 일은 우리에게 그 무엇도 요구하지 않으신다. 그런 하나님이 우리에게 다른 사람의 무책임 앞에서도 사랑할 책임이 있다고 말씀하신다.

베드로는 이렇게 썼다. "악을 악으로, 욕을 욕으로 갚지 말고 도리어 복을 빌라. 이를 위하여 너희가 부르심을 받았으니 이는 복을 이어받게 하려 하심이라"벧전 3:9. 들었는가? 우리는 악을 복으로 갚도록 부름 받았다. 내게 죄지은 사람을 놓고 '방금 내게 상처 준 이 사람을 어떻게 축복할 수 있을까?' 라고 생각하는 것은 인간의 본성이 아니다. 하지만 영적으로 강력한 이 연습에는 아주 효과적인 결과가 따른다. 남이 어떻게 행동하든 상관없이 우리의 반응에 대해서만은 우리가 하나님 앞에 책임을 져야 한다.

바울은 로마 신자들에게 보낸 편지에 이 점을 자세히 설명한다. "너희를 박해하는 자를 축복하라. 축복하고 저주하지 말라"롬 12:14. 이어서 그는 잠언을 인용한다. "네 원수가 주리거든 먹이고 목마르거든 마시게 하라. 그리함으로 네가 숯불을 그 머리에 쌓아 놓으리라"롬 12:20, 잠 25:21~22 참조. 예수님도 사실상 똑같이 말씀하셨다. "너희 원수를 사랑하며 너희를 박해하는 자를 위하여 기도하라. 이같이 한즉 하늘에 계신 너희 아버지의 아들이 되리니"마 5:44~45.

성경은 결혼한 사람들에게 놀랍도록 적절하고 실제적인 책이다! 성경은 우리에게 죄를 짓거나 상처를 입힐 사람이 아무도 없다는 듯이 행세하는 탁상공론의 책이 아니다. 반대로 성경은 남들이 우리에게 죄를 짓고 상처를 입힐 것을 단언하며, 이어 아주 구체적이고 실제적인 조언으로 우리로 하여금 거기에 적절히 반응하도록 도와준다. 우리는 우리에게 상처 주는 사람들을 축복한다. 하지만 여기에 조건이 있다. 남자의 혈기에 대해서 다룬 11장을 참조하기 바란다. 나는 어떤 아내도 구타를 참아야 한다고 생각하지 않는다. 우리의 원수로 행하는 사람들을 먹여 준다. 시간이 지나면, 그런 실천이 대개 논쟁이나 불평이나 험담이나 이혼의 위협보다 훨씬 더 성공적으로 구속救贖의 변화를 일으킨다.

책임의 아름다움은 힘들고 추한 상황 속에서 더없이 밝게 빛난다.

하지만 설사 이 방법에 결과가 나타나지 않는다 해도, 하나님은 우리 그리스도인들을 거기로 부르신다. 그 점이 가장 중요하다. 나는 여기에 대한 린다 딜로우의 말이 참 좋다.

> 당신이 피해나 상처를 입을 때 축복으로 반응하면 당신의 남편이 변화될 거라고 나는 장담할 수 없다. 당신에게 행복한 삶과 개인적 만족을 장담할 수 없다. 그러나 당신이 그리스도인으로서 자신의 목적과 소명대로 살고 있다는 것만은 장담할 수 있다. 당신은 하나님의 뜻에 순종하고 있으며 순종에는 평안이 있다. 당신이 그런 식으로 반응해야 하는 첫 번째 이유는, 바라던 남편의 변화를 얻어내기 위해서가 아니라 하나님이 당신에게 그런 반응을 원하시기 때문이다.[2]

내가 하나님의 계획대로 반응하면 설령 나한테 죄지은 사람이 변화되지 않더라도 **나는** 변화된다. 어느 경우이든 승리다. 내가 앙심으로 반응하여 악으로 악을 갚으면, 대개 두 가지 일이 벌어진다. 둘 다 부정적인 일이다. 상황은 악화되고, 나는 원한과 원망이 더 많아지고 그리스도를 닮은 모습에서 더 멀어진다. 기독교 신앙의 뛰어난 점은 하나님이 건강한 결혼생활 못지않게 건강하지 못한 결혼생활 속에서도 당신을 성장시키실 수 있다는 데 있다. 그분은 풍부할 때나 궁핍할 때나, 편안할 때나 스트레스 중에나, 친밀할 때나 외로울 때나 당신을 빚으실 수 있다. 그분과의 친밀함이야말로 우리가 평생 알거나 경험할 수 있는 가장 값진 보상이다.

들어올리는 무게를 하루 걸러 약간씩 높여 근육이 조금씩 튀어나오듯이, 책임의 아름다움도 사소해 보이는 것 같은 작은 결정들을 한 주 두 주 내리는 사이에 서서히 빚어져 피어난다.

당신의 남편을 변화시키고 싶은가?

불완전한 남자를 인내로 섬기며 아내의 책임과 헌신을 다함으로써 남편을 '발전시켜' 준다는 이 개념은 사실 아주 오래된 조언이다. 유명한 신학자이자 도덕가인 에라스무스[1466~1536]는 중세시대에 살았다. 그의 《대화집》에 '결혼'이라는 부분이 있는데, 거기에 보면 두 여자가 각자의 남편에 대해 나누는 대화가 기록되어 있다. 한 여자는 자기 남편을 못된 사람으로 얘기한다. 그는 아내에게 좋은 옷을 입혀 주지 못한다. 그는 게으르다. 그는 집에 술 취해 들어와서는 침대에 토하기까지 한다. "그런 남편하고 자느니 차라리 돼지들하고 같이 자겠다"고 그녀는 말한다.

남편의 저속한 행동과 행색에 맞서 그녀는 그에게 욕하고 어떤 때는 때리기까지 한다. 그에게 소리를 지르고 욕을 퍼부으며 그를 깎아내린다. "남편이 아내 대접을 안 해주면 나도 남편 대접을 안 하겠다"[3]고 그녀는 설명한다. 사실상 이런 말이나 같다. "그가 남편으로서 책임을 다하지 않으면 나도 아내로서 책임을 다하지 않겠다."

이것은 흔하지만 종종 관계에 치명적인 태도다.

그녀의 친구는 그런 남자와의 결혼생활은 정말 힘들겠다고 수긍하면서도, 그러나 그녀가 나쁜 상황을 더 악화시키고 있는 것은 아닌가 염려한다. 그 친구는 말한다. "우선 기억해야 할 것이 있어. 그가 어떤 사람일지라도 너는 네 남편을 참아야 해. 왜냐하면 우리의 공손함 덕분에 행동을 고치거나 조금이라도 유순해지는 남편을 참는 편이 우리의 야박함 때문에 날마다 더 악화되는 남편을 참는 것보다 낫기 때문이야."[4]

아주 실제적인 이 조언은 비록 오래된 것이지만 이 시대에도 적용할 부분이 많다. 정말 당신은 까다로운 남자와 결혼했을 수 있다. 하지만 당신의 반응이 상황을 더 악화시키고 있지는 않은가? 당신은 상황을 조금이라도 더 견딜 만하게 만드는 쪽으로 반응하고 싶은가? 아니면 그냥 자신의 분노에 져서 계속 상황을 악화시키겠는가? **당신이 책임을 다하면** 그 아름다움이 아마 남편에게 옮겨갈 것이다. 하지만 설사 그렇지 않더라도 당신의 집은 좀더 유쾌한 곳이 된다. 또한 적어도 그것은 당신의 자녀들에게 하나님을 경외하는 삶이 어떤 것인지 보여주는 간증이 된다. 당신이 자녀들에게 경건한 아버지와 어머니를 줄 수 없다면 최소한 경건한 어머니라도 주라.

잊지 말라. 예수님의 권고는 과격하다. 우리는 사랑할 마음이 안 생기는 사람들까지도 사랑할 책임이 있다^{눅 6:32~36 참조}. 그런 사랑은 기적처럼 변화를 일으킬 수 있다.

"너는 네 남편을 술에 찌든 사람에서 술을 끊은 사람으로, 씀씀이가 헤픈 사람에서 검소한 사람으로, 게으른 사람에서 일하는 사람으로 변화시키고 싶니?" 에라스무스의 책에 나오는 지혜로운 여자가 친구에게 묻는다.

"물론 그러고 싶지만 그런 기술을 어디서 찾는단 말이야?"

"그런 기술은 이미 네 안에 있어. 네가 기꺼이 활용하기만 한다면 말이야. 좋든 싫든 그는 네 사람이야. 그건 기정사실이지. 남편을 더 나은 사람이 되게 할수록 네 삶이 더 행복해질거야. 그런데 너는 남편의 단점만 보고 있어. 그러니까 더 정이 떨어지지. 그렇게 해서는 남편을 붙잡으려 해도 잡히지 않아. 오히려 남편의 좋은 점을 봐야 해. 그런 식으로, 남편이 잡힐 만한 데를 붙잡아야 해. 남편의 잘못을 따지는 것은 그와 결혼하기 전에 해야 해. 남편을 고를 때는 여러모로 깐깐하게 살펴봐야 하지만, 이미 결혼했다면 지금은 남편을 비난할 때가 아니라 발전시켜 줄 때야."[5]

나는 그 말이 참 좋다. "지금은 남편을 비난할 때가 아니라 발전시켜 줄 때야"! 이것은 강력한 인정이다. 이제 남편과 뗄 수 없는 사이가 되었고, 하나님은 여전히 당신의 책임과 헌신을 다하라고 당신을 부르실 것이다. 그러니 이제 어찌할 것인가? 불행 속에 그냥 뒹굴 것인가? 아니면 결혼생활을 좀더 좋아지게 하기로 결단할 것인가? 결혼생활은 끝내 당신이 한때 꿈꾸던 것만큼은 좋아지지 않을지 모른다. 하지만 지금보다는 좋아지게 할 수 있지 않은가? 당신은 일어나 이 책임을 선택할 것인가? 아니면 뒤로 움츠러들어 상황이 더 악화되게 놔둘 것인가?

그 좌절한 아내는 변화의 과정이 얼마나 걸리겠느냐며 계속 불평을 늘어놓는다. 그러자 친구가 부드럽게 꾸짖는다. "남편은 네 평생을 즐겁게 함께 보낼 수 있는 사람인데, 그런 남편을 고치기 위한 수고를 마다해서야 되겠니? 사람들이 말 한 마리를 훈련하는 데 얼마나 많은 수고를 들이니? 하물며 남편을 더 온순한 사람이 되게 하는 일이니 수고가 필요한 게 당연하지 않겠니?"

"그럼 내가 어떻게 해야 될까?"

"먼저 집을 깨끗하게 정리하렴. 남편을 집 밖으로 내몰 만한 문제가 없도록 해야 해. 남편한테 싹싹하게 대하고, 아내로서 남편에게 마땅히 보여야 할 존경심을 보이기 위해 애쓰렴. 침울한 모습과 짜증은 절제해야 해. 집을 늘 산뜻하게 유지하고, 남편의 입맛에 맞는 남편이 좋아하는 음식을 요리해 주렴. 남편의 친한 친구들에게도 친절히 예의를 갖춰 대하고 … 집에서 매사가 즐겁고 유쾌하게 생각하고, 남편이 얼근히 취해 기타를 퉁기거든 노래로 장단을 맞춰 주렴. 그러면 남편은 집에 있는 데 익숙해질 것이고, 네 생활비도 절감될 거야. 결국 남편은 이런 생각이 들 거야. '훨씬 훌륭하고 나를 훨씬 좋아해 주는 아내가 집에 있는데 바깥에서 딴 사람들에게 내 돈과 평판을 낭비한다면 나는 바보다. 아내한테서 더 우아하고 더 호화로운 환영을 받을 수 있는데 말이다.'"

당신이 직장 여성이라면 이 조언을 수정해야 한다. 하지만 그 배후의 정신은 똑같다. 긍정적인 태도를 유지하라. 남편을 원망하지 말라. 당신이 힘들게 번 수입의 일부로 가끔씩 남편에게 그가 가장 좋아하는 스포츠 행사의 입장권을 사줄 수도 있다. 그를 축복하고 그의 삶을 더 즐겁게 해 주기로 결단하라. 남편의 실제적인 돕는 배필이 되라는 하나님의 소명에 책임을 다하라.

그 아내는 마침내 한번 해보겠다는 확신이 들어 친구에게 말한다.

"우리의 노력에 그리스도께서 은총을 베푸시기를!"

친구는 이렇게 대답한다. "그러시고말고—네가 네 몫만 한다면!"[6]

물론 요즘의 결혼관에 비하면 구식처럼 들리는 대화지만, 이 일화 속에 많은 진리가 묻혀 있다. 남편을 더 좋은 성품과 경건함 쪽으로 움직이려면 정말 많은 노력이 필요하고 여러 해가 소요될 수 있다. 나는 많은 이혼한 사람들과 대화해 보았는데, **이혼의 선택**에 수반되는 수고와 상심과 고통은 당신이 상상할 수 있는 것보다 훨씬 크다. 나와 얘기한 이혼자들 거의 모두가 내게 부탁한 말이 있다. 이혼의 고통과 상심과 재정적 손실을 감당하는 데 들어갈 시간과 노력, 적어도 그만큼의 시간과 노력을 들여 결혼을 살려보라고 사람들에게 촉구해 달라는 것이다.

당신의 남편을 돕기

이런 책들에는 대개 이 대목에서 '통계수치'가 나온다. 남자의 98퍼센트가 말하는 자신들의 가장 큰 필요는 무엇무엇이다. 남자의 88퍼센트는 자기 아내가 이러이러하게 해 주었으면 좋겠다고 말한다. 하지만 이 책에는 그런 통계수치가 없다. 진정한 도움은 개인적이고 개별적인 작업이라고 믿기 때문이다. 대다수의 남편이 원할지라도 **당신의** 남편이 원하는 게 아니라면 아무 의미가 없다. 통계수치를 따지는 대신 당신은 당신의 남편이 아내에게 가장 원하는 것이 무엇인지 알아내야 한다.

예를 들어보자. 나는 조깅 장비를 살 때만 빼고는 쇼핑이라면 질색이다. 한번은 내가 새 시계를 찾고 있었다. 그런데 리자가 어떤 신문광고를 찢어서 내게 주며 물었다. "이거 어때요?" 내 마음에 쏙 들었다. 나는 그것을 가지고 가게에 가서 쇼핑 시간 120초 만에 그 시계를 구입했다. 내가 시계방 점원에게 사진을 넘겨주자 그는 시계를 주문했고 나는 일주일 만에 찾아왔다. 조금도 둘러볼 필요조차 없었다.

그날 나는 **정말로** 아내가 사랑스러웠다.

다른 남자들은 실제로 쇼핑을 좋아할 수도 있다. 그러니 그들은 당신에게 다른 것을 원할 수 있다. 각 개인에게 맞추는 것이 열쇠다.

단순히 남편을 도와주는 것보다 유대가 더 깊어지는 일이 또 있을까? 내가 알기로는 없다. 미모는 어차피 시든다. 그러나 책임은 그 힘과 능력과 분별과 지혜에서 자라간다. 인생의 참된 동반자로서 당신의 소명을 충실히 다하면, 그것이 어떤 신체적 매력보다도 더 부부

사이를 돈독하게 해준다.

바로 어제, 내가 도서관에 있는데 아내한테서 전화가 왔다. 아내는 내가 가칭 《빈둥거림의 사역》이라는 책을 쓰려고 자료를 모으고 있음을 알았다.

"여보." 아내가 말했다. "당신이 빌려올 책이 있어요. 《코리 텐 붐의 침묵의 5년》. 방금 이 책에 대해서 읽었는데 당신의 책에 활용할 자료가 여기 들어있을 것 같아서요." 이럴 때면 나는 정말 내조 받는 남자가 된 기분이다.

당신은 남편이 찾고 있던 물건을 인터넷 경매 사이트에서 우연히 보았는가? 남편이 좋아하는 운동선수에 관한 정보를 남편에게 전해 주는 것은 어떤가? 어쩌면 스타벅스의 음료로 남편을 놀래 주거나 또는 그냥 남편의 머리를 짓누르던 집안일엔진오일 교환, 셔츠 다림질 등을 해 줄 수도 있다. 당신은 남편의 돕는 배필이라는 자신의 소명에 책임을 다하고 있는가?

오늘밤 남편에게 이렇게 물어보라. "직장에서 당신을 가장 힘들게 하는 것은 뭐예요?" 당신이 그 문제의 해결을 도와줄 길을 찾아낼 수 있다면, 깊은 긍정적 영향을 미칠 토양을 다지는 것이다. 직장생활을 하는 아내들의 경우에 특히 더 그렇다고 본다. 당신은 시간이 부족해서 남편을 도울 역량이 제한된다. 하지만 한두 가지 정말 전략적인 방법을 찾아 남편의 삶을 좀더 원활하게 해줄 수 있다면, 당신은 남편의 애정을 굳히는 것이다. 그 일을 1년에 한두 번만 해도, 결혼생활 30년이 지나면 당신은 평생 동안에 베풀 실제적인 배려를 쌓아온 셈이다. 또한 남편을 힘 빠지게 하는 일은 아마 60~70가지쯤 없어졌을 것이다. 그 과정에서 당신은 넘치는 감사와 그에 상응하는 친밀함을 구축했을 것이다.

남녀의 새 역할에 관한 작금의 담론들은 어김없이 부부의 역할에 관한 생각을 왜곡하고 있다. 그래서 나는 젊은 여자들에게 자신의 인생을 향한 하나님의 소명을 분별하라고 촉구한다. 여자가 꼭 결혼해야 한다는 말은 성경 어디에도 없다. 사실 바울은 그들이 경우에 따라 미혼의 삶을 심각하게 고려해야 한다고 권하기까지 하는 듯 보인다. 하지만 일단 결혼했으면 그때는 영적으로 결혼생활의 의무와 책임을 감당해야 한다. "형제들아, 너희는 각각 부르심을 받은 그대로 하나님과 함께 거하라"고전 7:24. 아내들의 경우에는 돕는 배필이 된다는 뜻이다.

결혼해 놓고서 결혼한 상태를 싫어하는 것은 영적으로 건강하지 못한 일이다. 역사에는 하나님의 세상과 하나님 나라를 위해서 놀라운 일들을 한 독신 여성들이 넘쳐난다. 하나님은 또한 기혼 여성들도 많이 쓰셨다. 하지만 당신이 만일 대통령에 출마하거나 CEO가 될 작정이라면, 어떤 남자와 결혼하고 어떤 가정을 이룰 것인가에 대한 당신의 결정에 그 점이 충분히 반영되어야 한다.

결혼은 본분과 소명과 헌신을 요구한다. 당신이 책임을 진지하게 받아들여 그 셋을 각각 다한다면, 가장 풍성하고 보람된 삶을 살게 될 것이라고 굳게 믿는다.

참으로 남편에게 영향을 미치기 원하는가? 그렇다면 책임감 있는 아내가 되라. 세상은 당신의 노력에 박수를 치지 않을지 모르지만 하나님은 당신에게 보상하실 것이다. 또한 남편도 당신을 칭찬할 것이다. 물론 '책임감 있는 아내'는 별로 섹시하게 들리지 않는다. 장담컨대 이런 표현을 써서 황금시간대 텔레비전 드라마를 제작하는 일은 절대로 없을 것이다. 그러나 이 개념은 성경적으로 중요하고 강력하며 생명력을 준다. 책임은 당신의 가정과 마음에 영적인 아름다움의 기쁨과 감격을 가져다줄 것이다.

더 예쁜 부부관계를 꿈꾸며...

1. 디도서 2장 4절 말씀은 나이 든 여자들이 젊은 여자들에게 아내의 책임을 '일깨워 줄' 필요가 있다는 가르침일 수 있다. 그렇다면 가장 흔히 '일깨워 주어야' 할 부분들은 무엇이라고 보는가?

2. 저자는 '우리가 책임을 중요시하는 마음을 잃은 탓에 가정들이 무너지고 있다'고 역설한다. 요즘 그런 일이 어떤 식으로 벌어지고 있는가?

3. 오늘날 대부분의 여자들은 책임감이 더 깊어져야 한다는 생각을 중시하는가? 아내들은 실제로 어떤 것들을 가장 중시하는 경향이 있는가?

4. 무책임한 남편 앞에서 책임감 있게 행동하려면 무엇이 가장 어려운가? 당신의 적절한 반응을 돕고자 7장에 나온 조언은 무엇인가?

5. 당신의 태도나 말이나 행동이 남편을 오히려 더 무책임하게 행동하도록 부추기는 면은 혹시 없는가? 당신이 고려하거나 힘쓸 만한 더 유익한 접근 방법은 무엇일까?

6. 남편의 삶의 장기적인 변화를 위해 참을성 있게 기초를 다지고 있는 여자들을 다른 여자들이 어떻게 격려해 줄 수 있을까? 아내의 인내심 부족은 어떻게 남편의 장기적인 성품 개발에 방해가 될 수 있는가?

7. 남편의 어느 한 약점에 대한 반응으로, 당신이 개발할 수 있는 긍정적인 요소는 무엇인가? 예컨대, 너무 밖으로 나도는 남편을 위하여 집을 남편이 있기가 더 즐거운 곳으로 만들 수 있다.

8. 좀더 책임감 있는 아내가 되기 위해서 당신에게 가장 성장이 필요한 부분은 어디인가?

남자의
뇌를 알면
답이
보인다 08

　해마다 겨울이면 수많은 코치들이 고등학교 졸업생들을 자기네 캠퍼스로 유인하려고 어마어마한 돈과 시간을 쏟아 붓는다. 목표는 딱 하나, 전국 최고의 대학 풋볼 팀을 만들기 위해서다. 한마디로 이들 코치들은 사람의 마음을 움직이는 데 도사다. 그들은 사람의 마음을 끌고 동기를 부여할 줄 알아야 한다.

　오클라호마 코치였던 배리 스위처는 탁월한 스카웃 솜씨로 유명하다. 한 번은 텍사스에 간 그가 어떤 학생의 집으로 들어가는데, 마침 쓰레기통에 가득 찬 펄^{Pearl} 맥주 캔이 보였다. 학생의 아버지가 거실에 들어와 코치 스위처에게 인사하면서 맥주를 마시겠느냐고 물었다.

"펄이 있다면 좋습니다." 스위처가 대답했다.

그날 코치 스위처의 스카웃은 성사되었다.

여자가 남자 코치를 오해하는 전형적인 사례가, 라이스 대학교 풋볼 코치 켄 햇필드가 어느 고등학교의 펀터^{풋볼에서 공을 놓쳤을 때 땅에 닿기 전에 차내는 선수를 말한다─옮긴이}의 집을 방문했을 때에 벌어졌다. 부모와의 긴 대화중에 햇필드는 남자들이라면 누구나 금방 알아들을 말을 했다. 햇필드가 지금 스카웃하려는 선수가 펀터임을 잊지 말라. 펀트란 우리 팀의 공격이 실패하여 공을 상대 팀에게 포기한다는 뜻이다. 그래서 코치는 별 생각 없이 말했다. "내년에 아들이 뛸 일이 많지 않기를 바랍니다."

"그게 무슨 말이죠?" 어머니가 물었다. 말투에 놀란 기색이 역력했다.

"어머님, 풋볼의 목표는 터치다운이니까 펀터가 뛸 일이 많지 않았으면 좋겠다 그 말이지요."

학생의 어머니는 그 말에 기분이 상해서 말했다. "이 학교에 안 가겠어요. 우리 애가 많이 뛸 수 있는 다른 곳으로 가겠어요."

햇필드는 자기 팀이 스카웃 기회를 놓친 것 못지않게 그 학생에 대해서도 안타까운 마음이 들었다. "그 애는 정말 ^{우리 학교에} 오기를 원했다."[1]

남자에게 영향을 미치려면 남자의 언어로 말할 줄 알아야 한다. 결혼생활의 많은 문제는 부부간의 어떤 이슈 때문이 아니라 남녀 간의 이해 부족 때문에 생겨난다. 이번 장에서는 남자의 입장에서 남자의 사고에 대한 '내적인 정보'들을 알려주려 한다. 남편과 더 잘 소통하고 남편을 더 잘 이해하는 법을 아내들이 배울 수 있기를 바란다.

남자의 뇌

현대 과학은 '천성 대 교육' 논쟁을 없애버렸다. 그리 오래지 않아 일부 단체들은 남아들과 여아들 사이에 선천적인 차이가 전혀 존재하지 않는다고 주장했다. 그들의 주장에 따르면, 여아들이 인형과 대화와 로맨스를 택하는 경향이 있는 반면 남아들이 전쟁과 이상한 소리와 경쟁에 고착되는 것은 전적으로 그들이 저마다 그렇게 양육되었기 때문이다.

그러나 이것은 지난 10년 동안 신경과학을 통해 반증되었다. 아기가 세상에 태어나기 한참 전, 즉 모태에 안전하게 싸여 있을 때부터 남자 아기의 뇌에는 테스토스테론이 퍼부어진다. 반면 여자 아기는 여성 호르몬을 더 많이 받는다. 아기의 출생 전 3~6개월 사이에 호르몬들이 그 작은 뇌를 형성하기 시작하며, 앞으로 그 개인이 세상과 상호작용하게 될 방식에 영향을 미친다. 물론 남자도 여성 호르몬을 얼마큼 받고 여자도 테스토스테론을 얼마큼 받는다. 하지만 임신 6개월쯤 되면 그런 호르몬의 양이 아기 뇌의 특징을 결정한다남자가 받는 테스토스테론은 여자보다 최고 20배에 달한다. 엄마나 아빠에게 아기를 '사회화할' 기회가 주어지기 3개월 전에 이미 그렇다. 물론 신경과학자들이 말하는 '중간 뇌

남자와 '중간 뇌' 여자도 존재한다. 남성적 또는 여성적 뇌로 기우는 우리의 성향은 연속선상에 나타나며, 따라서 특징이 결정되는 정도도 다양하다. 그러나 이 경우에도 '중간 뇌' 남자가 '중간 뇌' 여자보다 테스토스테론이 더 많다.

그러므로 남자의 뇌는 여자의 뇌와 기능이 크게 다르다. PET양전자 방출 단층촬영 검사, MRI자기공명 영상 검사, SPECT단일광자 방출 단층촬영 검사는 성 차이가 주로 천성이 아니라 교육으로 결정된다는 이상하고 잘못된 개념을 증폭시켰다.[2] 물론 뇌는 점진적으로 발달되기 때문에, 어떤 틀에 꿰어 맞추면 오류에 빠질 수 있다. 하지만 대체로 변하지 않는 요소들도 있다. 예를 들어, 남자의 뇌에는 대체로 세로토닌이 여자의 뇌보다 적다. 세로토닌은 사람을 진정시키는 물질이므로, 남자들은 더 욱하여 충동적으로 행동하기 쉽다. 놀랐는가? 아마 아닐 것이다.

또 다른 예가 있다. 남자의 뇌에는 옥시토신도 더 적다. 마이클 거리언은 이렇게 말한다.

> 옥시토신은 생물학자들이 말하는 '친구가 되어 보살피는' 본능의 일부로 흔히 '공격 아니면 도피' 본능과 대조된다. 옥시토신 양이 많을수록 사람의 공격성이 낮아지는 경향이 있다. 뿐만 아니라 옥시토신 양이 많은 사람은 좀더 즉각적이고 직접적으로 공감을 보이는 경향이 있으며, 유대와 공감을 더 쉽게 뇌의 언어중추와 연결시킨다. 그래서 "기분이 어떠냐?"라든지 "괜찮으냐?"라고 묻는다.[3]

당신의 남편이 이를테면 당신의 언니나 어머니나 딸이나 친한 친구보다 당신의 감정적인 고통에 주파수를 잘 못 맞추고, 자신의 관심사를 말로 잘 표현하지 못하는 이유는 무엇인가? 뇌의 작동 방식이 여자의 뇌와 다르기 때문이다. 그에게는 애정을 말로 연결시켜 이것저것 물어봐 준다는 생각이 들지 않는다. 당신의 남편이 입양 자녀나 심지어 친자녀와도 유대를 형성하는 데 더 오래 걸리는 이유는 무엇인가? 그의 뇌에 '유대감을 이루는' 화학물질이 덜 들어있기 때문이다. 남편도 결국은 거기에 도달하겠지만 시간이 더 걸릴 수 있다.

남자의 뇌는 또 여자의 뇌보다 더 많이 '쉬어야' 한다. 그래서 남자들은 '정신적인 낮잠'을 자는 경향이 더 높다.[4] 남자들이 텔레비전 화면에 강하게 끌리면서도 한 프로그램에 집중하기보다는 계속 채널을 돌리는 이유는 무엇인가? 뇌가 피곤해지기 때문이다. 하루가 끝나면 보통 남자들은 구성이나 줄거리나 인물 전개를 원하지 않는다. 도피를 원할 뿐이다 건물이 폭파되고 차들이 짜부라지고 타이어에서 끽 소리가 나는 장면들을 떠올려 보라. 그러는 내내 **당신의** 뇌는 혈류가 15퍼센트가 더 많다 밤에도 여전히 작동하고 있고, 그래서 복잡한 프로그램을 더 잘 소화할 수 있다.

잊지 말라. 유독 당신의 남편만 그런 게 아니라 남자들은 전반적으로 그렇다. 남편이 남자라는 이유로 남편을 흠잡거나 원망하지 않도록 조심하라! 거리언은 말한다. "우리들 대부분이 이성과의 관계 속에서 직관적으로 배운 것처럼, 뇌의 남성성이나 여성성은 많은 사람들이 바라는 것만큼 그렇게 변할 수 있는 게 아니다."[5]

좀더 전문적인 논의를 원하거든 거리언의 책《남자의 사고의 작동 방식》*What Could He Be Thinking? How a Man's Mind Really Works*을 읽어보기 바란다. 여기서는 이렇게 말하는 것으로 충분하다. 당신이 정말로 남편에게 동기를 심어주고 그와 소통할 뿐 아니라 그와 함께 만족스런 결혼생활을 누리고 그와 함께 건강한 자녀를 기르기 원한다면, **남편이 여자처럼 행동하거나 생각할 거라는 기대를 버리라.** 그는 그렇게 할 수 없다.

그렇게 해서도 안 된다.

당신이 언니나 친한 친구나 어머니한테 말할 때 사용하는 모든 화법과 기술에서 벗어나라. 남자의 사고는 기능이 아주 다름을 인식하라. 물론 일부 유사성도 존재한다. 그래서 몇 가지 소수의 것들은 서로 통한다. 그러나 당신이 만일 당신의 평생의 친한 친구나 언니나 어머니가 말하는 것처럼 남편도 당신에게 그렇게 말해 주기를 기대한다면, 그것은 불공평한 처사다. 당신은 실망할 것이다. 그리고 아마도 불행해질 것이다.

《사랑과 행복 그 이상의 결혼 이야기》좋은씨앗에서 나는 결혼생활의 문제는 대부분까지는 몰라도 많은 부분이 두 개인 사이가 아니라 두 성 사이에 생기는 거라고 역설했는데, 거기에 대한 긍정적인 반응들이 많이 답지했다. 이혼과 재혼으로 결코 많은 문제가 해결되지 못하는 이유도 거기에 있다. 남자는 여전히 여자와 결혼하며, 두 사람 다 이 현실을 받아들이지 않는 한 엄청난 긴장이 계속된다. 사실 재혼이 초혼보다 더 성공적이었다면, 그것은 대개 한 쪽이나 양쪽 모두가 마침내 '깨닫고,' 남자란 또는 여자란 본래 그런 존재임을 받아들였기 때문일 것이다. 이 교훈을 첫 결혼에서 배우는 것이 건강에 훨씬 좋고 또한 훨씬 경제적이다.

당신이 이 책에 나오는 다른 모든 전략을 받아들이고 적용해도, **여전히** 남편을 친한 친구나 딸한테 하듯이 대한다면 실패할 게 뻔하다. 여자들이 남자에 대해서 쓴 책들을 보면 일부 핵심 이슈들을 다루지 않는 책들이 아주 많다. 내가 그런 책들을 조사해 보니, 성 차이를 이해하는 것이 '일대 분수령'인 것 같다. 로라 슐레징어의 책 《열받지 않고 삐치지 않는 사랑의 대화법》밀리언하우스이 그렇게 크게 성공한 이유는 남자들이 어떤 존재인지를 로라 박사가 '간파했기' 때문이다. 다른 많은 책들에 나오는 조언은 대부분의 남자들을 웃게 만든다. 나도 그런 책을 읽다가 이렇게 혼잣말을 한 적이 많았다. "남자가 **이런** 충고에 **이런** 식으로 반응하리라고 믿을 사람은 여자뿐이지!"

남편에게 시간을 주라

남자의 뇌의 큰 차이가 또 하나 있는데, 많은 부부싸움의 뿌리에 이것이 있다. 신경학적 연구 결과들을 보면, 남자들은 복잡한 정서적 데이터를 처리하는 데 여자들보다 최고 7시간이 더 걸릴 수 있다.[6] 생각해 보라. 7시간이다! 왜 이렇게 늦을까? 많은 생리학적 사실들이 설명에 도움을 준다. 남자들은 대뇌 변연계의 해마정서적 경험을 처리하는 부위가 더 작다. 반면에 여자들은 뇌의 정서 중추들로 들고나는 신경 경로가 더 많다. 좌뇌와 우뇌를 연결하는 신경섬유속감정이 실린 생각과 말을 처

리해 주는 부위도 남자가 여자보다 25퍼센트쯤 더 작다.[7]

그 파장을 생각해 보라. 아침식사 직전에 당신 부부에게 논쟁이나 의견 차이가 생겼다고 하자. 당신은 15분 정도면 자신이 그렇게 화난 이유를 파악한다. 당신의 남편은 **저녁식사** 때가 되도록 그 상태에 도달하지 못할 수도 있다. 그런데 여자들은 대개 그렇게 오랫동안 잘 기다리지 못하고 자신의 감정을 당장 얘기하기 원한다. 그리고 남편의 감정을 지금 듣기를 원한다. 하지만 그러는 내내 남편의 뇌는 속도가 뒤쳐져 아직 사건을 처리하는 초기 단계에 머물러 있다.

구체적인 예를 들어보자. 남편이 당신에게 교회 저녁예배에 가자고 했다고 하자. 당신이 막 집에 들어서는데 그때서야 남편이 말한다. "아 참, 깜빡 잊고 있었네. 목사님이 지난주에 전화하셔서 당신이 오늘 저녁예배 직후에 10분 정도 묵상을 나눌 수 있겠느냐고 물어 보셨어요. 그래서 괜찮을 거라고 말씀드렸지."

당신은 아마 남편에게 화가 날 것이다. 묵상을 나누는 일 자체를 당신이 좋아할지라도 말이다. 왜 그럴까? 준비할 시간이 필요해서일 것이다. 당신을 곤란하게 만든 남편이 부당하게 느껴질 것이다. 그런데 아는가? 당신이 자신의 감정을 재빨리 척척 처리하고는 자신이 준비되었다는 이유만으로 남편도 준비되어 있기를 바랄 때, 그때 남편의 심정이 **바로 그렇다**. 남편은 거기까지 가는 데 시간이 필요하다. **훨씬** 많은 시간이 필요하다.

나는 결혼생활 강사들이 남편들에게 성관계를 할 때 전희에 더 집중해야 한다고 말하는 것을 얼마나 많이 들었는지 모른다. 실제로 대부분의 여자들이 성적으로 준비되는 데 시간이 걸리듯이 대부분의 **남자들은 감정적으로 준비되는 데 시간이 걸린다**. 남편을 무턱대고 복잡한 얘기로 끌어들이는 것은 남편이 당신의 손을 잡고 당장 성관계를 하자고 하는 것과 같다. 잊지 말라. 남자들은 복잡한 정서적 데이터를 처리하는 데 최고 **7시간**이 더 걸릴 수 있다.

내가 읽은 글에, 어느 부부가 밤늦게 다투었는데 아내는 잠자리에 들기 전에 얘기를 끝내자고 주장했다. 남편은 그 문제에 대해 생각해 볼 시간을 원했으나 아내는 거부했다. 그러면서 잠자기 전에 문제를 풀고 감정을 정리해서 매듭을 지어야 한다고 주장했다. 그런데 남편은 대화중에 잠들어 버려서 아내를 더 분통 터지게 만들었다.

이 부부가 뇌의 차이를 이해했더라면, 자신의 정서적 반응을 처리하려는 남편 쪽의 갈망이 정당한 것임을 알았을 것이다. 봉급 값을 하는 결혼 상담자치고 배우자를 옆에 두고 먼저 잠들라고 권할 사람은 물론 없을 것이다. 하지만 이 경우, 아내가 남편에게 먼저 혼자 생각해 볼 기회도 주지 않고 정서적 아픔을 얘기하자고 우긴 것은 부당한 일이다. 잊지 말라. 남자는 정서적 데이터를 처리하는 일에 여자만큼 효율적이지 못하다. 당신에게 해결이 필요하다는 이유만으로 억지로 해결을 종용하는 것은 부당한 일이다.

레슬리 버니크는 여자들이 이 조언에 다음과 같은 말로 항변할 때가 많다고 내게 말했다.

"하지만 성경에 보면 해가 지도록 분을 품지 말라고 했으니까 우리도 잠자리에 들기 전에 풀어야 된다." 레슬리가 유익한 교정책을 내놓는다.

"성경에 배우자와의 모든 견해차이나 문제를 잠자리에 들기 전에 풀어야 한다는 말은 없다. 당신에게 아직 분노가 있다면 잠자리에 들기 전에 **당신 혼자** 분노를 버릴 수 있다. 아직 이 문제로 얘기할 마음이나 여력이 배우자에게 없더라도 말이다."

만일 여자가 "하지만 남편은 나중에도 얘기할 마음이 **없을** 것이다"라고 반응하면, 레슬리는 계속 아내들을 이렇게 도와준다.

"남편을 공격하지 않으면서 문제를 제기하는 법을 배워야 한다. 아내 자신의 마음과 방법을 살펴야 한다. 대부분의 남자들은 자신이 궁지로 몰리고 있다거나 자신이 잘못한 일 때문에 비난받는다는 느낌만 없으면 기꺼이 대화에 응한다."

이렇게 해보라. 당신 부부에게 해결해야 할 정서적 이슈가 있다면, 실제로 대화에 들어가기 전에 남편에게 미리 예고하면서 몇 시간을 주라. "여보, 정말로 나를 힘들게 하는(또는 내게 상처나 좌절이나 고민이 되는) 문제가 있는데, 간단히 말하면 이런 거예요. 이따가 밤에 같이 얘기하게 당신이 한번 생각해 보실래요?" 이런 방법을 쓰면 당신은 남편에게 복잡한 정서적 데이터를 처리할 시간을 충분히 주는 것이다.

남자들은 왜 장벽을 칠까

남자의 뇌가 작동하는 방식을 모르는 여자는 남성 특유의 극히 파괴적인 반응을 부추길 위험이 있다. 그런 반응을 연구가들은 **장벽 치**

기라고 한다. 장벽 치기란 남자들이 정서적, 언어적으로 자신을 닫는 방식을 가리킨다. 아내를 무시하고 근본적으로 대화를 피해 물러나는 것이다. 물론 남편이 딴청을 부리는 것만큼 여자를 화나게 하는 일은 별로 없다. 그런데 그것이 남자의 전형적인 행동이다.

생물학적인 이유가 이 현상의 설명에 도움을 준다. "남자의 심장 혈관계는 여자보다 반응이 크게 나타나며 스트레스에서 회복되는 데 더 느리다. … 경계심을 불러일으키는 부부싸움은 신체적으로 남자 쪽에 더 큰 타격을 주므로 남자들이 여자들보다 그것을 더 피하려 하는 것은 당연한 일이다."[8]

마이클 거리언은 대부분의 남자들이 괴로운 정서적 사건들(직장이나 관계에서의 좌절, 삶의 실망 등)에 대해 말하기를 그 당장에 좋아하지 않는 이유는, 그런 이슈들에 대해 얘기하면 대개 커다란 인지적 불편함이 야기되기 때문이라고 말한다. 다시 말해서, 아픈 경험들을 얘기하면 남자들은 **아프다!** 여자들은 뇌의 작동 원리상(옥시토신의 분비로) 정서적인 이슈들을 얘기하면 차분해지는 효과가 있지만, 대부분의 남자들은 오히려 반대다. 그런 대화는 불안과 고통을 일으킬 수 있다. 남자들은 그런 데이터를 처리하기가 더 어렵기 때문에 편안함 대신 고통을 느낀다. 여자는 문제를 다 얘기하고 나면 마음이 가라앉겠지만 남자들에게는 그것이 고문처럼 느껴질 수 있다. 그래서 남자들은 때로 딴청을 부리는 것이다. 그것은 절박한(물론 건강하지 못하긴 하지만) 자기방어 행위다.

장황한 말은 당신보다 남편을 더 지치게 하며, 한번 그런 일이 있고 나면 남편은 회복되는 데 더 오래 걸린다. 당신이 그것을 이해한다면 다음 사실도 깨달을 수 있을 것이다. 비난하고 불평하고 경멸해서는 남편과 효과적으로 소통할 수 없다는 사실이다. 잠언 15장 1절은 "유순한 대답은 분노를 쉬게 하여도"라고 했다.

전국 최고의 이혼 예측 전문가의 하나인 존 가트맨 박사는 장벽 치기의 배경이 흔히 무엇인지에 대해 아내들의 이해를 돕고 있다. 아내가 늘 남편을 비난하고 남편에게 거칠게 행동하고 남편을 대놓고 경멸하면, 그런 행동은 대개 험악한 상황으로 이어진다. 거의 예외 없이 남편은 마음을 닫게 된다. 가트맨은 이렇게 썼다. "남편이 집에 들어오니 아내가 비난을 퍼붓는다고 하자. 남편은 신문 뒤에 숨는다. 남편이 반응이 없을수록 아내는 더 악을 쓴다. 결국 남편은 일어나 방을 나가버린다. 아내에게 맞서기보다는 상황에서 빠져나간다. 그렇게 아내를 외면함으로 싸움을 피하는 것이지만, 또한 그는 결혼생활을 피하고 있다."[9]

마지막 말이 중요하다. 당신이 제기한 이슈는 정당하겠지만, 정당한 이슈를 부당한 방식으로 말한다면 당신은 남편에게 결혼생활을 외면하게 만드는 것이다. 남편은 당신에게 마음을 닫을 것이다. 당신은 남편이 듣지 않는다는 걸 알고 더 좌절할 것이고, 그래서 남편을 더 비난하고 더 경멸할 것이다. 그럴수록 남편의 장벽은 계속 더 높아만 갈 것이다.

당신의 남편이 이 상태에 빠지고 있는지 어떻게 알 수 있을까? 가트맨 박사는 이렇게 말한다. "장벽을 치는 사람은 당신에게 … 일상적인 반응조차 보이지 않는다. 그는 아무 소리도 내지 않고, 눈길을 돌리거나 아래만 쳐다보는 경향이 있다. 그는 감정 없는 장벽처럼 앉아 있다. 장벽을 치는 사람은 당신이 무슨 말을 하든지 알 바 아니라는 식으로 행동한다. 당신의 말을 듣기나 한다면 말이다."[10]

가트맨 박사의 경험으로, 장벽 치기는 대개 결혼 연차가 꽤 된 부부에게 나타난다. 신혼부부에게는 훨씬 드물다. 남편이 아내에게 완전히 딴청을 부리기로 선택하기까지는 부정적인 모습들이 표면에까지 축적되는 시간이 소요된다. 이 문제에 대한 통찰을 가트맨에게서 더 얻을 수 있다.

> 대개 사람들은 수몰되는 심정에서 자신을 보호하려고 장벽을 친다. 수몰된다는 것은 배우자의 부정적인 모습_{비난이나 경멸이나 방어 등으로 나타나는}이 너무 위압적이고 너무 갑작스러워 당신이 일대 충격에 빠진다는 뜻이다. 당신은 이 총격銃擊에 자신이 아주 무방비 상태로 느껴져, 그것이 다시 재연되는 것을 피할 수 있기만 바란다. 배우자의 비난이나 경멸에 수몰되는 심정을 자주 느낄수록, 당신은 배우자가 다시 '터질' 기미만 보여도 극도로 경계하게 된다. 당신은 그저 배우자의 맹공으로 인한 혼란에서 자신을 보호할 생각밖에 없다. 그리고 그 방법은 관계에서 정서적으로 빠져나오는 것이다.[11]

이제부터는 격노로 반응하는 대신, 한숨 돌리고 나서 자신에게 이렇게 물어보라. "남편이 나한테 딴청을 부리는 이유가 무엇일까?" 그

답은 당신이 남편을 대하는 방식과 상관이 있을 수 있다. 장벽 치기를 유발한 그 행동으로 장벽 치기에 계속 똑같이 반응한다면, 당신은 그것을 강화시킬 뿐이다. 온유해지라. 인내심을 가지라. 남편에게 시간을 주라.

정서적인 쉼

장황한 말이 남자의 뇌를 위압할 수 있듯이 다량의 정서적 자극도 그럴 수 있다. 여자가 남자에게 '채근하면' 남자는 겁에 질린다. 생리적으로 남자의 뇌는 정서적 부대낌에서 이따금씩 휴가가 필요하다.

실제적인 예를 들어보면, 내가 하려는 말이 더 잘 이해가 될 것이다. 자신의 자동차와 사랑의 관계를 맺는 남자들이 많이 있다. 대체로 여자들은 그것을 보고 황당해 한다. 왜 남자들은 어떤 금속제가 더 믿을 만하고 어떤 회사가 최고의 엔진을 만드는가 따위로 입씨름을 벌일까? 왜 남자는 셰비 벽보나 포드 벽보를 사고 자신의 트럭이나 차에 이름을 붙이는 것일까? 왜 남자는 빨랫감이 가득한 방을 나서서, 그릇이 산더미처럼 쌓여 있는 너저분한 부엌을 지나고, 먼지를 털고 진공청소를 해야 할 거실을 지나서, 밖으로 나가, 이미 깨끗해 보이는 차를 세차하는 것일까?

나도 젊은 시절 직장의 트럭과 정들었던 기억이 있다. 그때 나는 방학 아르바이트로 어느 공익사업체의 전기 검침원으로 일하고 있었는데, 여름 내내 그 작은 노란색 트럭을 몰고 다녔다. 여름이 끝나 다시 학교로 돌아갈 때가 되자 나는 그 트럭과 정식으로 작별해야 할 것 같았다. 감상적으로 들릴지 모르지만 우리는 많은 싸움에 함께 부딪쳤다. 들판을 함께 달렸고, 날마다 점심도 같이 먹었고, 개들과 경주해서 이기기도 했다.

지금도 내가 가장 아끼는 재산 중 하나는 내 혼다 CRV다. 멋진 차도 아니고 골동품도 아니고 고급 차는 더욱 아니다. 그래도 나는 이 차가 그냥 좋다. 늘 아주 믿음직스럽고 편안한 차다. 그 안에 있으면 내 집 같다.

어찌된 일인가? 우리 남자들은 왜 이런가? 마이클 거리언은 이런 금속과의 연애의 배후에 깔린 뇌의 생리를 이렇게 설명한다. "남자들은 일련의 애완 물체를 찾는 경향이 있다. 그런 물체는 뇌에 쉼을 주고, 정서적 대화의 자극이 없는 독립된 관계의 즐거움을 준다. 당연히 자동차는 많은 남자들이 택하는 물체다."[12]

차는 내 기분을 묻지 않고 나를 목적지까지 데려다 준다. 차는 내가 다른 운전자들에게 소리를 질러도 "왜 이렇게 화를 내요?"라고 말하지 않는다. 차는 내게 부엌의 페인트칠을 무슨 색으로 하고 싶으냐고 묻지 않고, 그냥 스포츠 라디오 프로그램을 듣게 둔다. 내 차는 여태까지 한번도 단 한번도 내게 무슨 문제가 있느냐고 묻거나 "우리 대화 좀 해요"라는 그 명대사를 한 적이 없다. 게다가 내 차는 자기에게 필요한 것을 확실히 말해준다. 나는 기름통이 꽉 찼는지, 반쯤 찼는지, 아니면 거의 비었는지 알 수 있다. 통에 기름이 얼마나 남았느냐는 내 물음에 내 차는 절대로 이렇게 대답하지 않는다. "알아맞혀 봐요."

"내가 말해주지 않아도 당신이 알아야지요."

요컨대, 내 차는 내 뇌를 쉬게 해준다. 내 뇌의 혈류는 당신보다 15퍼센트가 적다. 그래서 내 뇌는 당신의 뇌보다 더 쉼이 필요하다. 내 차는 그것을 알아준다. 내 차는 그것을 존중해 준다.

그래서 나는 차를 좋아하는 것이다.

아내가 다그친다고 더 친밀해지는 남자는 거의 없다. 행복하고 건강한 결혼생활은 **점진적으로** 이루어진다. 그러니 당신의 남편에게 여유를 주라. 그가 말할 기분이 아니거든 이따금씩 그냥 놓아두라. 정당성 있는 이유조차 묻지 말라.

이것은 퇴근한 후에 특히 더 그렇다. 대부분의 남자들은 긴장이 풀려야 한다. 우리의 뇌는 온종일 열심히 일했다. 문제를 해결했고 최선의 노력을 다했다. 그래서 정신적으로 가만히 있는 시간이 필요하다. 그래야 다시 추스르고 제 모습을 찾을 수 있다. 누구 때문이 아니다. 당신과 관계된 문제가 아니다. 그보다 남자의 뇌와 그 피로와 관계된 문제다.

어떤 남편이 《여자들만 위하여》미션월드의 저자 션티 펠드한에게 말했다. "때로 나는 아내에게 말을 안 하거나 사랑하는 남편처럼 행동하지 않을 때가 있는데, 그것은 아내에 대한 내 기분과는 무관합니다. 아내에게 그것을 이해시킬 수 있다면 좋겠습니다. 그냥 나는 가끔 혼자서 생각할 시간이 필요할 뿐입니다."[13]

남편이 당신에게 자신을 더 많이 줄 수 있으려면, 당신이 기다려야 한다. 당신이 당황하지 않으면, 남편에게 친밀함을 강요하려는 충동을 억제하면, 장기적으로 당신에게 훨씬 좋아진다. 남편에게 얼마간 침묵의 시간을 허용하라. 당신이 약간만 포기할 수 있다면 훨씬 더 많은 것을 얻을 수 있다.

사실, 남편에게 가끔씩 나가서 혼자만의 시간을 갖도록 권하는 아내가 현명한 아내다. 4장에 언급했던 내 친구 데이브 듀어 목사가 강습생들에게 자신이 사랑받고 싶은 방식을 5가지씩 적게 했을 때, 세 번째로 가장 많았던 응답인정과 섹스 다음으로은 이거였다고 한다. 즉 많은 남자들이 죄책감이 들거나 실망의 한숨소리를 듣지 않고도 그냥 가끔씩 뭔가 '재미있는' 일을 할 수 있는 자유를 원한다고 했다. 죄책감을 유발하는 이런 말을 듣지 않고도 말이다. "그러니까 저녁시간을 아이들과 함께 보내느니 정말로 풋볼 선수들한테 소리나 지르러 가겠다 그건가요?"

남자가 일주일에 이틀 밤을 나가겠다고 한다면 나는 그의 우순선위에 문제가 있다고 말하겠다. 하지만 열심히 일하는 남자라면 이따금씩 나가서 자기가 정말 좋아하는 일을 할 필요가 있다. 어떤 남자들은 그것을 청하는 데만도 죄책감을 느낀다. 하지만 아내가 먼저 주도해 주면 더없이 고마운 일이 된다. 실은 내 아내가 최근에 내게 그렇게 해주었다.

책 마감날짜도 다가오고 강연 출장도 여럿 있고 신학교 수업도 준비해야 되고 해서 나는 친구들 셋과 가기로 예정되었던 골프 외출을 취소했다. 그런데 리자가 내게 전화를 걸어 말했다.

"여보, 날씨가 아주 화창해요. 바쁘더라도 그냥 다녀오세요." 아내가 말했다.

"내가 아이들 데리러 몇 번 더 다녀도 괜찮아요. 당신, 오후 한나절 쉴 만한 자격 있어요."

나는 갔다. 그 휴식을 얼마나 즐겼는지 모른다. 내가 친한 친구들과 함께 오후를 보낼 수 있도록 리자가 아이들을 학교에서 데려오는 일을 자청했다. 그것은 내게 큰 의미가 있었다.

그 일로 리자는 내게 예수님의 사랑을 베풀었다. 예수님과 제자들의 감동적인 일화를 생각해 보라. 나는 지금 예수께서 그분의 사람들을 정확히 어떻게 돌보아 주셨는가를 말하고 있다. "[예수께서] 이르시되 '너희는 따로 한적한 곳에 가서 잠깐 쉬어라' 하시니 이는 오고 가는 사람이 많아 음식 먹을 겨를도 없음이라"막 6:31. 잘 보면, 예수께서 이 말씀을 하실 때 많은 급박한 필요들이 남아 있었고 마쳐야 할 일들도 많이 있었다. 사람들이 아직 '오고가는' 중이었다. 그런데 예수님은 제자들을 걱정하셔서 그들에게 일을 두고 가서 좀 쉬라고 하셨다. 리자는 예수께서 제자들을 사랑하셨던 것처럼 나를 사랑해 주었다.

저자 린다 웨버는 자기 남편을 여행 보내준 일에 대해서 말했다. 처음에는 자기도 함께 가고 싶었지만, '남편한테도 자기에게 중요한 많은 일들을 혼자서 즐거이 사색할 시간이 좀 필요함'을 그녀는 알았다. 린다의 말은 이렇게 이어진다.

나는 남편이 집을 떠나 이 시간을 보내는 것을 기뻐해 주었고,

그래서 남편도 자기한테 중요한 일에 내가 마음을 써 준다는 것을 알았다. 남편은 집으로 자주 전화를 걸어, 이것저것 하거나 보았던 즐거움을 내게 흥분해서 말했다. 그냥 좋았던 기억을 들려주기도 했다. 남편과 함께 흥분하는 게 참 좋았다. 남편이 내게 자신의 감정을 나누고 싶어한다는 것도 기뻤다. 남편의 세계에 들어갈 수 있음은 특별한 기쁨이 되었다. 내가 관심을 보이고 남편 때문에 즐거워한 결과였다. 이것은 우리에게 좋았다.[14]

"우리에게 좋았다"는 마지막 말은 선뜻 이해가 안 될 수 있다. 명심하라. 당신의 남편에게 좋은 것이면 당신 부부에게도 좋다. 나를 따라 말해보라. **남편에게 좋으면 우리에게 좋다.** 건강한 남편이 더 행복한 남편이고, 더 자상한 남편이고, 더 배려해 주는 남편이다.

물론 여기에 당연히 부수되는 것이 있다. 오늘날 휴식 시간을 필요한 만큼 얻고 있는 아내들은 별로 없다. 남편이 가끔씩 일과 가정 생활을 떠나 쉴 필요가 있듯이 아내도 그렇다. 당신이 남편의 이런 필요에 늘 민감해 있으면 당신도 이 시간을 얻게 될 소지가 더 높다. 리자가 내게 나만의 시간을 권해주면 나도 어떻게 해서라도 리자에게 혼자만의 시간을 갖게 해주려는 의욕이 훨씬 강해진다. 남자들은 대단히 이타적이지는 않을지 모르지만 대개 페어플레이에 민감하다.

남편을 다 이해하려 하지 말라

당신의 남편에게는 당신이 **절대로** 이해하지 못할 면들이 있다. 그 사실을 받아들이면 당신의 결혼생활에 아주 유익하다. 남녀의 뇌가 기능하는 방식이 달라서 그렇다. 아래의 말들이 아주 익숙하게 들릴지 모르겠다.

- "도무지 이해할 수가 없어요. 작년에 당신은 주말마다 비가 온다고 크리스마스 전구를 달지 않더니, 골프는 우기에도 18홀을 돌아요?"
- "백화점에서 5분도 나를 기다려주지 않는 당신이 사슴을 잡는다고 새벽 4시 반에 일어나 숲속의 잠복 장소에 앉아서 뭘 한다구요? 기다려요? 그것도 10시간씩이나!"
- "당신은 어떻게 우리 기념일이며 집안의 행사 날은 다 잊어 버리면서 자기 트럭의 엔진 오일을 교환할 때는 1킬로미터까지 정확히 아는 거예요?"

당신이 남편을 다 이해하려 한다면 그것은 공상과학 소설의 삶을 살려고 하는 것이다. 어쩌면 남편 자신도 자신을 이해하지 못할 것이다! 남자들은 그것을 더 잘 받아들일 줄 아는 것 같은데, 아내들은 대개 자기가 남편을 **꼭 이해해야만** 하는 것처럼 느낀다. 남편의 어떤 점들은 사리에 맞지 않으며 앞으로도 계속 그럴 수 있음을 아내들은 받아들이지 못한다. 때로 당신은 **남자란 원래 그렇구나** 하고 그냥 받아들여야 한다. 그리고 거기에 맞추어 그를 사랑해야 한다.

내가 우리 아이들을 대하면서 배운 게 있다. 뭔가가 내게 거슬릴 때, 때로 진짜 문제는 내 거슬림 자체라는 것이다. 전에는 나한테 거슬리는 그 점을 고쳐 줘야 한다고 생각했었다. 그런데 이제는 깨달았다. 때로는 그냥 내가 도덕적으로 중립적이거나 단지 불편한 일들을 가지고 고민을 사서 하는 것이 문제다. 솔로몬은 이렇게 썼다. "지혜 없는 자는 그의 이웃을 멸시하나 명철한 자는 잠잠하느니라"잠 11:12.

명철한 여자가 되라. **어떻게** 소통하고 **언제** 소통해야 남편이 온전히 참여할 수 있는지를 배우라. 타인과 함께 살려면 상대방에게 맞출 줄도 알아야 하며, 여기에는 상대의 모든 터무니없는 습관과 관행도 포함된다. 소소하게 거슬리는 것들이 당신의 관계에 독소가 되지 않게 하라. 신비와 더불어 살고, 나아가 신비를 즐거워하라. 어렵겠지만 이렇게 생각해 보라. "이해가 안 되지만 남편이 이런 식을 좋아하니 나도 그걸로 족하다."

1. 남녀간의 '뇌의 차이들' 중 당신이 가장 놀란, 또는 당신에게 가장 깨달음을 준 것은 무엇인가? 왜 그런가?

2. 남자의 사고를 몰랐던 것이 당신의 결혼생활에 어떤 식으로 충돌을 야기했는가?

3. 당신은 남편에게 남자보다 여자처럼 행동하기를 기대한 적이 있는가? 남편의 남성적인 사고방식에 당신은 화가 나는가? 어떤 면에서 그런가? 더 건강한 반응들은 무엇인가?

4. 남자들은 복잡한 정서적 데이터를 처리하는 데 여자들보다 최고 7시간이 더 걸릴 수 있다. 앞으로 정서적인 대화를 나눌 때 이 사실을 어떻게 참작할 수 있는가?

5. 당신의 남편은 '장벽을 칠' 때가 있는가? 만일 그렇다면, 당신도 그를 '수몰시킴'으로 그런 반응에 한몫 해왔는가? 자꾸 피하려는 남편을 둔 아내에게 당신이라면 뭐라고 조언해 주겠는가?

더 예쁜 부부관계를 꿈꾸며...

6. 문제를 다 얘기하면 아내는 마음이 가라앉는 경향이 있지만 남편에게는 신경학적으로 그것이 고문일 수 있다. 그렇다면 부부는 어떻게 건강한 균형을 찾을 수 있을까?

7. 당신은 남편을 정서적으로 '채근할' 때가 있는가? 이 부분에서 당신이 바뀌려면 어떻게 해야 되겠는가?

8. 당신이 남편에게 사랑(예수님이 제자들에게 보이신 그런 사랑을)을 베푸는 한 방편으로, 재미있거나 쉼이 될 만한 일을 권해 줄 필요가 있겠는가? 이 부분에서 남편의 필요를 가장 잘 채워줄 수 있는 일은 무엇일까?

9. 남편의 모습 중에서 죄는 아닌데 당신에게 정말 거슬리는 점이 있는가? 이 문제에 대한 가장 건강하고 가장 하나님을 높이는 반응은 무엇인가?

끈질긴 추구의 위력을 경험하라 09

　루이 15세는 겨우 두 살 때 프랑스 왕위를 물려받았다. 그의 부모와 형이 모두 성홍열로 죽은 뒤였다. 거의 즉시, 어른 귀족들과 공작들은 누가 그에게 옷을 입혀주고, 식사를 차려주고, 손을 잡아주고, 촛대를 옮겨줄 것인가를 놓고 입씨름을 벌였다. 두 살 아이의 표票를 얻어내기 위한 정치운동을 상상해 보라. 그러면 그때 벌어지고 있던 일이 꽤 정확히 그려질 것이다. 기어 다니기 시작할 때부터 이렇게 특별한 사람 취급을 받은 결과로 생겨날 수 있는 자아도취적인 성격을 우리는 어렵지 않게 상상할 수 있다.

　오늘날 많은 남자들이 비슷한 특권 의식을 가지고 자란다. 솔직히 말해서, 우리 남자들은 숭배 받고 싶은 마음이 있다. 광고 전문가들은 이것을 알고 있다. 다음 번에 잡지를 들춰볼 기회가 있거든 남자들을 상대로 한 광고들을 잘 보라. 특정한 콜론을 바르거나 특별한 술을 마시거나 특정한 디자이너의 셔츠나 바지를 입는 남자를 미모의 여자가 숭배에 가까운 찬탄의 눈빛으로 바라보는 장면이 얼마나 많은지 보라. 여자의 눈빛에 담긴 그 찬탄의 표정, 남자들은 여자들이 바로 그런 눈으로 자기를 바라봐 주기를 원한다.

우리 남자들이 그것을 추구해야 할까? 물론 아니다. 신학적으로 그것은 가당치 않다. 우리는 하나님을 예배하기 위해서 살고 **그분께** 영광을 돌려야지 우리 자신의 영광을 구해서는 안 된다. 그럼에도 불구하고 모든 남자의 죄악 된 근성은 이런 찬탄을 구한다. 그러므로 18세기 프랑스 왕의 자아도취적인 성향들이 오늘의 남자들에게서 보여도 놀라지 말라.

여자는 그런 남자를 어떻게 다룰 수 있을까? 남편의 자아도취를 더 부추기기 위해서가 아니라 긍정적인 영향력을 행사할 권리를 얻기 위해서 말이다.

나는 잔느 앙투아네트의 이야기에 몇 가지 단서가 들어 있다고 믿는다. 하지만 미리 고백해 둘 게 있다. 여기서 나는 정말 위험한 시도를 하려 한다. 사실, 이 책은 공식적인 첩을 경건한 그리스도인 아내의 모본으로 삼는 최초의 기독교 서적일지도 모른다.

나는 결혼을 매우 중시하고, 비성경적인 이혼을 강하게 반대하며, 혼외정사가 하나님을 욕되게 하고 부부 사이를 망친다고 굳게 믿는 사람이다. 절대로 나는 18세기 프랑스의 부도덕한 관습을 정당화하는 게 아니다. 하지만 나는 대다수 남자들의 영혼 속에 조금씩은 루이 15세가 살고 있다고 믿는다. 그런데 내가 알기로 잔느 앙투아네트는 그런 남자의 마음을 움직이는 법을 알고 있다. 그래서 나는 오늘의 여자들에게 줄 몇 가지 유익한 교훈이 그녀에게 있을 수도 있다고 생각하는 것이다. 그러니 잘 참고 내 말을 들은 다음, 당신도 같은 생각이 아닌지 보라.

왕에게 구애한 여자

잔느 앙투아네트의 삶은 처음부터 순탄하지 못했다. 아버지가 정치적 목적으로 프랑스를 떠날 수밖에 없었기 때문에 그녀는 결국 수녀원에 살게 되었다. 긴 3년이 지난 후에 잔느는 어머니에게 돌아왔는데 어머니는 신앙의 종파가 아주 달랐다. 그녀는 잔느를 무당에게 데려갔다. 무당은 잔느가 언젠가 왕의 첩이 될 거라고 예언했다.

중매결혼과 정치 동맹의 시대에 불륜은 사실상 하나의 삶의 방식이 되었다教회는 여전히 그것을 추문으로 간주했지만. 루이 14세와 15세를 비롯하여 많은 왕들이 첩을 여럿씩 두었고, 그래서 '애첩'은 위신이 따르는 반 공식적 직함이 될 정도였다.

하지만 얼핏 보기에, 잔느 앙투아네트가 앞으로 왕의 첩이 될 거라는 예언은 틀림없이 얼토당토 않은 말이었다. 혁명 이전의 프랑스에서는 출생이 신분을 결정했다. 신분 상승은 시도조차 있을 수 없는 일로 통하던 사회였다. 왕들은 부르주아 출신이라고 무턱대고 첩으로 취하지 않았다. 프랑스의 역사가 이블린 레베르는 "왕의 침상을 같이 쓴다는 것은 귀족의 특권이었다"[1]고 말한다. 대단한 미모, 몸가짐, 음악적 재능 등 많은 유리한 점들이 잔느 앙투아네트에게 있었음에도 불구하고, 미모는 사회적 편견의 높은 벽을 뛰어넘는 데 좀처럼 충분하지 못했다.

하지만 루이의 주목을 끌기에는 **충분했다.**

1745년 경에, 명랑한 왕은_{종종 프랑스에서 가장 잘생긴 남자로 불렸다} 20대 초반의 이 아가씨를 눈여겨보지 않을 수 없었다. 마침 그녀의 집은 왕이 자주 사냥을 나가던 곳에 가까이 있었다. 어찌어찌하여_{구체적인 내막은 아무도 모른다} 잔느 앙투아네트는 있을 수 없는 행동을 해서 왕을 완전히 매료했고, 그리하여 왕은 이 평민을 베르사이유로 데려가 첩으로 공포하기로 했다. 그런데 무턱대고 관습을 **완전히** 거슬러서는 될 일이 아니었다. 그래서 왕은 그녀에게 줄 칭호를 만들어내야 했다. 일이 잘되려니까 마침 귀족 퐁파두르 가의 마지막 사람이 상속자를 남기지 않고 최근에 죽은 터였다. 사실상 하룻밤 사이에 잔느 앙투아네트는 퐁파두르 후작 부인이 되었다. 유명한 작가이자 철학자인 볼테르가 새로운 신분이 된 그녀를 교육했다.

거의 즉시 이 젊은 여자에게 많은 적들이 생겼다. 귀족 태생의 한 여자는 퐁파두르 부인이 "지극히 평민인데다, 누가 용케 쫓아내지 않으면 제 분수도 모르고 온 세상을 쫓아낼 부르주아"라고 비웃었다.[2]

퐁파두르 부인이 성공할 수 있는 유일한 희망은 왕의 총애를 지속시키는 데 있었다. 그녀에게는 결혼이라는 안전 장치가 없었으므로 그녀의 행동은 분명 더욱 절박한 성격을 띠었다. 어쨌거나 그녀의 성공을 보면 여자가 남자의 마음을 움직일 수 있는 방법을 알 수 있다.

왕을 섬긴 여자

아름다운 퐁파두르 부인은 미모란 시들어 버리는 것이며 자신이 미모만으로는 프랑스 최고_{사실} 세상 최고의 여자들과 장기적으로 경쟁할 가망이 없음을 알았다. 외모 덕분에 자신이 왕궁에 들어왔을지는 몰라도, 적들이 그렇게 많은 곳에서 결코 외모로 오래 버틸 수는 없었던 것이다.

그래서 그녀는 자신의 남자를 연구했다. 나라의 무게를 한 몸에 진 바쁜 왕이 가장 원하고 필요로 하는 것이 무엇인지 그녀는 알아냈다. 그리고는 열심히 노력해서 그것을 현실이 되게 했다.

우선 그녀는 왕에게 책임과 직무로부터 벗어나는 시간이 필요함을 간파했다. 왕위의 짐을 덜고자 잠시 여흥을 즐기는 시간이었다. 그래서 퐁파두르 부인은 친한 사람들 중심으로 작은 사교 모임을 주선하여 왕이 일주일에 두세 번씩 즐길 수 있게 했다. 전기 작가 크리스틴 페비트 앨그런트는 그 연회를 이렇게 묘사한다.

후작 부인은 자신의 목적을 위해 **작은 밀실**의 중요성을 아주 일찍부터 파악했다. 이 내밀하고 편안하고 유쾌하고 즐거운_{아주} 부르주아적인 장소를 왕이 좋아한다는 것을 그녀는 알았다. 아늑하면서도 호화롭고 느긋하면서도 세련된 분위기를 동시에 만들어 냄으로써 자신이 왕의 삶에 없어서는 안 될 존재가 되리라는 것을 그녀는 알게 되었다. 이렇게 마음에 맞는 무리에 익숙해 지고 나면, 루이는 지루한 회의나 피곤한 예식이 있은 후에는 이런 모임 없이는 지낼 수 없게 될 것이다. 게다가 이런 성대한 잔치와 사려 깊은 친구들과 모든 관능적 요소들이 오직 그녀만의 작품이라면, 왕은 그녀 없이는 이런 것을 하나도 즐기지 못할 것이다.[3]

잔느 앙투아네트는 자신을 거의 전적으로 왕의 처분에 맡겼다. 거기에 필적할 수 있는 사람은 거의 없었다. 왕이 침울하고 의기소침해지기 시작하면 후작 부인은 "절대로 그를 혼자 두지 않았다. 그녀는 왕의 기운을 살리려 했고, 왕을 자극하여 우울한 생각에서 벗어나게 하려 했다. 왕을 안심시켰고 왕 주변에 즐겁게 흥을 돋우었다. … 그녀는 밀실의 연회에 사람들을 갈수록 더 많이 초대했고, 작은 성城들로 행차하는 나들이의 횟수를 늘렸다."[4]

⚜ ⚜ ⚜

퐁파두르 부인은 자기 자리를 보전하기 위해 왕을 즐겁게 **해야만** 했다. 하지만 나는 아내들이 여기서 뭔가 적용할 것을 찾을 수는 없을까 하는 생각이 든다. 그나저나 수많은 부부관계가 깨지는 이유는 무엇인가? 많은 경우, 단순히 한쪽이나 양쪽 모두 배우자를 즐겁게 하려는 노력을 멈추기 때문이다. 연애 시절에만 해도 그들은 좋은 인상을 주려고 노력과 비용을 아끼지 않았을 것이다. 곰곰 생각해서 사려 깊은 선물을 주었다. 큰 관심을 보였다. 안마, 간식 거리, 특별한 식사, 친절하고 사려 깊은 몸짓으로 열심히 섬기려 했다.

당신도 되돌아 보면, 남자의 마음을 얻어내는 일이 그 무엇보다도 더 행복했던 때가 떠오를 것이다. 그 일을 아주 의도적으로 하지 않았던가? 그런데 결혼생활이 2~3년차로 접어들면서 당신은 남편을 기쁘게 해주려는 대신 **남편이** 나를 즐겁게 해주기를 바라게 되었을 것이다. 원망 때문에 당신의 동기가 식었을지도 모른다. 그래서 남편을 즐겁게 해주려는 노력조차 멈추었을지 모른다. 어쩌면 당신은 남편을 당연시하기 시작했고, 당신의 애정과 돌봄과 내조와 섬김은 타성에 젖기 시작했다.

이런 현상은 다른 어느 곳 못지않게 침실에서 벌어진다. 언젠가 나는 비행기를 타고 중서부 상공을 지나고 있었다. 기내식을 먹다가 헤드폰을 끼니 '투 윅스 노티스' Two Weeks Notice라는 영화에서 산드라 블록과 휴 그랜트가 나누는 이런 대사가 귀에 들렸다. 산드라가 휴에게 경고한다. "내가 변호사라고 겉만 보고 속으면 안 돼요. 사실 난 침대에선 아주 잘하거든요."

그리스도인의 세계관에서는 미혼자가 자신이 '침대에서 잘하는지' 아닌지를 **알아서는** 안 된다. 하지만 나는 1만 미터 상공에서 알루미늄 통에 갇힌 신세인지라 생각할 시간이 충분히 있었다. 다른 문맥에서 내게 도전을 주는 질문이 있었다. '나는 침대에서 정말 잘하는가?' 기혼자인 내가 이 질문을 마지막으로 던진 때가 언제인가? 나는 지금 성적인 친밀함을 한낱 기교로 전락시키려는 게 아니다. 다만, 내가 나한테 평생을 바친 아내를 기쁘게 하려고 애쓰는 것이 어떤 술 취한 여자가 방금 만난 남자를 기쁘게 하려고 애쓰는 것보다 못해야 할 이유가 무엇인가? 서글프게도, 자신이 '침대에서 잘하는지'에 대해 단순히 더 이상 신경 쓰지 않는 기혼자들이 많이 있다. 그들은 결혼관계의 안전과 헌신을 악용하여, 자신의 육체적 친밀함을 늘 뻔한 기계적 과정으로 전락시킨다. 그들은 노력을 그만둔다. '의무를 다하여' 양심을 지킬 만큼만 한다.

퐁파두르 부인의 저속한 성품에 이의를 제기하는 것은 정당하다. 하지만 현대의 많은 아내들 그리스도인들도 마찬가지이 건강한 부부관계를 가꾸려 애쓰는 것보다 18세기의 이 첩이 불륜의 관계를 가꾸는 데 훨씬 더 열심이었다니 얼마나 서글픈 일인가! 많은 부부들이 배우자와의 평생의 연합에 마음을 쓰는 것보다 이 정부情婦가 애인과의 관계에 더 마음을 많이 썼다니 얼마나 통탄스러운 일인가!

왜 우리는 배우자에게, 첩이 왕에게 할 수 있는 것보다도 신경을 덜 쓰는 것일까? 끈질긴 추구의 위력을 잊었기 때문이다. 예수님은 우리에게 "불법이 성하므로 많은 사람의 사랑이 식어지리라"마 24:12고 경고하셨다. 남편을 향한 당신의 사랑도 식어지고 있는가?

어떤 여자들에게 결혼은 인생의 궁극적인 목표다. 그것을 이미 이루었는데 무엇을 위해 더 애쓴단 말인가? 남편을 기쁘게 하려는 노력을 멈추면 결국은 그를 점차적으로 잃는다. 아니면 적어도, 영향력을 가져다 주는 친밀함을 잃는다. 당신은 남편이 결혼한 여자가 아닌 딴 사람이 된다. 그리하여 두 사람은 멀어지기 시작한다.

부디 내 말을 오해하지 말라. 나는 지금 잔느 앙투아네트의 품행에 면죄부를 주려는 게 아니다. 다만 그녀의 노력에 박수를 보낼 뿐이다!

잠언에 이런 냉엄한 경고가 나온다.

> 내가 게으른 자의 밭과 지혜 없는 자의 포도원을 지나며 본즉 가시덤불이 그 전부에 퍼졌으며 그 지면이 거친 풀로 덮였고 돌담이 무너져 있기로 내가 보고 생각이 깊었고 내가 보고 훈계를 받았노라. 네가 좀더 자자, 좀더 졸자, 손을 모으고 좀더 누워 있자 하니 네 빈궁이 강도 같이 오며 네 곤핍이 군사 같이 이르리라 잠 24:3~34.

당신의 결혼생활은 게으른 자의 포도원 같은가? 당신은 건강한 나무들을 심기를 멈추었는가? 그래서 그 결과로 거친 풀, 즉 건강하지 못한 습관들이 그 자리를 대신했는가? 당신의 돌담, 즉 결혼생활을 지켜주는 울타리는 무너져 있는가? 당신의 결혼생활은 그냥 방치해 두어서 취약해졌는가? 당신이 만일 결혼생활에서 졸기 시작하여 관계가 한 해 두 해 서서히 멀어지게 둔다면, 당신의 풍성한 결혼생활은 무너져 정서적, 영적 빈곤으로 뒤바뀌고 말 것이다.

한 남자를 잘 사랑하려면 많은 노력이 필요하다. 결혼생활은 일이다! 아무리 뜨겁고 불같은 열정이라도 계속 간수하지 않으면 식어질 수 있다. 남편이 한때 당신에게 홀딱 반했다는 이유만으로 그가 죽을 때도 그러리라는 법은 없다. 당신이 남편을 당연시하고 사랑과 관계의 기술에 게을러진다면, 그렇다면 당신은 남편의 마음을 잃을 수 있는 아주 현실적인 위험을 자초하는 것이다.

지난주를 생각해 보라. 당신이 남편을 정말 **즐겁게** 하고 그의 삶에 기쁨과 행복을 가져다주려고 쏟은 노력이 얼마나 되는가? 한번이라도 그런 생각을 해보았는가? 만일 그렇지 않다면, 한 달 뒤로 거슬러 올라가 보라. 지난 4주 동안 당신이 이 일을 기도 제목으로 삼은 적이 몇 번이나 되는가? 당신이 남편을 기쁘게 하려고 마지막으로 열심히 애썼던 때가 기억나지 않는다면, 자신이 '침대에서 잘하는 자'에 더 이상 신경 쓰지 않고 있다면, 그렇다면 많은 첩들이 불륜 관계에 쏟을 노력보다 당신이 결혼생활에 쏟고 있는 노력이 더 적은 것이다. 그런 태도가 하나님께 영광이 되겠는가?

실제적인 차원에서, 당신에게 현재 그런 노력이 없다면 당신은 남편에게 영향력을 미칠 소지가 훨씬 적다. 곧 보겠지만, 퐁파두르 부인은 결국 루이 왕의 가장 영향력 있는 조언자가 되었다. 왜 그랬을까? 무엇보다 그녀는 계속 **끈질기게** 추구했다.

프랑스에서 가장 달콤한 여자

1748년쯤에 후작 부인의 지위는 견고해 보였다. 친한 사람들과의 연회와 연극으로 왕의 기분을 전환시켜 주려는 그녀의 노력 덕택에, 유대감이 점점 깊어졌고 영속성을 띠었다. 퐁파두르 부인의 오랜 적인 아르장송 후작은 그녀를 '왕궁의 무녀_{巫女}'라 칭하며 투덜댔다.[5] 2월의 한 연극 후에 왕은 공개적으로 애정을 표현했다. 퐁파두르 부인에게 드러내놓고 입을 맞추며 그녀를 '프랑스에서 가장 달콤한 여자'라고 부른 것이다.[6]

'프랑스에서 가장 달콤한 여자'라는 이 칭호는 노력 없이 저절로 온 게 아니다. 퐁파두르 부인은 자신이 연극 중에 입는 정교한 의상에 상당한 시간과 노력을 들였다. 앨그런트는 이렇게 썼다. "후작 부인은 무대에서 탁월했다. 자신의 연기와 노래와 춤으로 청중을 사로잡았다. 눈부시게 매혹적인 의상은 말할 것도 없었다. 연극 '알마시스'에서 춤추는 역을 맡았을 때 그녀는 파스텔 색조의 꽃들을 수놓아 은색 무늬로 장식한, 목 부분이 깊게 파진 장미빛 비단 보디스_{가슴과 허리 부분을 끈으로 조이도록 되어 있는 여성복—옮긴이}를 입었다."[7]

여기서 교훈은 아주 확실하다. 잔느 앙투아네트는 루이 15세를 매혹하려는 시도를 멈추지 않았다. 왕이 다른 첩들을 들일 것을 그녀도 알았다. 루이 15세는 왕비에게 그랬던 것처럼 애첩에게도 '정절'을 지키지 않았다. 그래도 그녀는 왕에게 자신의 최선의 모습을 보이려는 노력을 그치지 않았다.

남자들에게 아내의 외모는 중요하다. 이런 말이 많은 여자들을 기분 나쁘게 할 수 있음을 안다. 분명히 말하지만, 남자인 나도 현대 여성의 처지를 적어도 공감할 수는 있다. 옛날에는 한 여자의 경쟁 상대가 마을이나 소읍의 십여 명의 다른 여자들에 지나지 않았다.[8] 요즘은 텔레비전과 잡지들이 있어, 당신은 수십만의 여자들에게 비교될 것이다! 모델 에이전시들은 온 세상을 뒤져 매력적인 슈퍼모델을 계속 발굴한다. 그 모델은 스물다섯 살이 되면 즉각 은퇴하고, 그러면 신인이 바로 그 자리를 대신한다. 하지만 그 짧은 몇 년 동안 그녀에게는 자기 전용으로 만들어진 옷들이 있고, 화장 전문가들이 몇 시간씩 들여 그녀를 준비시키며, 사진사들은 사진을 수백 장씩 찍어 그 중에서 그녀의 미모가 가장 돋보이는 것들로 전시한다(디지털 처리로 화질을 높인 다음에).

당신이 그들과 경쟁할 수는 없다. 설령 경쟁이 된다 해도 당신의 승리는 오래가지 못한다. 그럼에도 불구하고 최근의 설문조사에 응한 수십 명의 남자들이 아내가 자기를 어떻게 사랑해 주었으면 좋겠느냐는 물음에 꼽은 답들을 보면, 당신은 놀랄 것이다. 아내가 살을 뺐으면 좋겠다고 말한 남편은 **하나도 없었다**. 그러나 아내가 성적인 친밀함에 대해 지금과는 다른 태도를 보였으면 좋겠다고 말한 남자들은 절반에 가까웠다. 즉 그들은 아내가 섹스와 그들의 몸에 편안함을 느끼고, 자진해서 정서적으로 몰입하고 주도하며 열심을 내주기를 바랐다. 어떤 의미에서 이것은 기쁜 소식이다. 당신은 한나절에 5킬로그램을 뺄 수는 없지만 태도는 언제라도 바꿀 수 있다.

이런 점에서 나는 남자들이 대체로 부당 대우를 당하고 있다고 본다. 남자들의 성욕은 동물적인 것으로 일축된다. '사내들은 그저 완벽한 몸매를 원하고' 잦은 성관계를 원한다고 흔히들 말한다. 하지만 설문에 응답한 남자들 중에 또한 내가 대화해 본 남자들 중에 그런 사람은 하나도 없었다. 내가 아는 성숙한 그리스도인 남자치고 자기 아내가 22세의 슈퍼모델처럼 보이기를 바라는 사람은 아무도 없었다.

사실, 당신이 자신의 외모에 자신 없어하고 그리하여 침대에서 소극적으로 나온다면, 당신의 몸매보다 당신의 태도가 훨씬 더 남편의 즐거움을 앗아간다. 내가 대화한 한 남자의 아내는 40대였다. 아내의 헌신 때문에 그들은 20대 때보다 지금 성관계 횟수가 더 많아졌다. 그가 나한테 뭐라고 했는지 아는가? "나는 이전 그 어느 때보다도 요즘 아내에게 더 매력을 느낀다."

이 남자의 아내는 아마 20년 전보다 지금 몸무게가 더 나갈 것이다. 주름살도 조금 늘었을 것이고, 신혼여행 갈 때는 없었던 뱃가죽 늘어난 자국도 분명히 있을 것이다. 몸의 어떤 부분들은 옛날처럼 팽팽해 보이지 않을 것이다. 그런데도 남편은 그녀의 몸을 이전보다 더 사랑하고 있다. 왜 그럴까? 그녀의 **태도** 때문이다. 그녀는 자기에게 있는 그대로를 후히 내주고 있고, 남편은 그 익숙하면서도 마냥 아름다운 몸에 깊은 정을 느껴온 것이다.

외모는 슈퍼모델 같은데 정서적으로 냉담하고 절대로 성적인 친밀함을 주도하지 않는 여자와 비록 살은 좀 쪘지만 열심과 적극성이 있고 때로 주도하는 여자 중에서 누가 더 좋으냐고 남자 백 명에게 묻는다면, 장담하건대 백에 아흔아홉은 후자를 꼽을 것이다.

하지만 여기 주의할 대목이 있다. 당신의 남편은 당신이 슈퍼모델처럼 보이기를 바라지는 않을지 모르지만, 그래도 당신이 **여자처럼** 보이기를 원한다. 리자와 나는 결혼도 하지 않은 십대 아이들이 빅토리아스 시크릿여성 속옷 전문점—옮긴이의 최대 고객층이 되고 있다는 말을 들은 적이 있다. 한번은 한 아빠가 내게 이런 말을 했다. 부부가 함께 빨래를 개고 있는데, 매력적인 속옷이 자기 아내보다 아직 결혼하지 않은 딸에게 훨씬 많다는 게 저절로 눈에 띄더라는 것이었다.

모두가 **거꾸로** 된 것 같다.

남자들은 아내에게 매혹되기를 원한다. 노화, 출산과 수유의 경험이 여자의 몸에 타격을 준다는 것을 남자들도 안다. 하지만 그래도 그들은 아내가 여자 같아 보이기를 원한다. 여성적인 모습은 남자들의 마음을 사로잡는다. 그런 모습은 또한 하나님의 선하신 뜻이다.

솔로몬은 남편들에게 아내에 대해서 "그의 사랑을 항상 연모하라" 잠 5:19고 말한다. 그 앞줄까지 함께 들으면 이 다소 밋밋한 번역이 좀 더 에로틱하게 들릴 것이다. 앞줄에는 남편이 연모해야 할 신체 부위가 그대로 묘사되어 있다. 이 대목에 대한 카일과 델리취의 설명을 보면, 남편이 자기 아내의 벗은 몸을 바라보며 '도덕적으로 허용 가능한 사랑의 황홀경'에 취해 있다.[9] 이 구절의 '연모' 라는 말은 그만큼 강한 개념이다. 또한 성경에 따르면 이것은 **축복**이다. 당신의 남편에게 주시는 하나님의 좋은 선물이다. 이 성경 말씀을 요즘 상황에 맞게 고쳐 보면 이렇다. "네 아내의 아름다운 몸에 매혹되어 황홀해 하는 것은 하나님의 좋은 선물이니 너는 그 선물을 받으라."

성차별처럼 들릴까봐 우려할 필요가 없는 사석에서, 남자들이 흔히들 탄식조로 하는 말이 있다. 더 이상 여자처럼 보이지 않는 아내들이 아주 많다는 것이다. 그렇다고 당신이 편안한 옷차림을 할 수 없다는 말이 아니다. 야구모자의 구멍으로 뽑아낸 꽁지머리도 아름다울 수 있다! 다만 남자들은 자기 아내가 여자처럼 보이기를 원한다. 당신이 여기에 정통할 수 있다면, 남편의 삶에 미칠 당신의 영향력은 그만큼 더 강해질 것이다.

※ ※ ※

지금부터 내가 하려는 말을 당신은 심각하게 오해할 수 있다. 하지만 부디 자신에게 유익한 쪽으로 해석해 주기 바란다. 그리스도인의 결혼이라는 거룩한 안전함 내에서 당신은 또한 첩의 동기를 간직할 수 있겠는가? 어떤 여자들이 좀더 이기적인 목적으로 자기에게 주목을 끌게 하듯이, 당신은 그리스도를 경외한다는 목표로 그만큼 열과 성을 다해 남편을 계속 매혹하겠는가?

습관의 구속

후작 부인이 자신의 나이를 걱정하자 누가 이런 충고를 해주었다. "부인과 함께함이 왕께 더욱 소중해지도록 상냥하게 대하시오. 다른 때에도 왕을 거부하지 마시오. 그냥 물 흐르듯이 두시오. 습관의 구속이 왕을 영원히 부인에게 묶어둘 것이오."[10]

그 후에도 그녀는 비슷한 조언을 들었다. "왕들은 무엇보다 습관의 산물이오. 부인을 향한 왕의 우의에는 부인의 방과 주변 공간이 포함되어 있소. 부인은 왕의 버릇과 화제에 익숙해 있소. 부인과 함께 있으면 왕은 창피해하지 않고, 부인을 따분하게 만들까봐 두려워하지도 않소. 이 모든 것에서 스스로 떨어져나갈 용기를 왕이 어디서 얻겠소?"[11]

많은 여자들이 이 '습관의 구속'을 충분히 이해하지 못할 수 있다. 아마 낭만적으로 들리지 않기 때문일 것이다. 여기서 습관이란 당신이 남편 삶의 개인적 취향과 습성과 리듬에 익숙해지고 거기에 맞춰주는 것을 말한다. 내 말에 혹시 과장이 있을 수 있지만 자신이 거의 신경 중적으로 습관의 사람이다 보니, 대부분의 남자들에게 이 '구속'은 대단한 힘일 수 있다.

바울이 나이 든 여자들에게 젊은 여자들을 '교훈하되 그 남편을 … 사랑' 하게 하라고 했는데, 여기 흥미롭고 주목할 만한 것이 있다. 그리스어에 '사랑'을 뜻하는 단어가 여럿 있는데, 바울이 여기서 택한 단어는 필레오다. 필레오는 실제적인 종류의 사랑으로, 문맥에 따라 '무엇을 하는 버릇이 있다'는 뜻이 될 수도 있다. 존 스토트는 그것을 이렇게 설명한다. "이렇듯 결혼의 제일 첫 번째 기초는 사랑필레오이다. 감정과 로맨스의 사랑이라기보다 희생과 섬김의 사랑이며, 성적인 사랑은 더더욱 아니다. 젊은 아내들은 이것을 깨달아야 한다. 이 말은 그들이 그것을 제어할 수 있다는 뜻이다."[12]

앞에서 나는 당신의 남편을 '매혹된' 상태로 유지해야 한다고 말했지만, 현실적으로 이것은 24시간의 결혼생활의 현실과는 좀 거리가 있다. 하지만 필레오 방식의 섬김과 사랑은 관계를 굳혀 준다. 여자는 '습관의 구속'으로 남편을 평생 자기에게 묶어둘 수 있는데, 필레오는 그 '습관의 구속'을 존중한다. 당신의 남편을 당신처럼 잘 아는 사람은 없으므로, 당신은 남편의 필요를 미리 내다볼 수 있다. 그리고 그 필요를 채워 주고 충족시켜 주면 남편의 깊은 충절을 불러일으킬 수 있다. 간단한 일일 수 있다. 예를들면 남편이 즐겨 찾는 음료와 간식을 늘 준비해 두는 것, 남편이 사업차 집에 없을 때면 남편이 즐겨 보는 텔레비전 프로그램을 녹화해 두는 것, 근처 서점에 나간 김에 남편이 좋아하는 저자의 책을 사오는 것, 약속을 정하거나 손님을 치를 때 남편의 스케줄을 민감하게 배려하는 것 등이다.

정말 이것은 친절과 배려의 문제다. 퐁파두르 부인이 루이 왕의 취향을 연구하여 '습관의 구속'을 타고 왕의 마음속으로 직행하려 했듯이, 당신도 그와같이 하면 결혼생활에 깊은 애정을 가꿀 수 있다.

나는 신혼 초의 아내들에게 **인내심**을 가지라고 권하곤 한다. 진한 관계를 원하는 젊은 아내들이 아주 많다. 대부분의 젊은 남자들의 경우, 일단 처음의 진한 로맨스가 식고 나면 그것은 비현실적인 일이다. 충절과 연합과 깊은 친밀함은 모두 시간이 걸려야 개발되고 무르익는다. 아내가 꾸준히 남편을 기쁘게 해주면, 남편이 세월이 가도 아내에게 매혹을 느끼면, 아내가 '습관의 구속'을 활용하여 남편의 마음을 자신의 마음에 묶어두는 법을 배우면, **그제야** 관계가 대부분의 젊은 아내들이 원하는 그 차원의 친밀함과 신뢰와 연합에 도달한다. 이렇듯 이 과정은 점진적으로 이루어진다. '결혼'이라는 첫 입금으로 장기적 투자 수익을 즉각 거두려는 젊은 아내들이 너무 많다.

별로 낭만적으로 들리지는 않겠지만, 남편을 사랑하는 일을 은퇴 연금에 투자하는 일로 생각해 보라. 2006년에 입금한 돈이 2007년이나 길게 잡더라도 2012년에 두 배로 늘기를 바랄 수는 없는 일이다. 알다시피 이자는 시간이 가야 쌓인다. 성숙한 사랑도 그와 같다. 그리스도인 남자는 혼인서약을 하는 순간부터 당신에게 절대적으로 헌신되어 있어야 한다. 두려움이나 후회 없이 당신을 위해 죽어야 한다. 그러나 그의 영혼과 당신의 영혼의 관계적인 결속은 즉각 되는 일이 아니다. 시간이 걸린다. 자동이 아니다. 그런 관계를 억지로 만들어낼 수는 없다. 묘목을 심어 놓고 이튿날 아침에 나무에 열매가 맺히기를 바랄 수 없는 것이나 마찬가지다.

안타깝게도, 남편에게 인내심을 잃는 아내들이 너무 많다. 그래서 결혼생활 10년 만에 남편이 자기가 원하는 대로 반응하지 않으면, 남편을 다른 남자로 바꿔 버리기도 한다. 그러나 그것은 해결책이 못 된다. 이제부터 그들은 원점에서 다시 출발해야 한다. 두 번째 남편과도 처음의 로맨스가 식고 나면 온전히 결속하는 데 시간이 걸린다. 아내들이 로맨스를 지나 참 사랑으로 나아가기를 정말로 원한다면, 성숙한 사랑이 자랄 만큼 충분히 오랫동안 견뎌야 한다.

잔느 앙투아네트와 왕의 관계는 시간이 가면서 바뀌었다. 결국 그녀는 연인보다 더 친구가 되었다. 진심으로인지 호기심에서인지 퐁파두르 부인은 그즈음에 종교적 회심 같은 것을 경험했다. 이제 그녀는 더 이상 공공연한 불륜을 저지르는 여자가 아니었으므로 교회도 그녀의 귀환을 환영했다. 많은 사람들은 그녀가 새로 찾은 신앙이 아직도 여색이나 밝히는 왕에게 어떻게든 영향을 미칠 수 있기를 바랐다. 잔느 앙투아네트는 매우 귀중한 조언자와 상담자가 되는 일에 자신의 미래를 걸었다.

1751년쯤, 그녀는 자신이 더 이상 왕과 '성적 관계로만 얽혀 있지' 않음을 밝히 드러냈다. 대신 그녀는 정치와 외교에 더 많이 개입하게 되었다. 한때 유혹으로 관계를 유도했던 그녀가 이제 신뢰를 바탕으로 관계를 구축했다. 루이 15세는 자신감이나 결단성이 부족한 왕이었다. 다른 왕들은 권위를 편하게 누렸지만 그는 그렇지 못했다. 반대로, 퐁파두르 부인에게는 자신감이 문제가 된 적이 없었다. 그녀는 그런 왕에게 자신이 도움이 될 수 있음을 인식했다. 이블린 레베르의 말처럼, 결국 "그녀 없이는 아무 일도 되지 않았다. 왕에게 직접 접근하기는 힘들어졌고, 왕은 군사와 외교와 행정직의 임명을 대부분 첩에게 맡겼다."[13]

요컨대, 잔느 앙투아네트는 루이 왕의 삶에 없어서는 안 될 존재가 되었다. 그녀는 왕의 습성을 연구했고, 그의 필요를 알았고, 끈질기게 그를 추구했다. 그래서 결국 왕도 자기가 그녀 없이는 제 구실을 할 수 없음을 알게 되었다. 그것을 기초로 하여 그녀는 엄청난 영향력을 미쳤고, 여러 모로 왕에게 동기를 심어주고 왕의 마음을 움직일 수 있었다.

강조하거니와 이 의지(依支), 이 의존, 이 협력은 **다년간의** 섬김과 관계를 통해서 이루어졌다. 당신도 남편의 마음을 움직일 수 있으려면 먼저 끈질기고 열정적인 추구로 그의 마음을 얻어야 한다. 남자의 마음을 얻기란 쉽지 않다. 하지만 남자의 마음을 북돋아 인내로 얻어내고 세월의 연단을 거치면, 그 충정은 뜨거워질 수 있다.

상상할 수 없는 영예

늘 건강이 좋지 않던 퐁파두르 부인은 결국 1764년에 몸져누웠다. 죽음이 임박해지자 루이 15세는 그녀를 베르사유 왕궁에서 죽게 해주어야 된다고 주장했다. 왕족으로 태어난 사람들만 그런 영예를 누릴 수 있다는 아주 엄격한 규율에도 불구하고 말이다. 퐁파두르 부인은 살아서 평생 신분의 경계선을 허문 것처럼 죽을 때도 그랬다. 낙담한 루이 15세는 자기 의사에게 이렇게 말했다. "짐의 상실이 얼마나 큰지는 오직 짐만이 알 것이오."[14]

현대 여성들은 퐁파두르 부인이 한 남자를 기쁘게 하려고 그토록 열심히 애쓴 방식에 반감이 들 수도 있겠지만, 왕은 그녀의 수고에 어마어마한 보상을 주었다. 살아서 못지않게 죽을 때에도 그랬다. 잔느 앙투아네트는 평민으로 시작했으나 귀족의 일원이 되었다. 프랑스 사회에 거의 전무했던 신분 상승이었다. 경제적으로도 그녀는 처음에는 보잘 것 없었지만 엄청난 부를 얻었다. 순전히 그녀의 낙을 위해 지어진 저택과 정원이 즐비했다. 그리고 죽을 때에도 왕족의 대우를 받았다.

그렇더라도 한 정부情婦의 신분 상승은 고결한 결혼관계에서의 절대적 헌신의 감격에는 절대로 비할 바가 못된다. 전도서 저자는 "내가 보니 지혜가 우매보다 뛰어남이 빛이 어둠보다 뛰어남 같도다"전 2:13라고 썼다. 잔느 앙투아네트의 행동들의 긍정적인 측면을 하나님이 제정하신 건강한 결혼생활에 적용한다고 상상해 보라. 남편을 기쁘게 하려는 사랑이라는 동기를 가지고 노력해 보라. 그런 뜨겁고 끈질긴 추구에서 얼마나 풍성한 관계가 나올 수 있을지 상상해 보라.

이는 자아도취에 빠진 남자의 비위를 맞추라는 것이 아니다. 성경의 명령들을 실천해 보라는 의미이다. 예수님은 우리에게 그분이 우리를 사랑하신 것처럼 서로 사랑하라고 명하신다요 15:12. 예수님의 사랑은 날이 갈수록 그 끈질김이나 열정이나 후함이 조금도 줄어들지 않는다. 성경적으로 사랑하려면 우리의 사랑이 식어지게 해서는 안 된다. 바울은 끈질긴 사랑을 우리가 서로에게 지는 '지속적인 빚'롬 13:8, NIV이라고 표현했다. 사람들 전반이 그러할진대 우리의 배우자에 대해서는 오죽 더하겠는가! 위대한 사랑 장에서 바울은 사랑은 "모든 것을 견디느니라"라고 상기시켜 준다고전 13:7. 사랑은 포기하지 않는다. 사랑은 "언제까지나 떨어지지 아니"한다8절.

당신은 남편을 그런 사랑으로 사랑하는가? 당신은 끈질기고 뜨거운 추구의 위력으로 결혼생활을 충실하게 세우고 있는가? 당신이 결혼생활에 충분한 시간을 들이면, 남편을 늘 매혹된 상태로 유지하려고 부지런히 노력하면, 섬기고 사랑하고 남편의 생활 리듬에 익숙해지려 하면, 그러면 남편이 자기에게 있는 모든 것으로 당신을 높여줄 것이다. 루이 15세가 퐁파두르 부인을 높여준 것처럼 말이다.

1984년에 리자와 내가 결혼할 때만 해도 나의 전 재산으로 시애틀 마리너스 팀의 정기 입장권 하나도 구입할 수 없었다. 내가 사역에 몸담았던 여러 해 동안에도 우리는 근로소득 감세 혜택의 대상자였다. 우리가 부모로서 처음 싸웠던 것은 내가 앨리슨에게 주려고 충동적으로 구입한 8달러짜리 장난감 때문이었다. 리자는 우리에게 그럴 여윳돈이 없다고 생각했다.

지금은 참으로 많이 달라졌다. 우리는 사치하며 살지는 않지만, 돈이 큰 문제가 되지는 않게 되었다. 둘 중 하나가 치과에서 비싼 치관을 씌워야 할 때도 우리는 일주일 동안 식비를 줄이거나 빚을 지지 않아도 된다. 그냥 수표를 끊는다. 아이가 무용 교습이나 기타 강습을 원하거나 수업료가 두 배나 되는 사립학교 과목을 들어야 할 때도 우리는 하나님의 은혜로 아주 큰 고생 없이도 감당할 수 있다. 우리는 주어진 재물의 선한 청지기가 되려고 열심히 노력한다. 그동안 하나님은 좋은 집, 가끔의 휴가, 편안한 생활을 공급해 주셨다. 게다가 리자는 15년이 넘도록 집 밖에서 일할 필요가 없었다.

젊은 아내들에게 말하고 싶다. 이것은 하룻밤 사이에 된 일이 아니다! 리자는 힘들고 어렵던 시절에도 정서적으로 나를 내조했다. 내가 책을 써도 **비용**만 들지우표, 종이, 컴퓨터 용품 등 수입은 하나도 없던 시절이 있었다. 내가 새로운 직업을 가져 보려고 터무니없이 이른 시간에 자고 꼭두새벽에 일어나던 여러 해 동안, 리자는 그런 남편을 참고 견뎌야 했다. 내가 주말 오전이나 휴가 중에 일하는 것도 리자는 견뎌야 했다. 아내는 적자이기 일쑤인 가계부로 요술을 부렸다. 한때 우리가 졌던 무거운 빚을 생각하면 나는 지금도 몸서리가 쳐진다.

하지만 우리는 함께^{이것이 열쇠다.} **함께** 그 속을 통과하여 옥토에 이르렀다. 내일이면 이 모든 것이 사라진다 해도 여전히 우리에게는 서로가 있다. 그리고 20년 동안 빚어온 견고한 동반의 충절이 있다. 리자는 내 삶에서 무엇과도 바꿀 수 없는 존재가 되었다. 리자에게 청혼할 때 내게 있는 거라고는 실업자 신분, 10년 된 포드 매버릭 차, 트레일러 주택 단지에서 공짜로 살자는 제안뿐이었다. 그런데 놀랍게도 리자는 내 청을 수락했다. 아내는 트레일러 주택을 최대한 멋지게 꾸몄다. 몇 달 후에 아내는 연달아 이틀만 비가 오면 매번 침수되는 지하 아파트를 견뎌야 했다^{우리가 살고 있는 북서부에서 이틀 연속의 비는 1년에 9개월 동안 다반사로 있는 일이다.} 내가 몇 년 더 학교에 다닐 때도 아내는 감당해 주었다. 나는 신학교를 마치는 동안 저녁에 집에 없을 때가 많았다. 그 뒤로 아내는 내가 사역을 위해 주말마다 집을 비우는 모습도 지켜보았다.

아내는 세월 속에서 나를 향한 자신의 사랑을 입증해 보였다. 그냥 몇 달이나 몇 년이 아니라 **수십 년** 동안 그랬다. 지금 내게 있는 모든 것은 아내의 것이다. 나는 마지막 한 푼도 아내를 돌보는 데 쓸 것이며, 내 목숨까지도 바쳐 아내를 보호할 것이다.

나는 남편을 가정의 영적인 머리로 믿지만, 리자의 손안에서는 아주 말랑말랑하다. 매일 마시던 콜라를 줄이는 작은 일에서부터 가족 휴가 장소를 정하는 좀더 큰 일에 이르기까지 여태껏 아내가 내게 영향을 미쳐 왔고, 내 마음을 움직여 왔고, 나를 빚어 왔다. 리자는 첩이 아니다. 리자는 내 **아내**다. 그리스도 안에서 내 자매다. 내 인생에 단연 가장 큰 영향을 미치는 사람이다.

변화를 위한 분위기 조성

남편에게 동기를 심어주는 일이 단순한 과정이기보다는 오히려 컴퓨터를 프로그래밍하거나 자동차를 고치는 일에 더 가까움을 이제 당신도 알았을 것이다. 인간은 점진적으로 빚어지는 법이다. 우리는 상대방을 억지로 변화시킬 수 없다. 그러나 변화에 도움이 되는 분위기를 조성할 수는 있다.

나는 정원 가꾸기에는 문외한이지만 그래도 이것만은 안다. 식물이 독으로 오염된 땅에 심겨 있다면 아무리 지극정성을 들여도 소용없을 것이다. 이번 마무리 단락은, 남편이 성장할 수 있는 적절한 토양 배합을 환기시켜 주는 자리로 보면 된다. 나는 즉각적인 변화를 낳을 단순논리식 1-2-3단계를 제시하지 않았다. 대신 나는 시간이 가면서 최대한의 성장을 촉진해 줄 기본 요소들을 제시했다. 남편에게 영향력을 미치고 싶은가? 그렇다면 이 제안들을 실행에 옮겨 결혼생활에 긍정적인 변화가 일어나게 할 분위기를 조성해 보라.

3부에서는 오늘날 여자들이 부딪치는 가장 흔한 문제들 몇 가지를 다루고자 한다. 성질이 불같은 남자들, 일이나 취미에 너무 몰두하여 집을 자주 비우는 남자들, 포르노나 인터넷 외도로 고생하는 남자들, 그리고 신앙이 없는 남자들을 다루게 될 것이다.

많은 아내들이 3부에 가장 마음이 끌릴지 모르겠다. 하지만 전체적인 관계라는 문맥을 떠나 특정 이슈들만을 주목해서는 안 된다. 그 문맥을 제시하는 것이 지금까지 이 책의 1부와 2부에서 내가 하려고 한 일이다.

1. 시간을 내서 당신의 남편을 '연구해' 보라. 남편의 삶을 더 편안하고, 즐겁고, 만족스럽고, 유익하게 해줄 수 있는 것들은 무엇일까?

2. 남편을 기쁘게 해주려는 당신의 노력은 연애 시절보다 지금이 더 못한가? 직장생활을 하거나 가정에 자녀를 둔, 또는 둘 다인 기혼 여성에게, 이 부분에서 현실적으로 기대할 수 있는 모습은 무엇인가?

3. 당신은 타성에 젖기 시작했는가? 너그럽고 창의적인 연인이 될 생각이 별로 없이, 육체적인 친밀함을 당연시하고 있는가? 이것을 뒤집기 위해 당신이 할 수 있는 일 한두 가지는 무엇인가?

4. 당신의 결혼생활이 정원이라고 상상해 보라. 당신의 결혼생활은 방치되어 잡초가 무성한가, 아니면 잘 관리되어 건강한가? 지금부터 더 건강한 결혼생활을 가꾸기 위해 당신이 앞으로 6개월 동안 할 수 있는 일 두 가지는 무엇인가?

더 예쁜 부부관계를 꿈꾸며...

5. 당신이 남편을 '매혹하는' 가장 효과적인 방법은 무엇인가? 그것을 마지막으로 실행에 옮긴 때는 언제인가?

6. 필레오의 사랑(우정의 사랑)이 남자의 마음을 아내에게 결속시켜 줄 수 있는 세 가지 방식을 꼽아 보라.

7. 남편을 향한 당신의 사랑은 꾸준한 추구와 산발적인 노력 중 어느 쪽에 더 가까운가? 어떻게 하면 계속 더 꾸준한 노력이 될 수 있을까? 그리스도를 경외하는 마음은 여자의 동기를 어떻게 재충전시켜 줄 수 있는가?

8. 남편을 꾸준히 사랑하고 세워주는 것이 어떻게 장기적으로 당신 자신의 삶에 긍정적인 영향을 줄 수 있을까?

부부관계의 가장 흔한 문제들, 그 해법

PART 3

남편의 분노에 자존감을 꿋꿋이 보여주라 10

 당신의 남편은 화를 잘 내는 남자인가? 어쩌면 당신의 남편은 폭력을 휘두르는 남자일지도 모른다.
 그리고 이런 분노나 폭력의 징후를 결혼 전부터 이미 보았지만, 결혼하고 싶은 간절한 마음에 그냥 그것을 간과하거나 한번의 사건으로 봐주기로 했을지도 모른다. 어쩌면 당신이 그를 통제할 수 있다고 생각했을지도 모른다. 결혼하면 모든 것이 더 나아질 거라고 생각했을지도 모른다. 하지만 이제 당신은 무서운 상황에 갇혀 있다. 당신은 자신을 위해서나 자녀들을 위해서나 바른 행동을 취하고 싶지만, 마음이 두려움과 죄책감과 혼란에 차 있다 보니 바른 행동이 **무엇**인지조차 모른다.

물론 당신의 상황은 그렇지 않을 수도 있다. 하지만 장담하건대 이것은 당신의 교회에 다니거나 당신의 동네에 살거나 당신의 사무실에서 일하는 어떤 사람의 상황이다. 그러니 이번 장이 설령 당신의 남편에게 해당되지 않더라도 다른 사람들을 돕고 싶은 마음으로 계속 읽으면 유익할 것이다.

점점 심해지는 분노

결혼식장에 입장한 수많은 신부들처럼 조 프랜즈[1]도 자기 남편 될 사람이 '욱하고 화를 낼' 때가 있음을 알았다. 그러나 조는 레이가 하나님을 사랑하는 사람이므로 둘이 부부로서 그 문제를 극복할 수 있으려니 생각했다. 레이가 **얼마나** 사나워질 수 있는지를 조는 결혼하고 나서야 알았다.

조는 이렇게 회상한다. "남편의 목소리가 어찌나 극적으로 사나워지던지 정말 나한테 손이라도 올라올 것 같았다. 설마 그러리라고는 생각하지 않았지만 말이다." 레이는 때로 사소해 보이는 일들로도 분노를 터뜨렸다. 예를들어 조가 가게에서 깜빡 잊고 뭔가를 사오지 않을 때에도 불같이 화를 냈다.

"집안일을 얼마나 못하면 비누 하나 떨어지지 않게 못해!"

레이는 언젠가 조에게 그렇게 소리를 질렀다.

조는 충격을 받았다.

"나는 남편이 그런 식으로 나에 대해 흠을 잡거나 그렇게 공격할 줄은 정말 몰랐어요."

독자 중에 미혼 여성이 있다면, 여기서 잠시 할 말이 있다. 남자의 분노가 결혼한 뒤로 **줄었다는** 경우를 나는 한번도 들어본 적이 없다. 남편 될 사람과 연애 중인 현재에 당신이 보고 있는 혈기가 그 사람의 전체 혈기 중에서 기껏 75퍼센트쯤이라고 보면 된다. 결혼하고 나면 더 많은 혈기가 폭발할 것은 사실상 보장된 일이다. 당신이 사귀고 있는 남자가 이미 당신이 보기에 너무 분노가 심해 보인다면, 신혼여행이 끝나고 나면 그 분노가 **훨씬** 더 심해질 것이다.

불행히도, 미혼 여성들은 분을 잘 내는 남자친구를 두둔할 때가 많다. 아버지한테 학대당한 여자들의 경우, 아예 자기가 분노를 유발했다고 자신을 탓할 수도 있다. 남편의 혈기를 자기가 유발했다고 아내가 자신을 탓하는 한, 그 아내는 진짜 문제를 무시하는 것이다. 진짜 문제는 아내가 분노의 원인이 아니라 **대상**이라는 것이다. 여자가 자신이 분노를 유발한다고 생각한다면, 남편의 문제를 자기 탓으로 돌리는 것이다. 그러면 남편은 아내에게 계속 상처를 입히게 되고, 상황은 달라지지 않는다. 오히려 그 상황을 더 악화시킬 수 있다. 그것을 피하는 방법을 잠시 후에 말할 것이다. 하지만 지금은 이것을 알아야 한다. 화를 잘 내는 남자와 함께 살면서 그를 화나지 않게 하기란 불가능하다. 꼭 알아두기 바란다.

"화를 잘 내는 남자와 함께 살면서 그를 화나지 않게 한다는 것은 불가능하다!"

그러나 당신이 그 대상이 되지 않게 물러날 수는 **있다**.

"나는 가치 있는 존재다"

레이는 아주 비판적인 알코올 중독자 아버지 밑에서 자랐다. 아버지는 그에게 관계의 기대는 아주 높아야 한다고 가르쳤다. 레이는 자신의 행동을 인정한다.

"어떤 때 나는 거의 참지 못한다. 정말 다른 사람들의 습성이 잘 용납이 안 된다. 깜빡 잊고 비누를 사오지 않는 사소한 문제에도 참지 못할 때가 있다."

처음에 조는 레이의 성난 말투에 방어적인 태도와 죄책감으로 반응했다. 아무래도 잘못이 자기 쪽에 있을 거라고 생각했던 것이다. 하지만 몇 차례의 충돌을 분석한 끝에 조는 결국 레이가 늘 옳지만은 않다는 결론을 내렸고, 그러자 그녀도 똑같이 분노로 맞서게 되었다. 그래봐야 상황은 악화될 뿐이었다. 레이는 조에게 소리를 지르곤 했고, 그러면 조도 되받아 소리 지르곤 했다.

"**감히** 나한테 그런 식으로 말하지 마!" 걷잡을 수 없는 분노의 악순환이었다.

이럴 때는 잠언 15장 1절이 열쇠다. "유순한 대답은 분노를 쉬게 하여도 과격한 말은 노를 격동하느니라."

앞서 말했듯이, 당신이 죄를 짓기에 가장 취약한 때는 남이 먼저 당신에게 죄를 지을 때다. 하지만 남편이 분노를 부적절하게 표출했다고 해서 당신의 부적절한 분노 표출이 정당화되는 것은 아니다.

"다툼을 좋아하는 자는 죄과를 좋아하는 자요"잠 17:19.

'덩달아 똑같이 행동하지' 않고 그리스도를 경외함으로 반응할 수 있도록, 영적으로 근신 상태에 들어가라. 당신이 똑같이 행동하면 똑같은 것이 더 커져서 돌아올 뿐이다.

적어도 그것이 조의 경험이었다. 어느 날 조는 마침내 자신에게 이렇게 말했다.

"더는 안 되겠어. 계속해서 이렇게 살 수는 없어!"

조는 자신의 딜레마를 주님께 가지고 갔다.

"기도하면서 이런 생각을 했다. '내가 이런 대우를 받아도 싼가?' '아니, 그렇지 않다'는 깨달음이 왔다. 그리스도인으로서 나는 하나님께 가치 있는 존재다. 남편도 나를 귀하게 여겨야 한다. 하지만 내가 억지로 남편에게 나를 귀하게 여기도록 만들 수는 없다. 어떻게 하면 남편으로 하여금 나를 존중하게 할 수 있을까? 그리고 그것을 그의 언어로 표현하게 할 수 있을까?"

다음 몇 주 동안 조는 확신하게 되었다. 하나님은 조가 레이에게 말할 때, 자신의 관심사가 남편의 귀에 들리게끔 소통하는 법을 배우기를 원하셨다. 이전의 자신의 행동들(레이의 혈기에 똑같이 혈기로 반응했던)을 돌아보던 조는 자기가 상황을 오히려 악화시키고 있었음을 인정하지 않을 수 없었다. 그때 하나님이 조를 전도서의 지혜로 인도하셨다.

"조용히 들리는 지혜자들의 말들이 우매한 자들을 다스리는 자의 호령보다 나으니라"전 9:17.

조는 '조용히 들리는 지혜자들의 말'을 사용하기로 했다. 그녀의 설명이다.

"하나님이 나에게 이렇게 말씀하시는 것을 느꼈다. 직접적이고 비공격적이며 자존감을 보이는 화법을 쓰라고 하신 것이다. '내가 당신한테 바라는 것은 이거예요'라든가 '그렇게 무섭지 않게 말해 줄래요?' 처럼 말이다."

요컨대 조가 하나님께 들은 말씀은 온유하고 침착한 심령으로 반응하라는 것이었다^{벧전 3:4 참조}.

이들의 불화가 당장 달라졌다고 한다면 그것은 지나치게 단순한 표현일 것이다. 하지만 시간이 가면서 이 온유하고 침착한 접근 방법은 통하기 시작했다. 이 변화의 배후에 깔린 영적인 기초를 잘 보라. 조는 하나님께 **자기를** 변화시키시도록 내어드렸고, 그러자 그 결과로 남편이 영적으로 성장했다.

레이는 이렇게 설명한다.

"전에는 내가 아내를 무시하거나 깎아내리거나 비난하면 아내는 재빨리 몹시 화가 나서 되받아치곤 했다. '나한테 그런 식으로 말하지 마! 그런 말투로 하지 마!' 아내는 얼굴이 긴장되어 굳어졌다. 그러면 나는 '허, 정말 상처가 되나 보군. 내가 어딘가 신경을 깊이 건드린 거야'라는 생각은 들었지만, 아내가 왜 그렇게 큰 문제로 삼는지는 이해가 안 갔다."

그 후로는 싸움이 터지면 조는 단호하되 온유해지는 데 집중했다.

"다른 말로 표현을 고쳐 주세요. 그럼 저도 이렇게 방어적이 되지 않을 거예요."

레이가 알코올 중독자 가정에서 자랐음을 알았기에 조는 여자에게 말하는 법을 그에게 가르쳐 주어야겠다고 생각했다.

레이는 이렇게 말한다.

"여자가 자신이 상처 받았음을 밝히되, 먼저 그 말에서 격한 감정을 빼는 게 아주 중요하다. 그렇지 않으면 우리 남자들은 상대방이 과잉반응을 하고 있다고 생각하는 경향이 있다. 조는 이런 식으로 표현했다. '나는 당신이 잘되기를 정말 진심으로 바라요. 그런데 당신이 한 말은 내게 깊은 상처가 되었어요. 당신도 그것을 알았으면 해요.' 전처럼 '나한테 그런 식으로 말하지 마!' 하던 날카로운 말은 아내에게서 사라졌다."

레이에 따르면, "조의 이전의 소통 방법은 내게 죄책감이 들게 할 뿐이었다. 내가 사고 친 줄을 나도 이미 알고 있는데, 아내가 다시 들먹여 실제보다 더 큰 문제를 만들고 있었던 것이다. 이미 자신이 한심하게 느껴지는 상태에서 그런 공격까지 받으면 아무래도 도로 맞받아쳐 상황이 더 격해지기 쉬웠다."

레이는 자기를 가장 화나게 한 것은 오해받을 때였다고 말한다. 그가 보기에 때때로 아내는 자기한테 유리하게 해석해 주지 않고 무조건 드러나는 행동만 보았다. 그러면 그는 어이가 없고 속이 상했고, 그래서 화가 더 치밀곤 했다. 사실 많은 경우에 자신의 의도는 선했는데, 아내는 최악의 상황으로 속단했다. 그럴 때마다 그는 속상하고 화가 나서 더 폭발해 버렸다.

레이는 이제 자신들의 모습을 되돌아 보면서, 하나님이 이 상황을 사용하셔서 자신과 조 둘 다에게 도전하셨음을 깨닫게 되었다.

"하나님은 때로 우리를 답답하게 하실 수 있지만 우리는 그분께 유리한 쪽으로 해석해야 한다. 그분의 동기와 의도가 선하심을 우리가 알기 때문이다."

평범한 말 같지만 매우 심오한 말이라고 본다. 아주 불완전한 사람을 사랑하고 그와 소통하는 법을 배우다 보면, 절대적으로 완전하신 하나님을 사랑하고 그분과 소통하는 법에 대한 값진 교훈까지 배울 수 있다. 아닌 게 아니라 때로 우리는 최악의 상황으로 속단하는 경향이 **있다**. 배우자에게뿐 아니라 하나님께도 말이다.

"그분은 관심이 없다. 우리 상황을 보지 않으실 거다. 우리를 가지고 노시는 거다."

최소한 우리가 하나님이 절대로 그런 분이 아님을 안다면, 이런 상황을 통해서 우리는 교만한 속단을 좀더 삼가고 다른 사람들을 좀더 겸손과 은혜로 대하는 법을 배울 수 있을 것이다.

이것은 화를 잘 내는 남자와 결혼한 아내들이 부딪칠 가장 큰 도전의 하나일 것이다. 당신의 남편이 그런 사람이라면, 그의 모든 새로운 반응을 그저 '다 똑같은' 것으로 보지 않기가 아주 어려울 것이다. 그래서 용서가 그토록 중요하다. 우리는 과거를 내려놓아야 한다. 그래야 계속 과거로 현재를 채색하지 않을 수 있다. 그렇지 않으면 정말 미래가 매우 암담해 보일 것이다. 과거에 받은 상처에도 불구하고, 당신은 당장의 판단을 유보하고 남편에게 유리한 쪽으로 해석하기로 선택할 수 있는가?

영적인 준비

조의 경험에서 우리가 배울 수 있는 원리가 또 있다. 남편의 분노에 직면하려면 당신 자신의 영적인 집부터 정리해야 한다. 그렇지 않으면 남편을 도울 힘과 용기와 시각이 부족해진다.

조는 자신의 결혼생활이 조와 레이의 문제 이상임을 깨달았다. 그것은 또한 조와 하나님의 문제이기도 하다. 성을 잘 내는 남편과 함께 살려면 하나님의 인정은 소원 정도가 아니라 말 그대로 **필수**다. 남자들은 아주 잔인하게 신랄할 말을 할 수 있다. 당신이 하늘 아버지한테서 인정과 애정을 받고 있지 않다면, 당신은 정서적으로 공허하고 어쩌면 자신이 쓸모없게까지 느껴질 것이다. 그러면 그것이 남편의 반응에 흘러들어가고, 당신은 자칫 더 '동네북'이 되기 쉽다. 조는 하나님께 갔고, 그분의 딸로서 자신의 가치를 이해했고, 못내 허전한 상태에서가 아니라 영적으로 사랑받는 상태에서 레이에게 다가갔다. 그녀가 만일 영적으로 빈곤해 있었다면, 아마 위험을 무릅쓰고 레위에게 맞설 동기나 용기나 의지가 없었을 것이다.

그러므로 당신이 화를 잘 내는 남편과 살고 있다면, 부디 내 권고를 받아들여 예배와 기도와 기독교 공동체에 시간을 훨씬 많이 들이기 바란다. 그러면 당신은 건강한 영적인 삶에 필요한 사랑과 인정과 애정을 듬뿍 받을 수 있다. 그렇게 영적인 중심이 견고할 때 당신은 조가 그랬듯이 결혼생활의 상처와 좌절에 건강하게 직면할 수 있다.

하나님 앞에서의 신분으로 무장한 조는 레이에게, 자신이 그의 좌절을 이해하기 원하지만 언어 폭력은 참지 않겠다고 분명히 밝혔다. 레이는 아내와의 관계가 더 좋아지기를 원했으므로 조의 방법은 통했다. 레이는 자기가 멋대로 혈기를 부리면 조와의 관계에 해로울 뿐 아니라 자신의 좌절을 알리는 데도 방해가 됨을 서서히 깨달았다.

레이는 말했다.

"정말 무엇보다도 나는 좋은 남편이 되고 싶었다. 아내의 필요를 알아주고 싶었다. 조의 단호한 태도에서 나는 자신을 존중하는 아내를 보았다. 그래서 나도 아내를 존중했다. 그것을 통해서 나는 아내가 성품이 훌륭한 여자임을 알게 되었다. 아내는 자신을 아낄 줄 안다. 남자라면 누구나 그것을 원할 것이다. 내 생각에 남자들은 자기가 그냥 짓밟을 수 있는 여자를 원하는 게 아니다. 우리는 아내의 성품을 존중하기 원한다. 내게 단호히 맞서는 모습에서 조의 훌륭한 성품이 드러났다."

이것은 우리가 1장에서 했던 말을 기억하게 한다. 존중은 결혼생활에 꼭 필요한 부분이다. 남편을 대하는 아내에게뿐 아니라 아내를 대하는 남편에게도 마찬가지다. 남편이 당신을 존중하지 않는다면, 당신은 그에게 의미 있게 영향을 미치기가 어려울 것이다. 또한 당신부터 자신을 존중하지 않는다면 남편이 당신을 존중하기는 그만큼 더 어려워질 것이다.

조의 온유하고 자기를 존중하는 접근 방법이 열매를 맺는 데는 시간이 걸렸지만, 그래도 조는 밀고 나갔다.

"내가 남편에게 강도를 낮추라고 끈질기게 부탁하니까 남편도 자기가 무슨 행동을 하고 있는지 점차 보기 시작했다."

멜로디 로드 박사가 말한 '기능성 고착'의 개념을 기억하는가? 남자들은 아내가 변화의 이유를 주지 않는 한 대개 변화되지 않는다. 변화의 이유를 주려면 구체적이고, 직접적이고, 온유하고, 자신을 존중하는 소통법이 필요하다.

이제 조는 이렇게 말한다.

"남편은 내가 자기한테 단호히 맞선 것을 아주 고마워한다. 언젠가 대화중에 실제로 그렇게 말한 적도 있다! 강도를 낮추는 법을 배우면서 그는 자신을 더 좋아하게 되었고, 자기가 나를 더 잘 사랑하고 있음을 알게 되었다. 그러자 그는 하나님이 원하시는 남자의 모습에 자신이 한결 가까워진 기분이 들었고, 그래서 나의 단호한 태도를 **고마워했다.**"

화를 잘 내는 남자들은 아내에게 여간해서 말하지 않는 것을 나에게 말할 때가 있다. 자신의 행동이 창피하고, 자신의 그런 모습이 싫다는 것이다. 대부분의 경우에, 당신이 남편의 혈기를 다스리도록 도와주면, 그것은 곧 남편이 그 자신이 원하는 남자가 되도록 돕는 것이다.

당신을 사랑하도록 남편을 돕는다

　희망을 전하는 강사로 섬기면서 조는, 남편의 위협으로 '건강하지 못한 동네북 신세'가 된 여자들을 많이 만났다. 서글프게도 그런 자세가 때로는 '복종'이라는 신앙의 언어로 표현된다. 성경의 복종을 완전히 잘못 읽은 결과다. 조는 말한다.

　"많은 여자들은 자신에게 무엇이 필요한지 남자에게 말하지 않는다. 자신을 생각하는 것조차 이기적인 일이라고 배웠기 때문이다. 사실, 우리 중에는 자신의 감정과 단절되어 있어 자신에게 무엇이 필요한지 아예 **모르는** 사람들도 있다. 학교에서도 여자들에게 이런 것을 가르치지 않는다. 우리는 남자에게 도움을 구하지 않고도 스스로 충분히 강해야 한다. 또한 오늘날 많은 가정들은 그런 본을 보일 만큼 건강하지 못하다. 그래서 이런 여자들은 남자를 대할 준비가 부실한 채로 결혼생활에 들어가는데, 남자 또한 아내를 사랑할 준비가 부실한 상태다."

　결혼생활에 대한 이런 '순교자적 접근'은 선의의 그리스도인 여자들 사이에 흔하기는 하지만, 남편과 아내 둘 다를 부당하게 대하는 것이다. 당신의 남편은 당신을 탁월하게 사랑할 때에 영적으로, 인격적으로 잘된다. 하나님이 설계하신 결혼에는 남편과 아내를 둘 다 성품에서 자라가게 하시려는 뜻도 있다. 희생은 아내가 다 하고 남편은 아내를 짓밟는다면, 그 남편은 성장하지 않고 있는 것이다. 영적으로 말해서, 오그라들고 있는 것이다. 성품이 더 못해지고 있는 것이다. 당신은 그런 남자랑 20년 동안 살고 나서 성인聖人이 될지 모르지만,

남편은 점점 더 비참해질 것이다. 다른 사람들을 함부로 대하는 남자는 누구나 결국 자신을 경멸하게 되기 때문이다. 거꾸로 된 말 같을지 모르지만, 아내는 남편에게 아내를 사랑하는 법을 가르침으로써 남편을 사랑해야 한다. **남편이 아내를 사랑함에서 자라가는 것이 영적으로 건강하기** 때문이다.

조도 한때는 자신의 필요를 남편에게 말한다는 생각이 이기적으로 보였을 것이다. 그래서 그 생각을 일축했을 것이다. 그 뒤로 조는 **존중이 중요함**을 배웠고, 남편이 자신을 존중하지 않는 여자를 참으로 사랑할 수 없음을 배웠다. 나부터 자신을 존중하지 않으면 남편도 똑같은 태도를 취하리라는 것을 조는 깨달았다.

아울러 조는 필요의 문제를 거론하지 않는 결혼생활은 결국 별로 친밀해지지 않음을 깨달았다. 남편들은 독심술이 없다. 조는 남편에게도 그 자신의 욕구불만을 말하는 법을 알려 주어 서로가 잘 소통하도록 했다. 그렇지 않으면 결혼생활이 둘 중 누구에게도 만족을 줄 수 없음을 조는 깨달았다. 마찬가지로, 레이 역시 조에게도 일정한 필요들이 있음을 알 필요가 있었다. 레이는 조에게 변화를 부탁함과 동시에 자신도 어떤 변화에 주력할 수 있었다. 그렇게 하면 부부 사이가 상하관계나 일방적 관계가 되지 않을 수 있다. 화를 잘 내는 남편은 마치 자기 아내만 변하면 된다는 듯이 행동할 때가 많다. 이것은 존중심이 부족한 데서 온 잘못된 시각이다.

필요를 서로 나눈다

우리의 필요를 채우는 데 집중하는 것은 물론 이기적일 수 있다. 하지만 필요를 나누되 친밀함과 존중을 높이는 방식도 있다. 나아가 그것은 겸손의 행위가 될 수도 있다.

"내게 당신의 도움이 필요해요. 도와 주실래요?"

필요를 나누는 일이 성경적인 겸손의 옷을 입으면, 서로의 약한 모습을 숨김없이 보이는 용감한 행위가 될 수 있다. 그리고 거기서 친밀함이 더 깊어진다. 반대로, 필요를 나누는 일이 요구의 옷을 입으면, 장벽을 쌓는 이기적인 비난이 될 수 있다. 예를들어 이렇게 말하는 것은 도움이 안 된다.

"당신은 왜 집에 들어오면 나한테 말을 안 하는 거죠? 왜 항상 나를 무시하는 거죠? 그게 그리스도인이라는 남자가 자기 아내를 대하는 방식인가요?"

필요를 적절한 방식으로 나누려면 바른 **동기**와 바른 **전달**이 있어야 한다.

동기

그리스도 안의 아내로서 당신의 최고의 목표는 남편이 예수님의 형상을 더 온전히 닮도록 돕는 것이다. 물론 하나님은 우리 모두를 그런 삶으로 부르신다. 다만 이 경우에는, 남편의 그런 변화가 당신의 삶을 더 즐겁게 해줄 것이다. 하지만 더 즐거운 삶을 얻는 것이 당신의 최고의 목표라면, 남편이 아마 그것을 알아차리고 당신의 이기적인 요구에 저항할 것이다. 남편은 이렇게 생각할 것이다. "자기도 완전하지 못한 주제에 왜 나를 못살게 구는 거야?"

여기 변화의 가장 순수한 동기가 있다. 하나님은 우리를 "하나님을 두려워하는 가운데서 거룩함을 온전히 이루어 육과 영의 온갖 더러운 것에서 자신을 깨끗하게"하라고 부르신다고후 7:1. 남편에게 변화를 촉구하되, 불완전한 아내와 비교해서가 아니라 완전하신 하나님을 경외하는 마음으로 해보라.

남편에게 다가가기 전에, 아플 만큼 솔직하게 기도하라. 마음속 깊이 묻힌 동기를 깊이 파보라. 당신이 이렇게 기도하는 것은 남편이 당신의 삶을 비참하게 만들기 때문인가, 아니면 남편이 하나님을 슬프시게 해드리고 자기 자신을 영적으로 망치고 있는 것이 걱정되기 때문인가? 당신의 동기는 이기적인 야망에서 온 것인가, 아니면 사심 없는 사랑에서 온 것인가? 누가 보기에도 부당한 상처 앞에서 그처럼 이타적으로 행하기가 참으로 어려움을 나도 안다. 하지만 기도란 바로 그런 것이고, 성령의 위로와 인도와 능력 주심도 바로 그런 것이다.

이기심이 당신의 동기라면, 당신은 바라던 즉각적 반응이 없으면 포기할 가능성이 훨씬 높다.

"고생해 봐야 소용없어. 그냥 참고 사는 법을 익히는 것이 나을까?" 하지만 당신이 정말로 남편의 영적인 행복에 헌신한다면 당신은 끝까지 견디며 인내할 것이다.

전달

레이는 화를 잘 내는 남자와 결혼한 아내들에게 이렇게 권한다.

"사랑의 말투로 말하라. 당신이 정말 남편을 생각하고 있고 그에게 헌신되어 있음을 알게 하라. 말하는 방식이 잘못되면 중요한 내용을 그르칠 수 있다. 중요한 것은 무엇을 말하느냐가 아니라 어떻게 말하느냐이다. 남편을 좋은 사람으로 보기 때문에 그의 성품이 잘되기를 바란다고 말해 주라. 그러면 남편은 당신이 자기 편임을 알게 된다. 일단 당신이 자기 편임을 남편이 알게 되면, 이제 당신은 그가 화낼 때 당신의 기분이 어떤지 자세히 말해줄 수 있다."

앞에서 우리가 인정에 대해서 했던 말을 기억하는가? 우리 남자들은 어떻게든 아내의 좋은 평가를 지속시키려고 애쓴다. 아내한테서 "당신은 멋진 사람이에요" 같은 말을 들으면 우리는 그 말에 걸맞게 행동하고 싶어진다. 그러나 아내가 비하하면 우리는 말이 귀에 들어오지 않는다. 경멸을 맛볼 뿐이고, 그래서 그것을 뱉어내고 싶을 뿐이다. 이런 점에서 에베소서 말씀이 생각난다.

"오직 **사랑 안에서** 참된 것을 [말]하여 범사에 그에게까지 자랄지라. 그는 머리니 곧 그리스도라"엡 4:15.

필요를 표현한다

조는 자신의 필요를 직접적이고 솔직하게 말하기를 꺼렸는데, 그것이 결혼생활에 혼란을 가져왔음을 깨달았다.

"내가 확실히 말하지 않으면 내 말이 조종하고 통제하려는 것처럼 들린다는 것을 알게 되었다. 나는 그냥 솔직하게 '이것 좀 해주세요' 라고 부탁하고 그 일이 중요한 이유를 설명하기보다는, '왜 무엇무엇을 안 해주는 거죠?' 라는 식으로 에둘러 말하곤 했다. 직접적인 방법이 훨씬 낫다. 그 방법은 남편을 더 높여주며, 통제하거나 조종하려는 것처럼 들리지도 않는다. 그냥 단순한 요청이다."

서운하고 분해서 속을 끓이는 것보다 필요를 표현하는 것이 관계적, 영적, 심리적으로 당연히 더 건강하다. 남편이 일부러 존중하지 않거나 또는 무지해서 자칫 알아듣지 못하기 때문이다.

레이는 많은 남자들에게 그 문제가 있다고 인정한다.

"나는 아내가 말해주기 전에는 아내의 필요를 몰랐다. 나는 늘 이렇게 말하곤 했다. '요점이 뭐요?' '그냥 핵심만 말해 줘요.' 그런데 조는 미주알고주알 다 말하려 했고, 나는 그게 이해가 안 갔다."

일례로, 한번은 조가 레이에게 쇼핑을 가자고 했다. 레이는 목표 지향적이 되었다.

"나는 셔츠 매장에 가서, 우리가 좋아하는 스타일을 찾아, 사이즈를 확인하고, 사서, 바로 나오려고 했다."

다행히 조는 마침내 표현하는 법을 배웠다. 그래서 자기가 쇼핑을 가자고 할 때는 대개 그냥 둘이 함께 시간을 보내고 싶어서라고 말했다. 조에게 쇼핑은 물건을 사는 시간이 아니라 데이트하는 시간이었던 것이다.

레이는 여자들에게 이렇게 당부한다.

"아내들이 그냥 이렇게 말해주면 훨씬 더 도움이 될 것이다. '당신과 함께 쇼핑을 가고 싶어요. 그런데 이 쇼핑을 나는 우리 둘이 더 많은 시간을 보내며 대화하는 기회로 삼고 싶어요. 물건을 정말 사든 말든 그건 큰 상관이 없어요. 그냥 걸으면서, 베란다를 어떻게 할 건지, 아이들은 어떤지 얘기하면 돼요. 그러니까 서둘러 나오지 말고 그냥 느긋하게 보내요. 알았죠?'"

조도 시인하듯이, 레이의 변화되려는 갈망이 그들의 성공에 핵심적 역할을 했다. 그렇지만 조는 자신의 접근 방법의 배후 원리가 많은 결혼생활에 똑같이 적용된다고 믿는다.

"남편에게 우리의 필요를 표현할수록 남편은 그 필요를 더 많이 채워줄 수 있다. 많은 경우에 남편들은 아내에게 무엇이 필요한지 모르는데, 여자들은 대개 그 사실을 깨닫지 못한다. 남편한테 바라는 소통법을 우리 쪽에서 알려주지 않는 한 남편은 자기 아버지한테 배운 방식을 답습할 것이다. 남편에게 건강한 아버지가 없었다면, 조심하라!"

영적인 교훈

레이에게 전달하는 말투를 바꾼 것 외에도 조는 마음에서부터 레이를 확 다르게 대하고자 세 가지 영적인 과정을 거쳤다.

첫째로, 자신이 그리스도 안에서 어떤 존재인지를 성경에서 찾아보았다. 성경에서 하나님이 여자들을 존중하시는 방식과 예수님이 여자들을 대하실 때 인정해 주신 방식은 조가 많은 교회에서 자주 들었던 남존여비식의 가르침과는 극명한 대조를 이루었다. "성경을 보면서 나는 내가 그리스도 안에서 어떤 존재인지 깨달았다. 그리고 그 시각을 존중하기 시작했다. 하나님은 나를 가치 있는 사람으로 여기신다. 나도 그분과 생각이 같아야 했다!" 조는 앞에서 우리가 강조했던 진리를 배웠다. **당신의 삶을 규정짓는 것은 하나님이지 당신의 결혼 여부가 아니다.**

다음으로, 조는 '가치 있는 사람'이라는 이 동일한 시각을 레이에게도 적용했다. "하나님은 나를 한 여자이자 아내로 존중하실 뿐 아니라 레이도 또한 한 남자이자 남편으로 존중하신다. 레이가 화난 목소리로 내게 말할 때면 나는 그를 하나님이 존중하시는 것처럼 존중하지 않았다. 그에게 분개했고 그를 두려워했다. 그를 존중하지 않았다. 레이에게 단호히 맞서면서부터 비로소 그를 존중할 수 있었다."

여기서 잠시 멈추어도 좋다. 조가 아주 통찰력 있는 내용을 말했기 때문이다. 화를 잘 내는 **남자**를 존중하기보다는 **외면**하기가 훨씬 쉽다. 분노는 사람을 밀어낸다. 발끈 화를 내는 남자는 누가 봐도 아주 모자라 보일 수 있다. 남편을 참으로 존중하는 여자는 그에게 단호히 맞서 이렇게 말한다. "당신은 이보다 나은 사람이에요. 당신 자신에게나 우리에게나 이런 식으로 행동하지 마세요." 그리스도 안에서 신실한 자매는 자기 남편에게 은혜와 자비와 겸손 가운데 자라가라고 도전해 준다.

끝으로, 조는 그리스도 안에서 아내가 된다는 것의 의미를 깨달았다. 조는 레이의 아내일뿐 아니라 주님 안에서 그의 동역자였다. 그렇다면 남편의 삶을 향한 하나님의 최선의 뜻이 이루어지도록 그를 감시해 주어야 한다는 뜻이었다. 레이의 관계들이 혈기에 지배당하는 것은 하나님의 최선의 뜻이 **아니었다**. 조는 이렇게 경고한다. "많은 그리스도인 배우자들이 서로 감시해 주지 않는다. 되는 대로 내버려 둔다." 성경적인 결혼생활은 교회의 작은 그림이다. 우리는 하나님이 주신 직분과 은사를 활용해야 한다. 그 목적은 "그리스도의 몸을 세우려 하심이라. 우리가 다 하나님의 아들을 믿는 것과 아는 일에 하나가 되어 온전한 사람을 이루어 그리스도의 장성한 분량이 충만한 데까지 이르리니"엡 4:12-13.

그리스도 안의 지체로서 서로 감시해 줄 때, 우리는 자칫 가정을 망칠 수 있는 이슈들을 다룰 뿐 아니라 사람들 전반을 더 잘 대하는 법을 서로 배우게 해준다. 진정한 그리스도인들은 이런 성화聖化의 과정을 반긴다.

지금 조는 남편과의 변화된 관계를 얘기하느라 여념이 없다. "내가 참을성 있게 인내한 뒤로 레이는 정말 몰라보게 달라졌다. 내 단호한 입장을 보면서 그는 내가 최선의 부부관계를 원한다는 것과 자신의 달라진 모습을 존중한다는 것을 알게 되었다. 남편은 계속 그 모습으로 있기를 원한다. 그는 힘닿는 한 최선의 남편이 되기를 원하며, 그리스도께서 교회를 사랑하시듯이 나를 사랑하기를 원한다. 내가 남편을 감시해 줄 때 그가 그런 사람이 될 가망성을 더 높여주는 것이다."

남은 이야기

지금까지 나는 조와 레이의 이야기에서 마지막 한 가지 결정적인 요소를 일부러 빼놓았다. 레이는 조가 의사들한테서 다발성 경화증이라는 진단을 받은 **뒤에** 조와 결혼했다. 이 병은 사람이 점점 허약해져 휠체어 신세를 지게 될 수도 있는 병이다. 이런 병을 안고 살아가는 여자는 다른 여자들이 평생 모를 자기만의 유혹들에 부딪치게 된다.

조의 입장에 처한 여자라면 남편을 잃는 것이 너무 두려워 자기가 불확실한 미래에 부딪칠 때 남편의 지원을 잃을까 너무 두려워 그냥 입을 꾹 다물고, 남편의 분노 폭발을 참고 살아가게 되기 쉽다. 남편이 떠나면 그녀가 갈 곳이 어디겠는가?

조는 아주 용기 있는 여자다. 비록 몸은 점차 그 기능을 잃어가고 있지만 조는 그리스도 안에서 자신이 귀한 존재임을 알았다. 그 용기로 조는 남편에게도 자기를 귀히 여기고 존중해 줄 것을 요청한다.

그러므로 모든 어려움과 불확실한 미래를 앞둔 조가 할 수 있다면 당신도 할 수 있다. 당신은 소심한 사람일 수 있다. 당신의 남편은 레이 같을 수 있다. 그래서 당신은 다른 아내가 남편에게 단호히 맞섰다는 얘기를 듣고는 어느 정도 만족감을 느꼈을 수도 있지만, 그래도 이런 생각이 든다. "**나는** 절대로 그럴 수 없을 것 같아."

아니, 당신은 할 수 있다! 다시 돌아가서 조의 방법을 읽어 보라. 조는 하늘 아버지께 부르짖었고, 하나님이 자기를 얼마나 귀히 여기시는지 성경을 공부해서 알아냈다. 그 다음에 조는 남편에게도 그렇게 똑같이 해 달라고 요청했다. 이런 원리들은 당신이 외모에 흠이 있거나 비만이거나 장애인이거나 기타 어떤 상황에 있더라도 그대로 적용된다. 당신은 하나님께 **매우** 가치 있는 사람이다. 바울의 격려의 말은 바로 당신을 위한 것이다.

"너희가 주 안에서와 그 힘의 능력으로 강건하여지고"엡6:10.

더 예쁜 부부관계를 꿈꾸며...

1. 남편과 결혼한 후에 남편의 분노의 도가 더 심해졌는가? 당신은 거기에 놀랐는가? 되돌아 보면, 그 분노의 씨앗이 혹시 보이는가?

2. 여자들이 때로 남편의 분노를 자기 탓으로 돌리는 이유는 무엇인가?

3. 조는 레이가 알코올 중독자 가정에서 자랐기 때문에 자기가 '여자에게 말하는 법을 그에게 가르쳐 주어야' 함을 깨달았다. 분노의 적절한 표현법을 남편에게 가르쳐 주는 효과적인 방법들을 각자 경험한 대로 토의해 보라.

4. 저자는 "조는 하나님께 갔고, 그분의 딸로서 자신의 가치를 이해했고, 못내 허전한 상태가 아니라 영적으로 사랑받는 상태에서 레이에게 다가갔다"고 썼다. 당신은 하나님께 사랑받는 상태가 아니라 결핍된 상태에서 남편에게 다가간 적이 있는가? 아내들이 남편에게 영향을 미치려 하기 전에 먼저 하나님과의 관계부터 만족스럽게 가꾼다면, 그때 나타날 차이에 대해 대화해 보라.

5. 저자는 "화를 잘 내는 남자들은 아내에게 여간해서 말하지 않는 것을 나에게 말할 때가 있다. 자신의 행동이 창피하다는 것이다. 대부분의 경우에, 당신이 남편에게 혈기를 다스리도록 도와주면, 그것은 곧 남편을 자기가 원하는 남자가 되도록 돕는 것이다"라고 말한다. 이런 통찰은 어떻게 당신에게, 끝내 남편의 분노에 당당히 맞설 동기를, 또는 그런 대응을 남편이 당장 고마워하지 않을 경우, 끝까지 인내할 동기를 심어 줄 수 있겠는가?

6. 조처럼 당신도 이기적으로 비칠까봐 두려워 자신의 필요를 말하지 않고 묻어둔 적이 있는가? 남편에게 당신을 사랑하는 법을 인내로 가르치는 일이 곧 남편을 영적으로 귀하게 섬기는 일이라는 저자의 주장을 당신은 어떻게 생각하는가?

7. 남편의 영적인 행복이 당신 자신의 위안이 아니라 동기가 되면, 남편과 함께 다루는 문제의 종류와 그것을 다루는 방식이 달라질 수 있다. 어떻게 그런가?

더 예쁜 부부관계를 꿈꾸며...

8. 수많은 여자들이 자신의 필요를 웬만해서 직접 말하지 않고 간접적인 암시나 낌새만 풍기는 이유가 무엇이라고 보는가? 조에게 쇼핑은 그저 물건을 사는 시간이 아니라 오히려 함께하는 시간의 의미가 더 컸는데, 조는 왜 그것을 레이에게 말하기가 그렇게 힘들었을까?

남편 분노의 메커니즘을 알고 대응하라 11

　남자의 폭력이 전 세계의 가정들을 파괴하고 있다. 신문을 펼치면 남자의 파괴적인 분노와 폭력에 대한 기사가 적어도 하나라도 나오지 않는 적이 거의 없다. 사실상 사회의 모든 분야에서 그렇다. 게다가 남자는 대개 신체적으로 여자보다 강하므로 많은 결혼생활에서 남자의 혈기는 아주 무서운 이슈가 될 수 있다. 그래서 레이와 조에게서 배운 교훈에 더하여 나는 하나의 일반적인 주제로서 여기에 좀 더 시간을 할애하고 싶다.

적절한 분노

이 문제를 계속 다루기에 앞서 한 가지 주의할 것이 있다. 분노는 아주 자연스럽고 때에 따라 영적으로 건강한 감정이다. 성경에 보면 하나님도 분노하신다고 했다.나훔 1:5~6과 기타 많은 본문.

분노 자체는 죄가 아니다.내 친구 레슬리 버니크는 중요한 점을 덧붙인다. 분노 자체는 죄가 아니지만 죄가 될 수 있다는 것이다. "예를 들어, 내가 원하는 것(약 4:1)이나 이기적인 욕심('내 방식을 원하는데 네가 그렇게 해주지 않아 화가 난다')이 채워지지 않아서 생겨난 분노라면 그것은 죄다. 그런 상황에서는, 분노를 어떻게 처리할 것인가에서 더 나아가 자신이 분노한 이유까지 살펴야 한다. 나는 언제나 내 방식대로 할 자격이 있다는, 또는 나를 사랑하는 이들이라면 언제나 내가 원하는 것을 내가 원할 때에 주어야 한다는, 그런 의식구조가 내게 있지는 않은가?" 그러나 홧김에 반응하거나 분노가 위협이나 가해나 학대로 발전하게 두는 것은 **죄다**. 화난 것 자체에 대해서는 당신의 남편을또한 당신 자신을 책잡을 수 없다. 다만 당신은 자신이나 남편이 그 분노를 어떻게 **다루는가**에 초점을 맞추어야 한다.

때로 당신은 남편에게 당신을 향한 정당한 분노를 허용해야 한다. 당신은 완전하지 못하며"선을 행하고 전혀 죄를 범하지 아니하는 의인은 세상에 없기 때문이로다"전 7:20 따라서 남편이 때때로 당신에게 화가 나지 **않는다면**, 그것은 남편이 자기 마음을 깊이 부정하는 것이거나 인간 이하의 행동이라고 생각하기 때문일지 모른다. 당신이 만일 분노가 항상 부당한 것인 냥 행동한다면 남편을 혼란에 빠뜨릴 뿐이다. 당신이 남편에게 분노하지 말라고 하는 것은 남편이 당신에게 상처 받지 말라고 하는 것과 같기 때문이다. 다만 우리는 분노를 적절한 방식으로 처리해야 한다. 그러려면 우선 남자의 분노의 역동을 더 잘 이해해야 한다.

남자의 분노

다른 많은 문제들과 마찬가지로 이 문제에서도 여성의 뇌와 남성의 뇌의 차이점을 상기하는 것이 도움이 된다. 남자의 격노에 '여자의' 방식으로 접근하면 대개 상황이 악화된다. 여자들은 대화가 언제나 도움이 된다고 착각하는 경우가 많다. 하지만 많은 남자들은 단순히 분노를 처리할 시간이 필요하다. 정서적인 대화가 남자에게 큰 스트레스로 느껴지고 실제로 분노를 더 **가중시킬** 수 있음은 생물학적인 사실이다. 대화를 억지로 시키면 특히 더하다.

당신이 말을 할수록 남편의 분노와 격노가 더 쌓이는 것 같다면 **그만 말하라**! 남편의 뇌가 스트레스를 처리하게 그냥 두고, 당신은 그가 당신에게 다시 올 때까지 기다리라. 대화가 **당신을** 차분하게 가라앉혀 준다고 해서 남편에게도 똑같은 효과가 있는 것은 아니다. 남편은 분노를 처리하는 동안 나가서 뛰거나, 레인지에서 골프 공을 치거나, 차고에서 어슬렁거리거나, 마당 일을 해야 할지도 모른다. 이런 활동이 필요하다고 해서 반드시 그것이 장벽 치기는 아니다. 그것은 단순히 그가 분노를 처리하는 아주 다른 그러나 아주 정당한 방식일 수 있다.

여자들은 여자와 논쟁하듯이 남자와 논쟁하려고 들 때가 너무 많다. 뿐만 아니라 여자들은 **자기가** 갈등을 처리하는 방식이 최고의 방식 내지는 유일하게 적절한 방식이라고 생각한다. 《여자들만 위하여》에서 션티 펠드한은 이런 도발적인 질문을 던진다. "배우자와 갈등 중일 때, 당신이 감정에 복받쳐 우는 게 정당하다고 보는가? 여자들의 대부분은 아마 그렇다고 답할 것이다. 다른 질문을 던지겠다. 같은 갈등 중에, 남자가 버럭 화내는 것은 정당하다고 보는가? 우리 중 다수는 거기에 문제를 느낀다. 즉 우리는 남자가 화내면 자신을 통제하지 못하거나 부적절하게 행동하고 있다고 생각하는 것이다."[1]

여기서 물어야 할 것이 있다. 여자들은 곧잘 상처로 반응하는 반면, 남자들은 곧잘 분노로 반응하는 것은 왜일까? 이 모두는 존중받고 싶은 남자의 욕구와 상관이 있다. 션티는 계속해서 에머슨 에거리치 박사의 이런 말을 인용한다. "관계의 갈등 중에, 우는 것은 대개 사랑받지 못한다는 느낌에 대한 여자의 반응이며, 분노는 대개 존중받지 못한다는 느낌에 대한 남자의 반응이다."[2]

션티가 직접 설문조사를 실시한 결과, 그 사실이 확인되었다. 문항은 다음과 같다.

최고의 관계들도 때로 일상적인 문제들로 갈등에 빠진다. 아내와 갈등 중일 때 나는 대개 이런 기분이 든다.
- 지금 현재 내 아내가 나를 존중하지 않는다고 느껴진다. – 81퍼센트
- 지금 현재 내 아내가 나를 사랑하지 않는다고 느껴진다. – 19퍼센트[3]

남자들은 존중받지 못한다고 느껴질 때 가장 좌절하고 가장 화가 난다. 당신의 말이 비하하는 어조를 띤다면, 그 방법으로 문제가 해결될 확률은 요리 재료들을 수챗구멍에 던져서 빵이 구워질 확률만큼이나 낮다. 당신은 남편의 분노를 통제할 수 **없다**. 그러나 존중하지 않음으로 분노를 촉발할 수는 **있다**. 그렇다고 남편 쪽의 부적절한 행동이 정당화되는 것은 아니다. 하지만 당신이 정말 해결에 동참하고 싶다면, 존중하지 않는 태도 없이 남편과 의견을 달리하는 법을 배우라. 존중하지 않는 태도에는 팔짱을 끼거나 얼굴을 돌리거나 눈알을 굴리거나 깔보는 몸짓 같은 비언어적인 습관들도 들어간다.[4]

또한 당신의 말도 잘 생각하라. 그 말에 남편이 못났다는 암시가 깔려 있는가? 당신이 남편의 구매 습관, 집안을 운영하거나 물건을 고치는 능력, 남편이 고르는 옷, 아이들을 다루는 방식 등에 자꾸 이의를 제기하면, 당신은 '좌절 폭탄'을 만들어내는 것이다. 그런 것들이 시간이 가면서 쌓이다가 마침내 당신의 한번의 명백한 경멸 행위로 불이 붙으면 갑자기 폭발하고 만다.

남자들도 다 다르다. 그러므로 당신의 남편의 경우에는 어디서 놓아 주어야 하는지 당신이 알아내야 한다. 당신은 남편이 물건을 고치는 방식이 마음에 들지 않을 수 있고, 전문가를 불렀어도 벌써 불렀어야 한다고 생각될 수도 있다. 그래도 웬만하면 남편의 결정에 맡기라. 여자가 특히 존중하지 않는 자세로 늘 따지고 고쳐주는 것이 남자에게 얼마나 불쾌하고 귀찮게 느껴질 수 있는지 여자들은 대체로 통 모른다.

오랜 세월, 남자들은 여자에게 더 민감해지라는 말을 들었다. 이제 여자들이 남자에게 더 민감해지는 법을 배워야 할 때인지도 모른다. 예를 들어, 남편이 뭔가 하고 있는데 당신이 그 방식에 대놓고 이의를 달거나 비웃는다면, 남자의 마음에 그것은 꼭 당신이 이런 말을 들을 때와 똑같이 느껴진다.

"여보, 당신 얼굴이 정말 뒤룩뒤룩 쪄 보이네. 이제 살 좀 빼야 되지 않을까?"

그런 말을 할 남편은 극도로 둔감한 사람뿐이다. 마찬가지로 남편 능력에 대놓고 매정하게 이의를 제기하는 아내도 극도로 둔감한 사람이다.

나는 이것이 내 아내와 사춘기 아들의 관계 속에 작용하는 것을 객관적으로 보며 자주 도움을 얻는다. 이제 우리 아들도 남자가 되어 가는 중이므로 나는 아내를 돕고자 한다. 엄마로서 걱정해 주고 바로잡아 주려다가 아들을 존중하지 않는 일이 있어서는 결코 안 됨을 아내가 알아야겠기에 말이다. 그렇지 않으면 아내는 그레이엄을 완전히 밖으로 밀어내게 될 것이다. 어른이든 아이든, 대놓고 존중하지 않거나 경멸의 태도를 품는 것보다 남자를 더 화나게 하는 것은 없다. 아내는 여전히 그를 바로잡아 주어야 되지만, 그 바로잡음이 비하가 된다면 테스토스테론이 왕성한 그의 남성적 몸의 모든 세포가 일어나 저항하려 할 것이다. 그래서 우리는 '모기를 잡을 것이냐, 아니면 습지를 없앨 것이냐?'의 딜레마에 빠지게 된다.

둘 다 하기를 바란다.

존중하지 않는 작은 행위들을 그만두라. 남편을 비웃는 말투, 당신에게는 물장구 정도지만 그에게는 해일처럼 느껴지는 놀림조의 비판, 친구들한테 일삼는 불평, 걸핏하면 "당신, 제대로 알고 하는 거 **맞아요?**" 하고 묻는 질문 따위를 그만두라. 대신, 긍정적인 면들에 집중하라. 당신이 남편을 유능하고, 실력 있고, 잘한다고 믿고 있음을 그에게 꼭 알게 하라. 남편의 장점들을 큰소리로 말해 주라. 사람들 있는 데서 그를 칭찬하라. 당신의 무조건적인 내조를 보이라.

당신이 그렇게 다 하면, 남편의 '분노 계량기'는 놀랍도록 짧은 시간 안에 기록적으로 낮아질 것이다. 그것을 토대로 그때부터 당신은 조의 경험에서 배운 원리들을 적용할 수 있다.

모든 덕의 여왕, 겸손

야고보서 4장 1~2절을 보면 모든 부부싸움의 기원을 이렇게 설명한다. "너희 중에 싸움이 어디로부터, 다툼이 어디로부터 나느냐. 너희 지체 중에서 싸우는 정욕으로부터 나는 것이 아니냐. 너희는 욕심을 내어도 얻지 못하여 살인하며 시기하여도 능히 취하지 못하므로 다투고 싸우는도다. 너희가 얻지 못함은 _{하나님께} 구하지 아니하기 때문이요."

야고보서에 따르면, 우리가 싸우는 이유는 우리가 이기적이기 때문이고, 실망했기 때문이고, 내 방식대로 안 되기 때문이고, 내 필요의 충족을 하나님 아닌 다른 사람에게 의존하고 있기 때문이다. 이 섬뜩한 성향을 기술하는 한 단어가 있다. **교만**이다.

옛 사람들은 겸손을 '모든 덕의 여왕'이라 불렀다. 교만이야말로 모든 죄 중에서 가장 큰 죄라는 성경의 가르침을 바로 이해했기 때문이다. 겸손은 당신의 가정에 큰 도움이 될 것이다. 겸손은 또 분노 폭발을 줄이는 데에도 발군의 역할을 할 수 있다.

레이는 자신의 상담자가 권해 준 아주 유익한 일 하나를 내게 들려주었다. 하나님의 지혜를 구하는 습관을 들여, 아내의 필요에 집중하고 아내를 관심의 초점으로 삼는 자세를 갖추라는 것이었다. 본래 남자들은 자기중심적일 수 있다. 레이는 조가 **중요함**을 배워야 했다.

이것이 문제의 핵심이다. 화를 잘 내는 남자는 마치 자기만 중요한 것처럼 행동할 때가 많기 때문이다. 화를 잘 내는 남자는 통제하려 한다. 힘으로 상황을 장악하려 한다. 자신의 분노로 상대방을 위협하거나 겁주어 자기가 원하는 일을 하게 만들려 한다. 겸손_{자신이 아니라 다른 사람에게 집중하는 것}이 여기에 대한 최선의 영적인 해결책이다.

하지만 **당신도** 주의할 점이 있다. 당신도 교만을 물리치고 늘 겸손하려 노력해야 한다. 화내는 남자를 참고 싶지 않다는 게 당신 쪽의 주장일 수 있다! 당신이 욕심을 내어도 얻지 못하는 그것_{야고보서의 표현으로}은 어쩌면 평화로운 관계일 수 있다. 그래서 당신은 똑같이 교만한 태도로 분노를 쏟아내고 싶을 수 있다.

이 배후에는 아주 중요한 영적인 원리가 있다. 내가 반대하는 사람이 틀렸다는 이유만으로 반드시 내가 옳은 것은 아니다! 과녁을 빗나가는 방법은 수없이 많지만 과녁을 맞히는 방법은 하나뿐이다.[5] 언제 어느 논쟁 중에나 당신과 남편이 둘 다 교만에 지고 있고, 그리하여 당신이 하나님의 겸손이라는 지혜를 보지 못하는 일은 얼마든지 가능하다. 남편이 틀렸을 수 있고 부적절한 방법으로 자신을 표현하고 있을 수 있지만, 그것만으로 당신이 꼭 옳은 것은 아니다.

겸손을 달라고 기도하라. 이 주제를 더 직접적으로 다룬 책들을 읽으라.[6] 야고보서 4장 1~2절 말씀을 늘 마음에 새기고 친구들과 함께 기도하라. 교만은 상존하는 적이다. 그러니 겸손을 상존하는 동지로 삼으라.

격노와 구타에 맞선다

여기서 잠시 방향을 바꾸어, 통제를 벗어난 혈기에 대해 다루고자 한다. 화가 격노가 되고 격노가 구타가 되는 순간이 있다. 그런 상황에서는 더욱 특단의 반응이 요구된다.

하나님은 힘든 결혼생활을 통하여 우리를 빚으실 수 있다. 그분은 시련을 통하여 우리를 변화시키시며, 우리에게 악을 복으로 갚으라고 가르치신다. 하나님은 많은 힘든 결혼생활을 사용하셔서 사람들을 사역의 도구로 준비시키셨다. 하지만 그렇다고 해서 당신이 구타 당하는 상황 속에 그대로 있어야 한다고 믿는다면 그것은 성경의 원리들을 잘못 적용하는 것이다.

어떤 여자들은 가정 폭력을 '영적으로' 곡해한다. 그들은 행여 남편이 곤란해지지 않도록, 폭력을 견뎌내는 것과 절대로 아무에게도 알리지 않는 것을 자신의 '도리'라고 생각한다.

여기서 나는 최대한 분명하고 솔직하게 말하겠다. 만일 남편이 당신에게 손찌검을 한다면 둘 다 도움이 필요하다. 당신 혼자 해결할 문제가 아니다. 당신은 믿을 만한 목사, 지혜로운 상담자, 친한 친구 등 누군가에게 **반드시** 말해야 한다. 절대로 이 문제를 당신 혼자 해결하려 해서는 안 된다.

당신이 도움을 구한다고 해서 남편을 배반하는 것은 아니다. 오히려 사랑으로 행동하는 것이다. 하나님의 마음을 아프시게 하는 행동이자 자칫 죽음을 부를 수도 있는 행동에 직면하도록 남편을 도와주는 일이기 때문이다. 바울은 이렇게 썼다.

"너희는 열매 없는 어둠의 일에 참여하지 말고 도리어 책망하라^{드러내라}"엡 5:11.

성경적인 복종이란 절대로 당신이 샌드백 노릇을 해야 한다는 뜻이 아니다. 우리는 서로 복종하되 "그리스도를 경외함으로"엡 5:21 하라고 부름 받았다. 이 문구가 우리의 반응을 한정한다. 만일 내 아내가 나더러 그리스도의 마음을 아프시게 하는 일을 시키거나 그런 일에 동참하자고 한다면, 나는 아내에게 동조할 의무가 없다. 반대로, 그런 경우에는 아내에게 거역하는 것이 하나님을 향한 나의 도리다. 아내인 당신도 마찬가지다.

가정 폭력을 종식시키려면 상황에 따라 당분간 별거가 필요할 수도 있다. 그러나 이 방법을 취하기 전에 **부디** 숙련된 전문가의 조언을 구하기 바란다. 때로 여자는 학대하는 남자와 별거하려다 오히려 더 큰 학대의 위험을 부를 때가 있다. 충분한 경험이 있는 사람의 도움을 받아야 한다. 그래야 가장 지혜롭고 안전한 행동 노선을 선택할 수 있다. 당신은 이혼을 인정하지 않는 사람일 수 있으나, 모든 별거가 이혼으로 끝나는 것은 아님을 잊지 말라. 때로 별거는 치유로 가는 과정이다. 별거를 통해 양쪽 다 생각을 가다듬고, 자신의 실상을 객관적으로 보고, 상담을 받고, 파괴적인 습성을 끊을 수 있다. 그리고 그 후에 다시 결합할 수 있다.

당신은 이 상황에서 도움을 **구해야만** 한다. 폭력이 어떤 사태로 번질지 아무도 모르기 때문이다. 당신에게는 보호와 지혜가 필요하고 당신의 남편에게는 감시가 필요하다. 남편의 문제가 더 이상 둘만의 비밀이 아니게 되면, 그의 가해가 더 심해지기는 어려울 것이다. 그는 자신이 마침내 '공개된 상태'임을 안다. 폭행을 계속하다가는 자신이 큰 화를 당할 수 있다는 것도 안다. 당신이 만일 이 문제를 '그냥 둘 사이에서' 해결하려 한다면 더 큰 위험을 자초하는 것이다. 남편은 발각되는 게 두려워 당신을 입막음하려고 극단적인 일을 저지를 수도 있다.

그러니 간곡히 당부한다. 꼭 도움을 받으라!

이렇게 가정 폭력을 영적으로 곡해하는 여자들이 있는가 하면, 그것을 심한 '장난' 정도로 치부하며 부정否定 속에 살아가는 여자들도 있다. 관계의 헌신과 가정 폭력을 연구하는 심리학 부교수 지매나 아리애가는 이렇게 설명한다.

우리는 사람들한테서 이런 말을 듣는다. "남편이 나를 때리거나 발로 차거나 불로 지진 것은 장난으로 한 일이다." 그들은 남편의 비하하는 발언도 그저 농담이라고 두둔할 수 있다. 배우자가 폭력을 행사하면 피해자는 이런 의문이 든다. "나를 사랑한다는 사람이 어째서 나를 해치는 거지?" 이 난감한 문제를 무난히 푸는 한 가지 방법은 폭력을 좋게 보는 것이다. 폭력을 뭔가 다른 것될 부정적인 것, 예컨대 장난으로 해석하고 상대의 유머 감각 탓으로 돌릴 수 있다면, 자기가 구타당하고 있다는 사실을 부정할 수 있다. 그리고 폭력적인 관계 속에 남는 데 따를 수 있는 수치심을 견딜 필요가 없어진다.[7]

남편한테 맞으며 산다는 사실이 여자한테는 엄청난 고통이기 때문에 여자는 그것을 '거친 장난'이나 '사고' 정도로 치부하려 할 수 있다. 아내를 때리는 남편과 함께 산다는 사실보다 차라리 '어쩌다 한번의 장난'이 더 소화하기 쉽다. 하지만 신체적인 위해는 결코 웃을 일이 아니다. 상처에 유머란 없다.

당신이 그런 처지에 있다면 부끄러워하지 말라. 당신만 그런 게 아니다. 안타깝게도, 연구 결과에 보면 부부 여덟 쌍 중 한 쌍 꼴로 배우자의 폭력에 시달리고 있다.[8] 이렇게 생각해 보라. 부부 200쌍이 다니는 교회라면 25쌍이 각각 정도는 다를지라도 이 문제로 고민하고 있을 수 있다. 따라서 교회들이 유익한 프로그램들의 광고문을 여자 화장실에 붙이면 큰 도움이 될 수 있다. 당신이 용감하게 나서서 목사나 상담자에게 말하면, 교회를 돕는 일에 주도적인 인물이 될 수 있다. 그것을 계기로 교회는 다들 쉬쉬 하기 일쑤인 이 문제에 맞설 수 있다. 아무도 목사에게 말하지 않으면 그는 문제를 모를 것이고 강단에서 그 문제를 다룰 일도 없을 것이다.

격노와 폭력을 문제 삼는다 해서 반드시 결혼생활이 끝났다는 뜻은 아니다. 재정적인 필요와 부모로서의 책임에 대한 두려움 때문에 이 문제를 피해서는 안 된다. 다른 부부들은 그것을 잘 헤쳐 나갔다. 문제를 무시하거나 뒤로 미루어 봐야 상황이 더 악화될 뿐이다. 습관은 더 몸에 밸 것이고, 당신 부부는 결혼생활이 구제불능인 지경에까지 이를 수 있다. 뿐만 아니라 폭력적인 가정에 남아 있으면 당신의 자녀들이 비참해진다. '아이들을 위해서' 구타를 참는다는 것은 언어도단이다.

당장의 재정적 여파를 감당하도록 당신을 도와줄 수 있는 단체와 기관들이 많이 있다. 나는 늘 당신의 교회에 먼저 도움을 청하라고 권하지만, 그게 여의치 않다면 전국 가정폭력 핫라인 1-800-799-7233으로 전화할 수 있다 또는 www.ncadv.org에 들어가면 가정폭력 방지 전국연합에 대한 정보가 나온다. 또 근처의 YWCA 지부를 찾으려면 1-800-992-2871로 전화하거나 www.ywca.org 로 들어가면 된다. 한국의 경우 전국가정폭력피해자보호시설협의회 02)2272-2161로 전화하거나 www.stopviolence.or.kr에 들어가면 도움을 받으실 수 있을 것이다. 가정폭력피해자보호시설은 가정 폭력 피해자와 자녀들이 남편의 폭력을 피해 나와 일시적으로 거주하는 장소로서, 피해자들이 자아정체성과 인간 존엄성을 회복하여 새로운 삶의 의욕을 찾아 자립할 수 있도록 지원하는 생활공동체이다. 편집자주 남편을 신고하면 물론 남편이 아주 화날 수 있다. 이런 대응의 결과로 만일 남편이 회개하고 성장에 힘쓰기로 선택한다면, 결국 그는 당신에게 감사할 것이다. 남편이 자신의 행동을 직시하고 달라지기 시작하면, 그는 아내를 때리는 것보다 아내를 사랑하고 보양하고 격려하고 지원하는 데서 훨씬 더 만족감을 얻을 것이다. 남편이 회개하지 않는다면 당신은 분명히 어두운 앞날을 맞이하게 될 것이다. 하지만 죽도록 두려운 가정에 남아 있는 것보다는 그것이 결국 더 낫다. 나아가, 당신은 자녀들에게 그들의 아버지의 행동이 결코 용인될 수 없음을 가르쳐주게 된다. 당신의 딸들은 그런 행동을 참지 않는 법을 배우게 된다. 당신의 용감한 조치가 파괴적인 습성의 대물림을 막을 수 있다.

점점 더 강하게

현재 나는 몇 년째 마라톤 훈련 그룹에 속해 있다. 평소에 몇 킬로미터도 달려보지 않은 사람들이 서서히 체력을 단련하여 5~6개월 만에 마라톤 코스를 완주하는 모습을 보곤 한다. 그렇다고 몸매가 아주 좋은 사람들도 아니다! 그들 중에는 당신이 보면 이런 생각이 들 사람들도 있다. "저 사람들이 하루 아침에 42킬로미터를 뛰다니 어림도 없지." 하지만 몇 달 간의 작은 결단들과 끈기 있는 준비를 통해서 그들은 해내고 있다.

당신의 남편이 화를 잘 내는 사람이라면 이것은 당신의 '영적인 마라톤'이다. 당신에게 여러 도전이 닥칠 것이고, 두려울 수 있다. 학대하는 남자와 결혼하는 여자들에게는 종종 학대하는 아버지가 있었다. 그들에게 평생 굳어진 자아상은 피해자의 모습이다. 마침내 일어나 더는 참지 않겠다고 말하려면, 여태까지 당신의 아픈 영혼에 학습된 모든 반응에 역행해야 한다. 하지만 그렇게 하는 것이 치유와 희망과 더 건강한 결혼생활로 가는 길이다.

두려울 수 있다. 하지만 미래를 생각해 보라. 당신이 위협 대신 지원을 받고, 공격 대신 남편의 애정을 느끼며, 모욕 대신 인정을 받는 미래를 말이다. 그런 결혼생활을 향한 노력이라면 당신과 자녀들을 위하여 모험할 가치가 있지 않은가?

뿐만 아니라 하나님은 이 상황을 통하여 당신을 훨씬 더 강하게 하실 수 있다. 안타깝게도, 우리는 완전히 무력해지고 나서야 하나님의 자비에 온전히 의지하며 그분의 힘과 은혜로 사는 법을 배울 때가 많다. 어쩌면 난생처음으로, 믿음과 영적인 각오로 두려움을 이기기로 작정하라. 잊지 말라! 용기는 두려움이 없는 상태가 아니라, 모든 일이 잘못될 것만 같아 두려울 때에도 하나님을 믿고 앞으로 나아가는 것이다.

당신의 상황은 조의 경우처럼 분노만 있고 폭력은 없을 수 있다. 당신에게는 용기와 지혜가 필요하다. 그 용기로는 당신을 가치 있는 사람으로 보시는 하나님의 시각을 받아들여야 하고, 그 지혜로는 당신에게 적절히 반응하는 법을 남편에게 가르쳐야 한다. 당신의 상황에 폭력이 끼어들기 시작하고 있다면, 당장 행동에 나서서 도움을 구해야 한다. 위기를 변화로 이끄는 일에 동참해야 한다.

무엇보다 잊지 말아야 할 것이 있다. 당신에게 두려움이나 불안이나 죄책감이나 혼란이 있을 수 있지만 당신은 **결코** 혼자가 아니다. 하나님이 당신과 함께 계시며, 그분의 사람들이 당신을 둘러쌀 것이다. 행동에 나서기 전에 잠시 시간을 내서, 당신의 삶에 돕는 자들을 보내달라고 하나님께 기도하라. 이거야말로 당신이 내딛을 수 있는 가장 지혜로운 걸음일 수 있다. 그러고 나서 거기서부터 앞으로 나아가라. 계속 믿음으로 걸음을 내딛으면, 당신이 그리스도 안에서 얼마나 강해질 수 있는지 알게 된다. 이것은 인생의 소중한 교훈이다. 여기서 끝까지 인내하면 당신은 몇 년 후에는 자신을 알아보지도 못할 것이다. 그 소심하고 겁 많고 피해의식에 젖어 있던 사람은 사라지고, 대신 강하고 지혜롭고 담대하고 용감한 믿음의 여인이 서 있을 것이다.

사도 바울은 이렇게 썼다.

"이를 위하여 나도 내 속에서 능력으로 역사하시는 이의 역사를 따라 힘을 다하여 수고하노라" 골 1:29.

이것이 당신의 피난처요 희망이다.

더 예쁜 부부관계를 꿈꾸며...

1. 당신은 '때로 당신은 남편에게 당신을 향한 정당한 분노를 허용해야 한다'는 저자의 결론을 받아들이기가 얼마나 힘든가? 당신은 분노가 자신이 범한 잘못에 대한 적절한 반응일 수 있다고 믿는가?

2. 문제에 대해 말하면 당신은 마음이 가라앉을 수 있지만 남편에게는 오히려 스트레스가 가중될 수 있다. 이것을 알고서 당신은 놀랐는가? 당신은 어떻게 남편에게 자신의 분노를 처리할 여지를 줄 수 있겠는가?

3. 남편의 분노를 완화시키는 한 전략으로, 당신은 어떻게 말과 행동으로 존중을 보일 수 있을까? 어떻게 일부 여자들이 존중심 없이 말하거나 행동하여 본의 아니게 '좌절 폭탄'을 만들어내는지 토의해 보라.

4. 저자는 '오랜 세월, 남자들은 여자에게 더 민감해지라는 말을 들었다. 이제 여자들이 남자에게 더 민감해지는 법을 배워야 할 때인지도 모른다'라고 썼다. 당신이 남편에게 어떤 식으로 더 민감해져야 하겠는지, 특히 존중과 관련해서 말해 보라.

5. '과녁을 빗나가는 방법은 수없이 많지만 과녁을 맞히는 방법은 하나뿐이다' 라는 엘튼 트루블러드의 통찰에 비추어, 당신은 남편과 의견이 다를 때 어떻게 겸손의 태도를 잃지 않을 수 있는가? 남편이 틀렸다고 해서 무조건 당신이 옳다는 보장은 없다. 그것을 기억하면 당신이 문제를 논하는 방식에 어떤 영향을 줄 수 있는가?

6. 어떻게 하면 교회는 구타 당하는 여자들을 돕는 일을 더 잘할 수 있을까?

남편이 가정생활에 더 관여하도록 돕는 비결 12

리치와 팻은 세 자녀를 두었지만 한동안 삶이 대개 따로 놀았다. 팻에 따르면, "우리는 아이들 문제로 싸우는 것 말고는 함께 하는 일이 거의 없었다."

리치도 동의한다. "가정생활이 정말 전투적이었다."

전에 팻은 리치가 주중에는 일밖에 모르다가 주말이면 사냥과 낚시에 매달려 사는 사람이라고 불만스레 말한 적이 있다. 시간이 조금이라도 남으면 그는 텔레비전을 보거나 컴퓨터를 하며 보냈다. 남편과 아빠로서는 별로 관여하는 일이 없었다. 리치가 주말에 집에 없을 때가 많아 팻이 그것을 지적하면, 그는 이렇게 말하곤 했다.

"걱정 말아요, 여보. 사냥철이 거의 끝나가니까." 그는 낚시철이 코앞에 와 있다는 사실은 말하지 않았다!

리치의 관점에서 보면 집 **바깥의** 삶이 훨씬 쉬워 보였다. 이것은 많은 남자들의 시각이기도 하다. "나는 너무 일밖에 몰랐던 것 같고, 일하지 않는 시간에는 사냥과 낚시를 가고 싶었다. 집 바깥에는 성공할 수 있는 일들이 널려 있었다. 총으로 새를 잡을 수도 있고, 직장에서 문제를 해결할 수도 있었다. 송어나 오리를 허용 한도만큼 잡거나 직장에서 문제를 해결하고 나면 만족감이 크다. 게다가 그것들은 내가 달라붙으면 어느 정도 성공할 수 있는 **해결 가능한** 문제들이었다. 하지만 집의 문제들은 별로 해결 가능해 보이지 않았다."

남자들은 자기가 이길 수 없거나 무능하게 느껴지는 싸움은 피하는 경향이 있다. 불행히도 그 말은, 남편이 가정생활에 무력감을 느끼기 시작하면 어떻게든 집 밖으로 나돌 수 있다는 뜻이다. 그 서글픈 결과로 점차 직장에 있는 시간을 늘리고 취미 생활의 비중을 높일 수 있다. 자신이 사실상 가족들을 피하여 숨고 있다는 사실조차 모른 채로 말이다.

팻은 방해받지 않고 집안일을 하거나 좀 쉬려고, 남편에게 일주일에 하룻저녁만 아기 벤을 봐달라고 부탁했다가 자신이 처해 있는 상황을 절감했다. 남편은 이런 말로 거절했다. "나는 정말 아기한테는 별로 관심이 없거든." 리치의 논리로 볼 때, 자기는 하루 종일 일하므로 저녁 시간은 자기 몫이었고, 따라서 아이를 키우는 일로 신경 써서는 안 되었다. 같은 논리로 그는 일주일 내내 일하므로 주말도 자기 많이었다. 자기가 쉬고 재충전하는 시간이었다. 뿐만 아니라 그는 1년 내내 일하므로 휴가 때면 사냥과 낚시, 캠핑을 가도 되었다. 아이 보기와 집안일은 리치의 관점에서 보면 전적으로 팻의 책임이었다.

한편, 팻이 보기에 자신의 일은 주 7일, 하루 24시간 계속되는 일이었다. 연중무휴에다 남편의 도움도 전혀 없다시피 했다.

팻은 그 상태로 너무 오래 둔 자신을 탓한다. 팻의 회상이다.

"나는 협상 능력도 없고 한계선도 몰랐다. 내가 더 열심히 하면 어떻게든 더 나아질 거라고만 늘 생각했다. 하지만 그렇지 않았다. 그러다가 나는 터지곤 했고, 그러면 상황이 더 악화될 뿐이었다. 나는 건전한 방식으로 사람의 잘못을 지적할 줄도 몰랐고, 대안을 찾을 줄도 몰랐다. 예를 들어, 나는 아이 보는 사람을 써서 아이들을 공원에 보내고 혼자 집에 있을 수도 있었다. 아이들에게 한계를 정해 주는 일도 더 잘했어야 했다. 타이머를 맞추어 놓고 매일 1시간씩 침대에서 나오지 못하게 한다든지, 공원에는 다들 집안일을 끝낸 뒤에 가는 식으로 말이다. 다행히 나는 내 시간은 융통성이 있고 리치의 시간은 그렇지 않음을 알게 되었다. 그래서 낮 동안에 즐거운 시간도 조금씩 갖기로 했다. 남편이 퇴근할 때 내가 좀더 쌩쌩한 모습으로 있도록 말이다."

큰아이가 열다섯 살이 되고 얼마 안 되어서부터 "무너지기 시작했다. 언쟁과 고함과 일처리가 우리 집의 특징이 되었다. 아이들은 각각 반항하는 아이, 비위 맞추는 아이, 움츠러든 아이의 전형이 되었다. 리치는 대개 집에 없었고 통 집에 있으려 하지 않았다. 내가 남편에게 그럴 만한 이유를 잔뜩 주었다! 나는 퇴근하는 남편에게 이것저것 일부터 시켰고, 늘 기분이 좋지 않았고, 대개 우울하거나 화가 나 있었다."

팻은 남편에게 가족들과 함께하는 활동들_{사냥과 낚시 이외의}에 흥미를 가져보라고 말하려 했지만 리치의 반응은 이랬다. "이봐, 나는 열심히 일하고, 술도 마시지 않고, 도박도 하지 않고, 딴 여자들을 쫓아다니지도 않잖아. 이 정도면 아주 훌륭한 남편이지."

"남편은 가족 부양은 잘 했다." 팻도 인정한다.

"자기가 보기에는 그거면 좋은 남편이고 좋은 아빠였다. 남편은 아이들의 운동 시합에도 많이 갔다. 다만 그는 자신이 아주 냉정하고 늘 멀찍이 있다는 것과 문제를 피한다는 것, 그것을 볼 줄 몰랐다."

새로운 길을 개척하다

결국 팻은 깨달았다. 리치는 수년간의 지적과 언쟁에도 불구하고 여전히 일밖에 모르고 집에는 별로 없었다. 어언 40대 초반이 된 팻은 남은 평생을 생각이 늘 딴 데 가 있는 남자와 함께 보내고 싶지 않았다.

팻은 이렇게 털어놓는다.

"솔직히 나는 이혼하고 싶었다. 그렇지만 이혼이 가능한 성경적인 근거는 남편이 죽거나 간음을 행하거나 나를 버리는 것밖에 없음을 알고 있었다. 그래서 나는 남편이 죽거나 딴 사람을 만나게 해 달라고 아픈 마음으로 기도했다."

대신, 딴 분을 만난 것은 팻이었다. 주님을 만난 것이다. 팻은 주님 덕에 자신의 인생을 건졌다고 말한다.

"하나님이 아니었다면 나는 결국 감옥이나 정신병원에 갔을지도 모른다."

팻은 교회에 다녔기 때문에 자기가 늘 그리스도인인 줄 알았었다. 하지만 워싱턴 주 리치랜드에 있는 벧엘 교회로 옮기게 되면서, 비로소 거기서 그녀는 풍성하고 깊고 진정한 믿음을 만났다.

이전 교회에서 기독교는 문화에 더 가까웠다. 대부분의 교인들은 실제로 성경을 읽는 사람들을 이상하게 보거나 광신도로 보았다. 사람들은 "하나님이 내게 말씀하셨다"든지 "성경에 말하기를" 같은 표현을 아예 쓰지 않았다. 이제 팻은 기독교 라디오를 듣고, 성경을 읽고, 새 목사님의 가르침을 적용하고, 제임스 답슨 박사의 책들을 읽고, 영적으로 시시각각 자라갔다.

남편을 향한 아내의 '성경적인 복종'에 대하여 처음 읽었을 때 팻은 일단 경계했다. 팻의 말이다.

"내게 그것은 혁명적인 새로운 사상이었다. 나는 그렇게 자라지 않았다. 나는 여성 해방과 평등의 철학에 더 익숙해 있었다. 게다가 성경도 읽지 않는 남자한테 복종한다는 게 못내 불안하게 느껴졌다. 그렇게 하면 우리는 절망에 떨어지거나, 아니면 하나님의 사랑과 능력에 대한 믿음이 자라거나 둘 중 하나다."

교회는 팻에게 어떤 상황에서도 감사할 것, 사랑과 희락과 화평과 오래 참음과 자비와 양선을 추구할 것 등 그리스도인의 기본 덕목들도 가르쳐 주었다.

"나는 내가 징징거릴 만도 하다고 생각했다. 누구라도 내 상황에서 참고 견뎌야 한다면 똑같이 생각할 것이다. 인간이 상황과 관계없이 자신의 반응을 선택할 수 있다는 사실은 인정하기 힘들었다."

마법의 질문

팻은 이 성경적인 복종의 여정의 시작으로 리치에게 '마법의 질문'을 던졌다.

"리치, 내가 현재 하고 있지 않지만 이제부터 했으면 하고 당신이 바라는 일은 무엇인가요?"

리치의 대답은 완전히 팻의 허를 찔렀다.

"왠지 나는 남편이 집을 더 깨끗이 하라고 말할 줄 알았다. 그리고 그거라면 내가 감당할 수 있었다. 하지만 남편은 내게 이제부터 아이들이 좋아하는 음식을 차려 주라고 했다. 충격이었다. 나는 살인자보다 더 나쁜 것은 딱 하나라고 배우며 자랐다. 바로 음식 투정하는 사람이다. '먹기 싫으면 굶어라!' 가 어릴 적 우리집의 신조였다."

팻은 자기가 해주는 음식을 아이들이 싫어할 때도 억지로 먹게 했다. 그래서 저녁식사 때면 늘 마찰과 충돌이 끊이지 않았다. 리치는 그저 평화를 원했다. 리치가 어렸을 때는 집안의 아무 아이나 "난 이거 싫어요"라고 말하면 다시는 그 음식이 올라오지 않았다. 팻의 집

안에 만일 그런 말이 들렸다면 다음날 아침식사 때 똑같은 음식이 두 배로 올라왔을 것이다!

"그날의 메뉴가 싫다는 아이들에게 그냥 디저트를 먹게 해주는 리치를 보며 나는 어이가 없었다. 하지만 시간이 가면서 남편을 통해 깨달은 것이 있다. 사람들은 자기가 원하는 것을 받을 때 사랑받는다고 느끼는데, 그 사실 속에 지혜가 들어있다. 아울러 남편은 건강한 식생활과 식탁 예의도 중요하다는 내 견해에도 동조해 주었다."

전에 팻은 아이들의 도시락을 싸주면 그걸로 끝이었다. 이제 리치의 요구대로 팻은 아이들이 좋아하고 좋아하지 않는 음식을 더 의식하게 되었고, 점심 도시락도 각 아이에게 맞추기 시작했다. "전에는 아이들이 무엇을 좋아하든 그냥 무시했다. '싸주는 대로 먹어.' 그게 내 태도였다." 팻의 딸 하나는 샌드위치를 예쁜 모양으로 써는 것을 좋아했지만 다른 아이들은 그런 세세한 것에 신경 쓰지 않았다. 처음으로 팻은 매번 그 딸의 취향대로 해주기 시작했다. 몇 년 후에 팻은 그러기를 정말 잘했다는 생각이 들었다. 고등부 수련회에서 누군가 그 딸에게 물었다. 다른 사람이 해준 일 중에 자신의 삶에 영향을 미친 일이 무엇이냐는 질문에 딸은 이렇게 답했다.

"우리 엄마가 내 샌드위치를 내 취향대로 썰어 주었을 때, 내가 특별하고 사랑받는 존재라는 느낌이 들었어요."

팻은 이렇게 회상한다. "어떤 때는 정말 이상하게 생각되기도 했지만, 리치의 말을 들으면서 나는 딸이 받을 수 있는 방식으로 사랑을 표현하게 되었다. 또 나도 어렸을 때 특정한 모양으로 썬 샌드위치를 원했던 기억이 났다. 돈도 안 들고 시간도 거의 안 드니까 작은 부탁 같았지만, 우리 엄마는 들어주지 않았다. 나는 하찮은 바보가 된 기분이었다. 남편에게 복종하겠다고 생각하지 않았다면 나도 엄마처럼 했을 것이다. 실용과 멋의 균형을 배우지 못했을 것이다."

팻의 질문은 결혼생활을 바꿔 놓을 수 있다. 당신은 남편의 변화를 보고 싶어서 이 책을 읽고 있는지도 모른다. 그러나 가끔씩 초점을 자신에게 돌리는 것도 좋은 겸손 훈련이다. 당신은 자신의 좌절과 실망을 한동안 제쳐두고 남편에게 이렇게 물어볼 만한 영적인 용기가 있는가?

"내가 현재 하고 있지 않지만 이제부터 했으면 하고 당신이 바라는 일은 무엇인가요?"

보다시피 팻은 완전한 남편에게 그렇게 물은 것이 아니다. 팻은 자기가 몹시 분노를 느끼던 남편, 자기와 아이들을 무시하는 듯한 남편에게 물었다. **하지만 팻은 자기 집에 변화가 일어나려면 자신에게서부터 시작되어야 함을 믿었다.**

당신에게 도전한다. 며칠 내로 시간을 내서 남편에게 물어보라. 단순하지만 결혼생활을 바꿔 놓을 수 있는 질문이다.

"내가 현재 하고 있지 않지만 이제부터 했으면 하고 당신이 바라는 일은 무엇인가요?"

"그것만은 부탁하지 말았으면"

달라진 식사에 익숙해지고 거기서 좋은 결과를 본 뒤에, 팻은 그 질문을 다시 하기로 했다. 이번에도 리치의 대답은 팻을 깜짝 놀라게 했다. "집은 깨끗하지 않아도 괜찮아. 그냥 내가 현관에 들어설 때 당신이 좋은 기분으로 있었으면 좋겠어."

"그것만은 내게 부탁하지 말았으면 했다." 팻은 솔직히 말한다.

"물론 이론적으로는 가능한 일이었다. 내가 하루 종일 할 일이 남편이 현관에 들어설 때 좋은 기분으로 있는 것뿐이라면 의당 그럴 수 있어야 할 테니까 말이다. 하지만 불평과 비판과 반론은 내 정든 옛 친구들이었다. 좋은 기분으로 있으라고? 그건 내가 아니었다!"

리치는 또 팻에게 늘 아이들을 바로잡아 주는 대신 아이들과 좀더 재미있게 지내는 데 힘써 달라고 했다. 팻의 끊임없는 훈계 때문에 집안에 늘 긴장이 팽팽했는데, 리치는 평화를 갈망했다.

이것들 외에 리치는 팻이 자기에게 해줄 수 있는 일들에 대해서는 말을 아꼈다. 그래서 팻은 몇 가지를 스스로 생각해 냈다. 리치의 낚시 나들이에 대해 불평하는 대신 팻은 남편과 함께 가기 시작했다. 낚시 나들이만이 아니었다. 팻은 스포츠 용품점과 심지어 '낚시 사냥 동호회' 모임에도 따라갔다.거기 가면 사람들이 사슴 고기, 무스 고기, 곰 고기를 먹고 어떤 강사가 자신의 최근 사냥에 대한 슬라이드를 보여 준다.

팻은 솔직히 말한다.

"나한테는 정말 힘든 일이었다. 남편이 낚시와 사냥을 그만두어야 한다고 생각하던 나였으니 말이다. 처음에는 꼭 알코올 중독자한테

술을 끊기를 바라다가 그와 함께 술을 마시러 나가는 심정이었다. 어쨌든 나한테는 그렇게 느껴졌다. 낚시와 사냥은 남편의 삶에서 정말 우상이었고 나는 그것을 지지할 생각이 없었다. **지금도** 나는 그 둘이 남편의 삶에서 정도 이상으로 큰 자리를 차지하고 있다고 생각한다. 하지만 낚시와 음주는 **다름**을 나는 결국 인정해야 했다. 남편과 함께 낚시를 가는 것은 죄가 아니었다. 나는 하나님을 하나님 되시게 하여, 리치를 다루는 일은 **그분께** 맡기는 법을 배워야 했다."

아주 다른 이 변화를 수용한 뒤로, 팻은 이제 차를 몰고 어떤 곳들을 지나다가 '낚시하기 좋은 곳이겠는걸!' 하는 생각이 들어 웃는다.

"나도 이제 낚시를 정말 제법 **즐기게** 됐다. 25주년 결혼기념식 때 우리는 선밸리에 가서 파리 낚시를 하며 정말 좋은 시간을 보냈다." 팻은 신기해하며 말한다.

이들 둘 다에게 이것은 오랜 시간에 걸친 점진적인 변화였다.

"요컨대, 내가 리치에게 우리 둘의 관계와 관련하여 나한테서 무엇을 원하느냐고 물었을 때, 그가 답한 것들은 더없이 어려워 보였다. 남편은 그저 내가 좋은 기분으로 있고, 좀더 재미있게 지내고, 물건이 고쳐져 있지 않아도 불평하지 않기를 원했다."

어떤 물건은 이제 팻이 직접 고친다. 팻의 기분에 대해서라면, 글쎄, 리치는 팻이 함께 살기에 훨씬 즐거운 사람이 되었다고 말해줄 것이다.

엄청난 유익들

팻이 크게 놀란 일이 있었다. 팻이 남편과 싸우고 그를 원망하는 대신 그를 돕는 데 집중하기 시작하자 남편이 가정생활에 더 관여하게 된 것이다.

"집은 내가 있기가 훨씬 즐거운 곳이 되었다. 그래서 나는 이 둘이 분명히 관계가 있다고 믿는다."

팻은 어떤 두 남자가 라디오에서 1950년대의 가정학 교과서에 대해 나누는 농담을 들었다. 아내들에게 남편을 섬기도록 권하는 내용이었다. 그런데 그 우스꽝스러운 대화가 팻에게 영향을 미쳤다. 그녀는 "대부분의 남자들은, 그들이 솔직하다면, 정말 자기 아내에게서 그것을 원한다"고 말한다. 그래서 그녀는 리치에게 그런 섬김을 베풀기로 작정했다.

팻의 결혼생활에 최초의 중대한 변화를 유발한 것은 무엇일까? 팻은 리치를 돕는 일에 집중하기로 했다. 남편의 퇴근에 맞추어 저녁식사를 준비해 두기 시작했다. 밖으로 나가는 남편에 대해 불평하는 대신 남편과 함께 낚시를 갔다. 팻은 자신의 외부 활동을 대폭 줄이고 달력을 비워 두었다. '다른 일들에서 만족을 얻으려 하기보다는 가정과 가족에게 에너지를 집중할 수 있기' 위해서였다.

팻은 그 모든 일의 어려움을 대충 얼버무리지 않고 설명한다. "가정이나 가족한테서 낙이 없는 상황에서 가정과 결혼생활에 그 많은 에너지를 들이는 일은 불가능할 정도로 어렵다. 처음에는 말 그대로 죽는 것 같았다. 우리는 다 인정과 힘과 명예를 갈구한다. 희생과 섬김은 우리를 그런 갈망에서 멀리 떼어 놓는 것 같다."

그러나 팻은 분한 마음을 애써 물리쳤다. "나의 달라진 행동은 어떤 의미에서 내 존재 전체와 상반되는 것 같았다. 꼭 죽는 것 같았다. 하지만 역설적이게도, 나는 이전 어느 때보다 지금 더 나답다. 나는 더 친절하고 더 온유하고 더 복종적이지만, 또한 전보다 더 의지와 주관이 강하다. 전에는 양쪽이 서로 모순인 줄 알았는데 이제 그 둘이 어떻게 협력하는지 알겠다. 내가 포기한다고 생각될 때도 있었는데, 오히려 내가 얻고 있음을 이제는 안다. 절대로 이전의 상태로 돌아가지는 않을 것이다. 나는 기쁨과 용서와 은혜가 더 많아졌고 친구도 더 많아졌다. 친구가 **아주** 많아졌다! 우리 집은 몰라보게 달라졌고, 처음으로 나는 친정 부모와 동기간과 시댁 식구들과 잘 지내고 있다."

팻의 이어지는 말이다.

"내가 남편의 마음을 움직인 방법이라면 나 자신부터 달라지는 것이었다. 솔직히, 당신도 배우자가 원하는 일을 하면 그 과정에서 당신 자신이 치유된다고 나는 믿는다. 당신에게는 당신이 정말 고치고 싶지 않은 부분들이 있는데, 하나님은 바로 그 부분을 고쳐줄 수 있는 사람으로 배우자를 주신다."

리치도 동의한다.

"팻은 이전보다 더 많이 부드러워졌다. 그것이 내게 큰 변화로 다가왔다. 딱딱한 사람보다 부드러운 사람에게 공감을 느끼기가 훨씬 쉬운 법이다."

팻은 이렇게 덧붙인다.

"주님을 믿는 믿음이 없이는 불가능한 일이다. 당신도 아마 나처럼 죽는 것 같겠지만, **충분히** 그럴 가치가 있다는 것만은 말해줄 수 있다. 남편에게 복종하고 그가 하자는 대로 함으로써 내 쪽에서도 남편이 달라졌으면 하는 부분이 많았음에도 불구하고 나는 내가 되고 싶은 사람이 되었다. 더 사랑 많은 아내, 더 좋은 친구, 더 좋은 엄마가 된 것이다. 또 나는 그것이 내게 큰 기쁨을 가져다줌을 알게 되었다. **나 자신의** 유익들이 엄청났다. 그간 남편에게 복종함으로 내 안에 놀라운 변화가 있었다. 설령 남편이 지금부터 죽는 날까지 천하의 바보처럼 행동한다 해도, 무슨 일이 있어도 나는 이전의 상태로 돌아가지 않을 것이다."

큰 모험

주말이면 취미에 빠지거나 매번 골프장을 찾거나 친구들을 따라 술집에 가는 남편을 둔 아내들에게 팻은 이렇게 조언한다.

"당신이 남편을 집 밖으로 내몰고 지하실이나 골프장이나 컴퓨터 앞으로 보내고 있지는 않은지 생각해 보라."

지난주에 대해 아주 솔직히 생각해 보라. 남편의 입장이 되어 보라. 퇴근한 남편은 당신이 맞아줄 때 기분이 어땠을까? 당신은 집안 분위기를 어떻게 해 놓았는가? 당신은 즐겁게 해주는가? 잘못을 지적하는가? 아예 무관심한가? 당신이 남편을 집에 맞이하는 방식대로 누가 당신을 집에 맞아주면 좋겠는가?

혹시 당신의 퇴근 시간이 남편보다 늦을지도 모른다. 그렇다면 자신에게 다른 질문들을 던질 수 있다. 당신은 남편의 하루 일을 듣기보다는 자신의 하루에 대해 늘 불평하는가? 당신보다 잘 나가는 여자들에 대해 분한 마음을 쏟아내는가? 당신은 남편에게 그가 기준에 미달되는 듯한 기분이 들게 하는가? 당신의 생각은 온통 직장의 책상 위에 있는 서류함에 가 있는가? 남편과 '친구'로 지내기 위해 당신이 하고 있는 일은 무엇인가? 당신은 함께 있기 즐거운 사람인가?

이런 변화들을 거친 뒤로 팻은 이렇게 말한다.

"이제 리치는 집에 오고 **싶어한다**. 나랑 같이 있고 **싶어한다**. 내가 힘든 시기를 지날 때면 나를 도와주고 **싶어한다**. 출장을 갈 때도 출장 전후에 가족들을 최대한 많이 볼 수 있도록 신중하게 조정한다."

팻은 이렇게 덧붙인다. "큰 모험을 원하거든 남편에게 복종하라. 그것이 당신의 인생에서 가장 큰 모험이 될 것이다. 달나라에 가는 것보다 더 흥미진진할 것이다. 세상을 보는 눈이 완전히 새롭게 열릴 것이다. 지금은 그런 시각이 아마 상상도 되지 않을 것이다. 남편에게 복종한다는 주제보다 더 논란이 많은 주제는 별로 없다. 하지만 이것은 절대 진리다. 나 자신의 삶에 너무도 잘 통하고 있다."

리치의 관점

리치는 부재하는 아빠와 남편에서 저녁때 어서 집에 들어가기 원하는 남자로 변했다. 그 변화에 영향을 미친 요인을 리치는 이렇게 세 가지로 꼽는다.

- 팻이 새롭게 헌신했다.
- 팻이 자신의 상처를 표현해 주었다.
- 나의 신앙이 새로워졌다.

"내 경우, 가장 큰 변화는 팻이 결혼생활에 정말 **헌신되어** 있음을 내가 느꼈을 때 찾아왔다. 그 전에는 아내의 사랑이 어느 정도일지 궁금했다. 아내는 나를 사랑하지 않는다거나 내가 싫다고까지 말한 적들이 있었다. 나더러 떠나도 좋다고 암시한 적들도 있었지만, 나는 떠날 마음이 없었다. 다행히 팻은 우리에게 헌신할 마음이 있음을 알게 되었고, 내게는 그것이 중요했다. 결혼이란 그저 사랑이란 **감정**의 문제가 아니다. 헌신만이 우리를 지탱시켜 주는 때들이 있다. 기독교 신앙에 기초를 둔 결혼은 훨씬 견고하다. 든든하다. 내게는 그것이 가장 중요한 기초였다. 우리가 이 결혼에 헌신되어 있음을 둘 다 깨달은 뒤부터 나는 변화되고 싶어졌다. 그 뒤로는 내게 언제나 희망이 있었다."

리치가 좋은 점을 지적했다. 아내가 남편에게 헌신을 보이지 않는데, 남편이 왜 그런 아내를 위해서 변화되려 하겠는가? 사실은 남편을 떠나거나 남편한테 떠나라고 할 수도 있는 아내를 위해서 말이다. 남자의 관점에서 볼 때 그것은 자동차를 팔기 전에 기름을 가득 채우는 것과 같다. 결혼생활이 건강하게 지속될 거라는 확신이 없다면,

남편이 성품을 고치려 애쓸 이유가 무엇이겠는가? 나는 남편들의 동기가 아내의 반응에서가 아니라 "하나님을 두려워하는 가운데서"(고후 7:1) 나와야 한다고 믿는다. 다만 위의 말은, **당연히** 그래야 한다는 뜻이 아니라 **대체로** 그렇다는 뜻이다. 대부분의 남자들이 변화의 동기를 느끼려면 먼저 아내가 곁에 남으리라는 것을 알아야 한다.

둘째로, 남편이 얼마나 깊은 상처를 주고 있는지를 팻이 마침내 알려주었을 때 리치는 진정으로 놀랐다. 리치는 정말 아내와 함께 있기를 좋아한다. 그는 아내를 잃고 싶은 마음이 조금도 없었다. 그의 말이다.

"팻은 비범한 여자다. 언젠가 팻이 내게 왜 떠나지 않으려는 거냐고 묻기에 나는 '당신을 좋아하니까'라고 말했다. 팻에게는 내가 정말 좋아하는 남다른 면이 있다. 모든 부부가 다 이러지는 않을지 모르지만, 개인적으로 나는 딴 여자랑 결혼하거나 사귀는 내 모습은 **아예** 상상이 안 됐다. 나는 딴 여자들에게 관심이 없었다."

여자를 이처럼 애틋이 생각하는 남자가 자신의 행동이 그녀에게 고통을 주고 있음을 알게 되면, 변화의 동기가 생기게 마련이다. 그 전까지만 해도 리치는 팻으로서는 무척 속상한 일이겠지만 자기가 얼마나 큰 고통을 야기하고 있는지 정말 몰랐다고 한다.

리치가 달라지게 된 세 번째 전환점은 팻의 새로워진 신앙을 보았을 때 찾아왔다. 팻과 하나님의 새로워진 관계는 전염성이 있었다. 팻처럼 리치도 '문화적 기독교'를 참된 신앙으로 바꾸었다. 지금 가정에 더 많이 시간과 마음을 두는 이유를 리치에게 물으면 그는 이렇게 말한다.

"다른 활동들에는 보배도 없고 유업도 없다. 다 불타 없어진다! 나는 여전히 온종일 직장에서 보내고 여전히 사냥과 낚시를 좋아하지만, 영원의 관점에서 보면 그런 것들은 다 지나가는 것임을 안다."

얼마나 흥미로운가! 해결 가능한 속성과 가시적인 보상 때문에 한때 직장 일과 바깥 취미 활동에 푹 빠져 살던 남자가, 이제 하나님이 약속하신 영원한 보상에 비하면 그것들의 보상이 무색함을 인정하고 있으니 말이다.

내가 보기에, 팻의 작전은 그래서 '통했다'. 팻은 자신을 위해서 리치를 변화시키려 하기보다는 자신부터 주님을 더 가까이했고, 자신의 삶의 모범을 통해 리치를 매료시켰다. 또 팻은 리치에게 그의 우선순위를 하나님의 기준에 비추어 재평가해 보도록 경건하게 독려해 주었다. 리치에게는 다른 잣대가 필요했다. 결혼생활과 신앙과 가정생활은 직장 일과 낚시보다 더 많은 노력을 요하지만, 보상은 훨씬 더 크다.

"이기기를 다투는 자마다 모든 일에 절제하나니 그들은 썩을 승리자의 관을 얻고자 하되 우리는 썩지 아니할 것을 얻고자 하노라" 고전 9:25.

일이나 취미밖에 모르는 남편을 둔 아내들에게 리치는 몇 가지 단순한 조언을 들려준다. "첫째, 혼자 남아 있는 심정이 어떤 것인지 남편에게 정말 알려줄 필요가 있다. 둘째, 남자는 감시 그룹서로를 성찰할 수 있게 해주는 모임에 들어갈 필요가 있다고 말해주고 싶다. 나도 그런 모임을 통해 교회의 다른 역할 모델들을 볼 수 있었다. 내가 소속한 소그룹은 감시 그룹으로 발전되었다. 그 모임의 남자들은 직장 일이나 사냥에 들이는 시간에 비해 아내와 함께 보내는 시간이 얼마나 되는지에 대해 내게 도전하기 시작했다. 아울러 다른 성공적인 부부들이 어떻게 하는지를 보는 것도 내게 큰 도움이 되었다."

리치와 팻의 이야기는 건강한 기독교 공동체의 중요성을 강조해 준다. 다른 남자들이 당신의 남편에게 도전해 줄 수 있다면 당신에게 훨씬 쉬울 것이다. 아내가 아내 자신을 위해서 남편의 변화를 바라는 것 같으면, 어떤 남편들은 불쾌해 한다. 그렇지만 헌신된 친구들이 "이보게, **하나님이** 자네에게 명하시니 자네가 이렇게 해야 되겠네."라고 말해 준다면 문제가 전혀 달라진다.

리치는 또 아내들에게 팻을 본받아 남편의 세계 속으로 들어가라고 권한다. 팻은 아내들에게 이렇게 말한다. "남편과 친구로 지낼 길을 찾으라. 남편이 원하는 일들을 하라." 리치도 전심으로 수긍한다.

"우리가 하고 싶은 일들에서 공통분모를 찾으니 정말 도움이 되었다. 팻이 애써 나와 같이 파리 낚시를 시작했을 때 정말 고마웠다. 아내가 그러고 난 뒤로 나도 아내가 좋아하는 일들을 하거나 쇼핑을 하면서 아내와 함께 시간을 보낼 의무가 있다는 생각이 들었다."

나는 결혼생활에는 서로 '맞추어 주려는' 헌신이 필요하다고 믿는다. 내 딸에게 피겨스케이팅이 중요해지자 나는 본래 전혀 관심이 없는 일임에도 불구하고 피겨 스케이팅을 따라했다. '딱 맞는' 벽지를 찾는 일은 내 관심사 목록에서 백만 번째에나 해당됨에도 불구하고, 나는 가끔씩 아내와 함께 가정과 정원 텔레비전 채널을 시청할 것이다. 마찬가지로 당신도 단순히 남편이 그것을 즐긴다는 이유만으로,

뭔가를 하거나 어떤 주제에 대해 배우는 것을 생각해 볼 수 있다. 그렇게 하면 남편도 당신한테 '맞추어 줄' 계기가 생긴다.

리치는 자신이 좋아하는 일들의 목록에서 대화는 순위가 높지 않다고 솔직히 고백한다. "그냥 앉아서 말하는 거야말로 나한테 가장 힘든 일이다. 아, 어렵다!" 하지만 이제 그는 적어도 시도할 마음은 있다.

리치는 이렇게 강조한다.

"아내들은 헌신 부분을 이해할 필요가 있다. 결혼은 사랑이자 **헌신**이다. 아내가 헌신하지 않으면 남편도 부부로 남지 않거나 남을 마음이 없을 것이다."

헌신이란 단순히 남아 있는 것 이상이다. 헌신하려면 또한 상대방 쪽으로 움직여야 한다. 남편이 당신 쪽으로 움직이기를 당신이 원한다면, 당신 자신은 남편 쪽으로 어떻게 움직이고 있는지 자문해 보라. 이것은 법적인 부부로 남는 수준을 훨씬 벗어나, 계속 사랑하고 추구하고 섬기겠다는 영적인 헌신까지 포함한다.

팻의 경우와 마찬가지로 남편을 향한 당신의 첫 움직임은 하나님을 향한 움직임이어야 한다. 바울은 마게도냐 사람들의 그런 모습을 칭찬한다.

"그들이 먼저 자신을 주께 드리고 또 하나님의 뜻을 따라 우리에게 주었도다" 고후 8:5.

당신을 하나님께 먼저 드리면 그분의 교정과 인정과 구속救贖에 자신을 여는 것이다.

하나님은 어떻게 당신의 삶을 통하여 당신 자신과 우선순위와 행동을 재평가하도록 돕고 계실까? 팻에게 그 답은 성경적인 복종의 의미를 배워야 한다는 것으로 똑똑하고 분명하게 왔다. 팻이 만일 자신을 정서적 갈망, 관계의 좌절, 개인적 절망까지 다 하나님께 먼저 드리지 않았다면, 과연 남편에게 자신을 줄 수 있었을지 의문이다.

거기에 이어질 두 번째 질문은 이것이다.

"내가 현재 하고 있지 않지만 이제부터 당신을 위해 해주었으면 하고 당신이 바라는 일은 무엇인가요?"

불쾌하게 여기기보다 남편의 말에 주의를 기울인다면, 당신은 가정을 남편이 있기가 더 즐거운 곳으로 점차 변화시킬 수 있다. 그리하여 남편을 집에 오고 **싶게** 만들 수 있다.

더 예쁜 부부관계를 꿈꾸며...

1. 저자는 남자들은 자기가 이길 수 없거나 무능하게 느껴지는 싸움은 피하는 경향이 있다고 말한다. 남편이 직장에서처럼 집에서도 유능하게 느껴질 수 있도록 아내들이 어떻게 남편을 내조할 수 있을까?

2. 팻은 남편이 퇴근하면 "나는 이것저것 일부터 시켰고, 늘 기분이 좋지 않았고, 대개 우울하거나 화가 나 있었다"고 고백했다. 남편을 가정생활에 더 관여시키는 일을 아내들이 더 잘할 수 있도록, 이 부분에서 아내들에게 현실적으로 기대할 수 있는 모습을 찾아 대화해 보라.

3. '마법의 질문'에 대해 토의해 보라. "내가 현재 하고 있지 않지만 이제부터 했으면 하고 당신이 바라는 일은 무엇인가요?" 당신은 남편에게 이 질문을 하기가 편하게 느껴지는가? 왜 그렇거나 그렇지 않은가?

4. 팻은 처음에는 낚시에 전혀 관심이 없었지만 리치의 낚시의 세계에 들어갔다. 당신의 남편이 즐겨하는 취미나 활동들은 무엇인가? 당신은 어떻게 그것을 남편과 함께 해서 친밀함을 쌓을 수 있겠는가?

5. 팻은 "당신에게는 당신이 정말 고치고 싶지 않은 부분들이 있는데, 하나님은 바로 그 부분을 고쳐줄 수 있는 사람으로 배우자를 주신다"고 말했다. 이것은 받아들이기 힘든 교훈일 수 있지만, 현재 하나님이 당신의 남편을 사용하시어 당신의 삶에서 '고치고' 계신 것 두세 가지는 무엇인가?

6. '집안 일에 관여도가 낮은' 남편들에게 특히 소그룹이나 혹은 교회 전반에서 어떻게 도전을 줄 수 있을까?

바쁜 남편, 가정을 첫자리에 두도록 도우라

13

'케네디'나 '부시'가 미국의 정치 권력을 대표하는 가문이라면 '로스차일드'는 빅토리아조 영국의 재계를 대표하는 가문이었다. 명성 때문에 로스차일드 가는 대개 영국인 자녀들을 독일인 사촌들과 결혼시켰다. 라이오닐과 샬럿은 중매결혼을 했지만 그렇다고 결혼식을 앞둔 그들의 기쁨이나 행복이 조금도 덜하지는 않았다. 물론 중매결혼을 거부할 수도 있었지만 샬럿과 라이오닐은 둘 다 중매에 선뜻 동의했다. 라이오닐은 자기 어머니에게 이렇게 썼다.

"이렇게 아름다운 신부와 맺어 주신 어머니께 감사드립니다."

열일곱 살의 샬럿은 처음에는 아내로서의 삶에 적응하느라 힘들었다. 라이오닐은 사업 때문에 거의 온종일 집을 비웠다. 샬럿은 버림받은 신부가 된 것 같아 자기연민에 빠졌다. 그 이유는 어렵지 않게 이해할 수 있다. 결혼하기 전까지만 해도 라이오닐은 아주 낭만적이었다. 샬럿에게 보낸 그의 편지에 보면, 그녀가 없이는 '나의 예측 못할 끝없는 사업가의 삶이 새삼 지루해 보일' 거라고 했다. 다른 편지에는 '당신을 영원한 나의 여보라고 부를 수 있는 복된 날을 생각하고 준비하는 것 말고는 아무런 낙도 없고 일도 없다'고 고백했다.[1]

그러나 샬럿을 얼마든지 '여보'라고 부를 수 있게 된 지금, 라이오닐은 사업을 일구느라 거의 온종일 집 밖에서 살았다. 흔히 그렇듯이, 낭만적이던 남편이 이내 일밖에 모르는 실용주의자가 되었다. 그는 사업을 운영하고 업무를 처리해야 했다. 샬럿은 자기연민과 비판에 빠졌다. 자신이 결정한 결혼이 후회마저 되었을지도 모른다.

그녀의 상충되는 감정들은 우리도 이해가 된다. 그런데 나중에 세월이 흘러 샬럿은 그런 '허송세월'을 라이오닐이 아니라 **자신의** 탓으로 돌렸다.

"아침에 차 마시는 시간부터 저녁 6시까지 라이오닐은 나와 함께 있지 않았다. 아! 왜 나는 그 시간을 격한 후회와 눈물로 허송했던가? 왜 그때 나는 열심히, 부지런히 공부하지 않았던가? 아마 그랬다면 나는 눈물을 거두고 생각을 즐겁고 유익한 쪽으로 돌렸을 것이다. 그 시절에 많은 것을 이룰 수 있었을 것이다."[2]

현대의 대부분의 아내들은 남편이 하루에 9시간 일한다고 남편을 비판하는 일은 결코 없을 것이다. 많은 아내들 자신이 그만큼 또는 그보다 더 오래 일하는 직장에 다니고 있으니 특히나 그렇다. 하지만 부부의 정서적 삶이 결혼식 후에 확 변하는 것을 보고 놀랐던 샬럿에게는 대부분의 아내들이 공감할 수 있다. 결혼식 때까지는 로맨스와 연모의 대상이었던 여자가 혼인서약이 끝나기가 무섭게 남편의 초점이 사업으로 돌아가는 것을 충격 속에 지켜본다. 그 흔한 병을 샬럿도 앓았다. 남자에게 로맨스는 휴가와 같을 때가 많다. 일단 휴가가 끝나면 남자는 금방 삶으로 복귀한다. 반면, 아내들은 대개 로맨스가 삶의 방식으로 계속될 줄로 알고 그렇게 희망한다.

사랑은 오래도록 남는다!

결국 샬럿의 아버지가 개입했다. 그는 샬럿에게 자기연민에서 헤어나 오히려 라이오닐에게 요긴한 실제적 도움을 줄 길을 찾으라고 독려했다. 또 남편이 퇴근할 때 한바탕 소란을 피우는 일도 그만두라고 했다. "뉴스를 들으려면 외교관들을 부지런히 찾아다녀야 한다고 네 남편에게 말해라. … 너도 런던에서 무슨 일이 벌어지고 있는지 알려고 해야 한다."[3]

샬럿은 이 충고를 마음에 새겼다. 불평하느라 에너지를 낭비하는 대신 이제 그녀는 그 에너지를 라이오닐을 위해 일하는 데 썼다.

"머잖아 외교관들과 각료들과 왕족들과 귀족들을 훌륭히 대접하고 있는 사람은 … 바로 샬럿이었다. 그녀의 빈객들은 그녀의 실용주의의 증거였다. 샬럿은 굳이 그들을 좋아할 필요도 없었다."[4]

저명한 남자 공인들이 첩을 여럿씩 두는 게 유행이었지만, 라이오닐의 삶에는 그런 무분별한 오명이 얼씬도 못했다. 샬럿이 금세 그에게 없어서는 안 될 존재가 되었기 때문이기도 할 것이다. 이들 부부는 불가분의 팀, 연합 세력이 되어 세상에 이름을 떨쳤다. 어쩌면 그들은 당대에 상업적으로 가장 성공한 부부가 되었다. 라이오닐은 유태인 혈통으로는 영국 최초의 하원의원이 됨으로써 정치사에도 이름을 남겼다. 이 고상한 목표를 달성했을 즈음에 라이오닐은 사실상 병약자였다. 샬럿의 더없이 귀한 도움과 조력이 있었기에 그는 공무를 감당할 수 있었다. 샬럿은 하원 방청석에서 각종 연설을 들으며 많은 시간을 보냈고, 그래서 남편이 집에 오면 여러 이슈들로 남편과 토론할 수 있었다. 이들의 전기 작가 스탠리 웨인트럽은 이렇게 썼다.

"샬럿은 권태에 빠진 적이 거의 없었다. 책임 맡은 일이 너무 많았고, 가정도 늘 활동 중인 듯이 보였다."[5]

이 전기 작가가 잘 요약했다.

> 남편은 전설을 남겼고 후대에 당당히 내놓을 만한 사업을 남겼다. 샬럿은 지칠 줄 모르는 자선慈善과 라이오닐의 여주인 노릇 외에도 그 너그러움이 남달랐다. 디스라엘리의 소설 3권의 가장 잊지 못할 여인으로서만 아니라 그녀가 썼던 재기 넘치는 서신들과 집안의 유산 면에서도 샬럿은 지금도 살아 있다. 라이오닐과 함께 그녀는 빅토리아조 영국의 가장 비범하고 시들지 않는 사랑 이야기 중 하나의 화신이 되었다. 타국 출신에다 서로 잘

> 알지도 못하는 사촌지간인 그들을 야심찬 양가 모친이 중매결
> 혼 시켰는데도, 그 결혼생활은 역경과 도전을 견뎌냈고 오히려
> 그로 말미암아 더 풍요로워졌다. 샬럿의 말대로, 부^富로는 부족
> 했다. 사랑은 오래도록 남는다.⁶⁾

사랑은 오래도록 남는다! 결혼생활에 대한 얼마나 힘찬 표현인가! 젊은 샬럿이 50년 앞을 내다보고 처음부터 무기력에서 헤어날 수 있었다면! 돕는 배필이 되면 로맨스가 싹트고 그 로맨스는 세월이 갈수록 더 진해짐을 그때부터 진작 알았더라면! 남편의 성공 욕구와 싸우는 대신, 나중에라도 그리했기에 그녀는 성공에 없어서는 안 될 존재가 되었고 그리하여 그의 애정을 얻었다. 동시에 그녀는 당대의 가장 탁월한 소설가 중 하나가 몇 권의 책을 통해 예찬한 그런 결혼생활을 이루어낼 수 있었다.

샬럿의 경험이 특히 젊은 아내들에게 격려가 되기를 바란다. 남자가 약혼자와 뜨겁게 연애하다가 결혼식 후에 사업으로 관심을 돌리는 일은 꽤 흔하다. 나는 이것이 여자에게 분명히 상처가 되며 나아가 사기와 기만처럼 느껴질 수도 있음을 이해한다. 또한 남편들에게 다음과 같은 무임 승차권을 주어서는 안 된다는 당신의 생각에도 동의한다. "남자들은 본래 그렇다. 그러니 어쩌겠는가?"

하지만 나는 또한 당신에게 이것을 약간 다른 시각에서 보게 해주고 싶다. 대부분의 남자들이 일에 열심히 집중하는 이유의 하나는 하나님이 남자를 그렇게 만드셨기 때문이다. 물론 우리는 그것을 죄가

되는 극단으로까지 몰아갈 수 있다. 하지만 성공 욕구는 남성성의 선천적인 요소다. 우리의 창조주께서 그렇게 설계하셨다.

남자의 성취욕

여기 흔한 시나리오가 있다. 아이들은 다 자랐고, 남편은 인생에 비교적 성공을 거두었고, 아내는 마침내 해변의 별장을 사거나 또는 일을 줄이고 손자손녀를 보러 다닐 마음의 준비가 되었다. 그런데 남편이 창업 계획이나 전혀 새로운 도전골프, 3종 경기, 헌 주택을 사서 수리하는 일에 나설 계획을 발표하여 아내를 깜짝 놀라게 만든다.

많은 여자들에게 이런 행동은 노화를 부정하는 일처럼 보일 수 있다. 그러나 그런 행동의 동력은 불가피한 생물학적 요소다. 남자의 뇌는 모종의 사명을 지향하도록 되어 있다. 마이클 거리언에 따르면, "남성성의 생물학적 중핵에는 그냥 인간으로서가 아니라 남자로서 자신의 가치를 입증하려는 욕구와 의지가 존재한다. … 남자들에게는 개인적이고 독립적인 행위를 통해 자신의 가치를 추구하려는 생물학적 성향이 있다. 반면, 여자들은 관계와 친밀함을 통해 가치를 경험하려는 성향이 더 크다. 물론 이런 차이는 모든 문화에서 사회화되기도 하지만, 그 기원은 인간의 생물학적 요인에 있다. … 남자들 안에 깔려 있는 생물학적 기초는 행위의 원칙이다."[7)]

자녀나 손자손녀의 눈을 응시하고 있는 남녀의 뇌를 각각 연구해 보면, 전형적인 여성이 그런 만남에서 신체적으로 얻는 것이 남성보다 더 많음을 볼 수 있다. **당신이** 관계에서 얻는 보상이 당신의 남편이 얻는 보상보다 크다.

거리언은 이렇게 말한다.

"남자의 머리에는 생물학적으로 영웅이 내장되어 있다. 테스토스테론, 바소프레신, 다량의 뇌척수액, 소량의 세로토닌, 소량의 옥시토신, 남성의 뇌 조직이 추상적이고 공간적인 우주에 삶을 투영하는 방식 등으로 말미암아 남자들은 세상을 행동, 영웅, 전사의 관점에서 보며, 심지어 연인의 관점에서 볼 때에도 도전의 지형을 놓고 협상을 벌여야 한다."[8]

이것은 실제적으로 무슨 의미인가? 일부 남자들에게, 성취를 멈춘다는 것은 곧 삶을 멈추는 것이다. '안정'은 죽음에 가까운 경험으로 느껴진다. 전성기를 한참 지난 코치들과 운동선수들이 내년에는 정말 실력을 보여 주겠다고 늘 벼르며, 종종 사양길에 매달리는 이유가 무엇일까?

남자라고 다 그런 극단에까지 가는 것은 아니지만, 당신의 남편이 그런 사람이라면 당신이 그것을 감정적으로 받아들여 봐야 도움이 안 된다. 당신의 남편은 자신을 성취와 성공으로 몰아가는 뇌의 화학적 욕구를 멈출 수 없다. 당신이 자녀나 손자손녀를 챙기는 마음을 멈출 수 없는 것과 마찬가지다.

"하지만 사업을 또 차리는 것보다 사람이 훨씬 더 중요하다!"고 당신은 항변한다. 하지만 당신은 그런 말이 어떻게 상황을 부당하게 단순화하는지 아는가? 물론 사람을 첫째로 여기는 사람들도 필요하며,

아주 진정한 의미에서 하나님은 우리 **모두**에게 그런 철학을 품을 것을 명하신다. 하지만 대국적 발전에 의욕을 내는 사람들도 필요하다. 예컨대, 더 좋은 주택을 건설하고, 전쟁에 나가 사나운 적들을 막아내고, 실험실에 장시간 처박혀 질병 치료제를 찾아내고, 무수한 가정을 먹여 살릴 기업을 세우는 것 등이다. 이런 훌륭한 목표들도 적어도 간접적으로는 사람을 첫째로 여긴다. 장시간을 외롭게 실험실에서 보낸 사람들이 없었다면 엄마나 아빠 없이 살아갈 아이들이 더 많아질 것이다. 엄마나 아빠가 현대 의학 덕분에 암을 이겨낸 일도 없었을 테니 말이다.

남녀의 서로 다른 뇌를 통하여 하나님은 꼭 돌봐야 할 일들이 꼭 돌봄을 **받게** 하셨다. 모든 사람이 해변에서 많이 놀고 오래 걸으려고 하루에 3시간만 일한다면, 이 세상은 크게 달라질 것이다. 훨씬 빈곤해질 것이다. 해변의 나들이와 가족의 바비큐도 필요하지만 이런저런 일처리도 똑같이 필요하다.

그러므로 남편에게 가족들과 더 많은 시간을 함께 보낼 동기를 심어주는 것은 건강한 일이지만, 절대로 그에게서 남자 됨의 의미의 본질을 벗겨내려 해서는 안 된다. 거리언은 말한다.

"남자들은 능력을 개발하고 발휘하는 쪽으로, 사회적 위계와 힘을 획득하고 구사하는 쪽으로 계속 자신을 몰아간다. 그러느라고 여자들보다 8년 더 일찍 죽고 인간의 다른 가치들을 잃어버릴지라도 말이다."[9]

남자의 이런 욕구는 악하게 사용될 수도 있고 9.11 사태를 생각해 보라 선하게 사용될 수도 있다(디데이의 미국 군사들을 생각해 보라). 하지만 방향 설정은 그것을 없애려 하는 일과는 다르다. 이것을 더 일찍 이해할수록 남편을 향한 당신의 요구나 갈망은 더 현실적이 될 것이다. 인간의 뇌를 정밀 검사할 수 있기 오래 전에 기록된 독일의 옛 속담은 그것을 알았다. "남자에게서 대의를 빼앗으면 남자는 존재할 이유가 없다."[10]

남편의 욕구를 축하하라

이 모두는 다음 사실을 말하기 위한 것이다. 당신은 남편이 가정에 더 관여하도록 도울 수는 있지만, 성취하고 싶은 그의 마음을 막을 수는 없다. 당신은 어떻게든 남편의 생물학적 욕구를 **존중**하고 **인정**해야 한다. 당신은 남자를 원했고 그래서 남자를 얻었다! 가정 밖에서 의미를 찾으려 하는 남편을 책잡지 말라. 가족들과 더 많은 시간을 보내도록 남편에게 동기를 심어주는 것도 좋지만, 동시에 남편의 이 욕구를 축하해 주라. 대체로 당신은 '마법의 질문'에 기초한 팻의 방법이 가장 효과적임을 알게 될 것이다. 즉 당신의 가정을 남편이 어서 들어오고 싶어하는 곳으로 만들고자 힘써 노력하라.

사실, 마르틴 루터는 5세기 전에 이런 조언을 했다.

"아내는 남편이 집에 들어오는 것을 즐겁게 해주고, 남편은 자기가 나가는 것을 아내가 서운해 하게 하라!"

그리스도인 남자로서 나는 나의 남성적 성향들을 예수 그리스도의 주 되심에 복종시키기 원한다. 하지만 하나님이 나를 남자가 되도록 지으셨는데 그런 내가 여자처럼 행동해야 한다는 말은 성경 어디에도 없다. 예수님은 하나님 나라를 섬기기 위해 집과 가족을 기꺼이 버릴 수 있어야 한다고 말씀하신다.

"아버지나 어머니를 나보다 더 사랑하는 자는 내게 합당하지 아니하고 아들이나 딸을 나보다 더 사랑하는 자도 내게 합당하지 아니하며 또 자기 십자가를 지고 나를 따르지 않는 자도 내게 합당하지 아니하니라"마 10:37~38.

생물학적 관점에서 보면 이것은 많은 여자들에게 마땅히 반감이 들 만한 아주 '남성적인' 발언이다. 하지만 이 말씀을 하신 분이 예수님 자신임을 알고 나면 달라진다. 물론 성경 다른 곳에, 가정을 소홀히 하는 것은 곧 믿음을 저버리는 일이라고 했다딤전 5:8 참조. 분명히 우리는 중용을 찾아야 한다.

이것은 아내들 쪽에 겸손을 요구한다. 가정에 전적으로 집중하는 남자가 사명을 가진 남자보다 왠지 더 거룩하다고 생각하는 아내들, 그래서 하나님이 주신 남편의 야망을 질타하는 아내들에게 말이다. 그것은 여성적 세계관이지 반드시 성경적 세계관은 아니다. 이것은 또한 가정의 책임을 정말 **소홀히 하는** 남자들 쪽에도 겸손을 요구한다. 여자들이 알아야 할 것이 있다. 성경적으로 말해서 남자는 이 연속선상 **어느 쪽으로도** 잘못을 범할 수 있다. 당신은 정말로 남편이, 집에서 아이들과 놀 생각만 하는 남자, 당신과 자녀들에게 삶다운 삶을 공급할 의욕이나 관심이 없는 남자, 하나님 나라를 위해 큰 일을 해서 하나님께 영광을 돌리려는 욕구가 없는 남자이기를 원하는가? 그런 아내들도 있겠지만, 그건 소수다.

> 전 세계의 여러 연구에 보면, 사춘기에서 중년기 사이의 여자들이 낭만적 관계와 결혼 상대로 선택한 남자는 성취와 지위를 추구하는 남자다. 여자들은 왕지역 차원에서라도, 전사여자를 안전하게 해주는 보호자, 마술사신제품을 좋아하는 마음에서라도, 성공으로 이끄는 매력이 웬만큼 있는 남자, 연인여자를 추구의 일부로 삼는 남자이 되고자 열망하는 남자들을 원한다.[11]

문제는 여자들이 이런 추구 지향적인 남자를 **얻고**서는, 남편이 감정에 대한 대화를 즐기는 얌전한 목자가 되기를 원한다는 것이다.

내 좋은 친구 스티브 월키 박사가 내게 하는 말이, 대부분의 부부가 서로 끌렸던 바로 그 점들이 실제로 그들을 결혼 상담으로 몰아간다고 한다. 이 원리는 여기에도 분명히 적용된다. 여자들은 미혼일 때는 성취욕이 강한 남자들에게 끌리는 경향이 있으나 일단 아내가 되면 성공한 남편의 스케줄을 원망할 때가 있다.

당신이 남편의 어떤 점에 끌렸는지, 그리고 지금은 당신이 그 점을 오히려 싫어하고 있지 않은지, 솔직히 자신을 돌아보라. 당신이 제지하려는 남편의 욕구가 무엇인지 신중히 생각해야 한다. 그는 성공하기 원한다. 그가 일터에서 성공할 기회를 당신이 막는다면, 그는 도박에 빠져 당신의 재정적 안전을 위험에 빠뜨릴 수 있다. 여자들과 불륜의 관계에 빠져 당신의 결혼생활을 위험에 빠뜨릴 수 있다. 스포츠 활동이 지나쳐 날마다 골프나 운동에 몇 시간씩 들일 수 있다. 그 밖에도 그런 활동들은 얼마든지 많이 있다. 모두가 결국은 당신의 가정을 해칠 수 있다. 당신이 최소한 감사해야 할 것이 있다. 지금 남편의 초점이 당신의 삶을 허물기보다는 보완하는 쪽으로 향하고 있다는 사실이다.

또한 공감을 보이려 하라. 당신의 남편이 따분한 또는 전망 없는 직업으로 고달프면서도 책임감 때문에 버티고 있다면, 그에게는 자신이 성공하고 탁월해질 수 있는 다른 배출구가 필요하다. 많은 여자들은 모두는 아니다! 직장에서 별 만족 없이 8시간을 일하고도, 집에 와서 관계 속에 시간을 보내며 하루가 괜찮았다고 생각할 수 있다. 하지만 대부분의 남자들은 그렇지 않다. 만족 없는 일의 심리적 대가는 그들을 쇠약하게 한다. 남자들은 여자들보다 대화나 정서적 관계에서 얻는 것이 적은 편이다.

나는 지금 내 일에서 깊은 만족을 얻고 있다. 지난 10년 동안 그랬다. 나는 과분한 긍정적 반응과 기대 이상의 자존감을 얻고 있다. 하지만 내 일이 쥐꼬리만한 봉급이나 받기 위한 수단처럼 느껴지던 시절도 있었다. 사고력도 필요 없고 성취감도 별로 없는 평범한 일이었다. 실제로 나는 목표를 정해서 내 구역을 너무 빨리 돌았다가 혼나기도 했다. 그렇게 하면 다른 직원들이 느려 보이기 때문이었다. 그들은 내게 "좀 천천히 다니고, 점심시간도 오래 갖고. 쉬엄쉬엄 하라"고 했다.

이런 식의 환경은 어떤 남자들을 망쳐 놓을 수 있다. 당신의 남편이 자기 일에 '꼼짝없이' 갇힌 심정이라면, 그에게 공감해 주라. 뭔가 만족스런 일을 추구할 여지를 줌으로써 그의 자제自制와 희생에 보상해 주라. 많은 아내들은 그런 상황으로 아파하는 남편을 보면 '대화하려' 한다. '감정을 털어놓게' 하려 한다. 대부분의 남자들에게 그것은 오히려 상황을 악화시킬 뿐이다. 남자들은 하루를 다시 재현하고 싶은 마음이 조금도 없다! 그런 하루가 있었다는 것조차 잊어버리기 원한다.

그렇다면 하나님이 남편에게 주신 성취의 집념을 받아들인 당신은, 이제 남편이 그 집념을 추구하느라 가정의 책임을 소홀히 하지 않게 하려면 어떻게 해야 할까? 당신이 첫 번째로 할 수 있는 일이 루터의 말 속에 들어 있다.

"아내는 남편이 집에 들어오는 것을 즐겁게 해주라!"

더 즐거운 사람이 되라

오래 전에 루디 톰자노비치는 프로농구 시합 중에 코트에서 싸움이 벌어져 그쪽으로 달려갔다. 당시 NBA미국농구협회 최강의 선수 중 하나였던 커밋 워싱턴은 강편치로 루디를 '맞이했고', 코밑을 직방으로 맞은 루디는 얼굴이 엉망이 되었다. 펀치의 힘에 루디는 고개가 뒤로 홱 꺾이면서 몸이 바닥에 어찌나 세게 나동그라졌던지 쇠망치로 나무 둥치를 내리치는 소리 같았다.

루디는 의식을 잃었다.[12]

노련한 의사도 그의 엑스레이 사진을 보고는 속이 메스거렸다. 안면의 후부 전체가 확 어긋나 있었다. 눈은 부어서 떠지지 않았고, 뇌에서는 척수액이 새어나오기 시작했다. 사흘 후에도 루디의 얼굴은 평소의 두 배 크기로 부어 있었다. 마침내 거울을 볼 수 있을 만큼 눈이 떠지자 루디는 자신이 영화 속의 엘리펀트 맨 같아 보였다.

그날 루디의 아내 소피가 비행기를 타고 그를 보러 왔다. 루디는 소피가 뭐라고 말할지 걱정되었다. 그는 자신이 얼마나 끔찍해 보이는가에 대한 단서를 찾으려고 아내의 표정을 살폈다.

소피는 아주 부드럽게 껴안고 나서 뒤로 물러나 한동안 찬찬히 보더니 말했다. "루디, 그거 알아요? 역시 성형하니까 더 낫네요."

여기 남자들에 대한 확실한 진리가 하나 있다. 우리는 웃기를 좋아한다. 우리는 자연스런 유머 감각이 뛰어난 여자들을 좋아한다. 더 나아가, 우리는 아내의 행복한 모습을 보기를 좋아한다. 내가 이렇게 말하면 놀랄 사람들도 있을 것이다. 나는 늘 "하나님이 우리를 행복하게 하시기보다 거룩하게 하시려고 결혼을 설계하셨다"고 강조했으니 말이다. 하지만 행복보다 거룩함을 중시한다고 해서 행복을 도외시해야 한다는 말은 아니다. 때에 맞는 미소와 즐거운 품행은 영적인 기적을 일으킬 수 있다. 우리 남자들은 기분 좋은 여자와 어울리기를 좋아한다.

잠언 31장에 나오는 현숙한 여인의 속성들 중에서 가장 덜 인용되는 것 하나는 유머 감각이다. "후일을 웃으며"잠 31:25. 성경에 나오는 대로, 하나님이 "사라아브라함의 아내를 돌보"셔서 노년에 아들을 주셨을 때 사라는 이런 놀라운 말로 반응했다. "하나님이 나를 웃게 하시니 듣는 자가 다 나와 함께 웃으리로다"6절.

가정에 더 함께하는 남편을 간절히 보고 싶거든 다음 질문들을 곰곰 생각해 보라. 당신은 남편의 삶을 더 즐겁게 해주기 위해 당신이 할 수 있는 일이 무엇인지 생각해 본 적이 있는가? 당신이 자신의 성격으로 지금 어떤 부류의 분위기를 조성하고 있는지 생각해 본 적이 있는가?

스티브 스티븐스 박사와 앨리스 그레이의 명저 《나 지쳤어-현실 속의 여성 시리즈》사랑플러스에 보면 결혼생활에 좌절한 여자들에게 주는 두 가지 유익한 질문이 나온다. 그런 상황에서 여자의 눈은 대개 남편의 결점에 고정된다. 저자들은 그것을 뒤집어 여자들에게 다음 두 질문을 생각해 보라고 촉구한다.

- 나와 부부로 산다는 것은 어떤 것일까?
- 내가 하는 말들을 듣는다는 것은 어떤 것일까?[13]

나는 세 번째 질문을 제안하고 싶다. "내 태도를 상대하며 산다는 것은 어떤 것일까?"

지나치게 심각한 태도는 정말 삶의 기쁨을 앗아갈 수 있다. 당신이 남편에게 줄 수 있는 최선의 선물 중 하나또한 가장 동기를 잘 심어주는 것 중 하나는 웃음의 선물이다. **당신의** 남편은 집에서 그것을 얻고 있는가?

남편이 집을 피하는 듯한 이유에 대해 심각한 심리적 진단을 찾는 여자들이 너무 많은 것 같아 나는 우려된다. 그런가하면 무슨 깊은 영적인 이유, 남편의 신비를 풀어줄 성경구절을 찾는 여자들도 있다. 어떤 아내들은 남편의 과거에 집착하여 개인적인 상처를 파헤치려 할 수도 있다. 그것을 찾아내서 회개하고 치유해야 상황이 달라질 수 있다고 그들은 생각하는 것이다. 하지만 문제는 단순히 집이 더 이상 재미가 없어진 탓일지도 모른다. 그래서 남편은 스트레스와 긴장과 갈등의 장소로 돌아갈 마음이 내키지 않는 것이다!

또 다른 이유가 있을 수 있다. 당신의 남편이 집 밖으로 겉도는 이유는 집에서 창피당한 적이 너무 많아서일지도 모른다.

남편을 덮어주라

런던에서 열린 어느 대연회에서 빅토리아 여왕은 자신의 핑거볼^{식탁에서 손가락을 씻는 그릇—옮긴이}을 들어 그 안의 물을 다 마셔 신민들을 충격에 빠뜨렸다. 여왕이 에티켓을 심하게 어겼다며 많은 사람들이 놀랐다. 나중에야 하객들은 여왕의 주빈^{이란 국왕}이 먼저 그랬음을 알게 되었다. 여왕은 그를 창피하지 않게 해주려 했던 것이다.

그로버 클리블랜드 대통령의 부인도 같은 부류였다. 백악관을 방문한 한 손님이 주변의 웅장한 모습 앞에서 눈에 띄게 불안해했다. 클리블랜드 여사는 그를 편하게 해주려고 최선을 다했다. 그래서 아주 얇은 자기로 만든 오래된 잔에 대해 잡담을 시작했다.

대통령 부인이 말했다.

"이 잔이 참 멋지지요? 아주 귀한 건데 우리도 오늘 처음 쓴답니다."

손님은 잔을 하나 들며 "그래요?"라고 말했다. 그런데 그만 잔이 그의 손안에서 으스러지고 말았다.

남자는 자신의 서투른 행동에 거의 사색이 되어 어찌할 바를 몰랐다. 클리블랜드 여사가 즉시 구조에 나서서 말했다.

"아, 걱정 마세요. 이 잔들은 아주 잘 깨지거든요. 보세요!" 그러면서 자기도 잔을 깨뜨려 버렸다.[14]

때때로 당신의 남편은 자신은 물론 당신까지 창피하게 할 것이다. 그런 순간들이야말로 당신이 많은 '자산'을 쌓을 수 있는 절호의 기회다. 당신이 남편을 지지해 주면, 끼어들어 남편을 덮어주면, 남편은 보양과 돌봄을 받는다고 느낄 것이다. 그리고 당신에게 아이스티를 가져다 주기 위해 사막이라도 가로지를 것이다. 그러나 당신이 당신 자신의 창피를 모면하고자 남편을 비웃는다면 남편의 실수를 지적하며 모든 사람들과 함께 웃는다면 남편은 그대로 납작코가 된다.

모든 남편에게는 결점이 있다. 단어를 틀리게 발음할 수도 있다. 세계 지리에 대한 지식이 부족해서 정말 엉뚱한 말을 할 수도 있다. 예컨대, 지인에게 뉴욕에 갔을 때 에펠탑을 방문했느냐고 묻는 식으로 말이다. 또는 손재주가 서툴거나 대인관계가 불안할 수도 있다. 얼마든지 많이 있다. 이런 창피한 순간들은 당신이 빛을 발할 기회다. 솔로몬은 "허물을 용서하는 것이 자기의 영광"이라고 했다 잠 19:11.

비웃음이나 남편을 깎아내리는 농담, 역겨운 표정은 다 남자의 마음에 정서적 거리감을 만들어 낸다. 어떤 남자들은 아예 포기하고 숨기 시작한다. 당신의 남편에게 자신이 무능하다는 느낌, 당신과 가족들한테 비웃음이나 모욕을 당하고 있다는 느낌이 든다면, 결국 그는 당신과 함께 있는 시간을 어떻게든 피할 것이다. 당신은 모를지 모르지만, 자신감 있어 보이는 남편의 이면에는 기막히게 높은 수준의 정서 불안이 도사리고 있다.

은밀한 정서 불안

성공과 성취는 남자의 행복감에 중대한 역할을 하므로, 남자들은 대다수 여자들이 짐작할 수 없을 만큼 실패를 몹시 두려워하며 심한 정서 불안마저 보이는 경향이 있다. 자신감 있는 태도나 허풍으로 감정을 가릴지 모르지만, 곧 '발각될' 것 같고 자기 한계가 드러날 것 같은 심정으로 살아가는 사람들이 우리 중에 많이 있다. 거기서 은밀한 정서 불안이 싹틀 수 있다.

당신의 남편이 주당 80시간씩 일하고 있다면 그는 실직당할까봐 두려울 수 있다. 실직한다면 그는 다른 일을, 최소한 괜찮은 일을 구할 수 없을까봐 두렵다. 다른 괜찮은 일을 구할 수 없다면 그는 당신이 자기를 전만큼 사랑하지 않을까봐 두렵다. 당신은 남편의 스케줄을 보며 '가정을 소홀히 한다'고 비난할 수 있지만, 그러는 내내 그는 당신이 떠날까봐 두려워 심리적 생존을 위해 싸우고 있다.

남편의 입장에서 생각해 보라. 남편은 자신의 한계를 느끼면서도 업무에 최선을 다하고 있는지도 모른다. 남편은 당신이 자기를 무능한 사람으로 여길까봐, 아마 그런 감정을 당신에게 털어놓지 않을 것이다. 그런데 그러는 내내 당신은, 남편이 집에 있는 시간이 부족하기 때문에 당신의 양에 차지 않는다고 돌려서 말한다. 그것은 결국 직장에서 성공해야겠다는 남편의 결심을 더 굳혀줄 뿐이다. 당신이 그가 집에서 실패하고 있다고 계속 말해주고 있으니 말이다.

답은? 남편의 정서 불안에 좀더 민감해지라. 그의 일자리가 정말 위태로워 보인다면 당신이 할 수 있는 최선의 일은 이렇게 말하는 것이다.

"당신이 직장에 더 많은 시간을 들여야 된다는 걸 알아요. 집은 내가 최대한 알아서 하고 아이들에게도 잘 설명할게요. 당신이 우리를 사랑해서 이런다는 것, 잘 알아요."

지나친 업무 일변도가 한때가 아니라 평소의 생활 방식이라면, 그렇게 접근해서는 안 된다. 하지만 정말 한때라면, 남편을 공격하기보다 언어적, 정서적으로 남편을 지지해 줌으로써 당신은 남편의 '감사 은행'에 큰돈을 예치할 수 있다. 솔로몬은 "경우에 합당한 말은 아로새긴 은 쟁반에 금 사과니라"잠 25:11고 말했다. 이렇게 생각해 보라. 당신의 남편이 정말 실직을 두려워하고 있는데, 퇴근해서 가정에서도 실패하고 있다는 말을 듣는다면, 당신은 지금 막 남편을 실망으로 매장한 것이다. 남편의 정서 불안을 가중시켜 봐야 문제가 해결되지 않는다. 당신의 결혼생활을 허물어뜨릴 뿐이다. 동시에 남편은 직장에서 길을 잃는다.

정서 불안 외에도 당신의 남편에게는 가족을 부양해야 한다는 떨칠 수 없는 책임감이 있다. 남편이 일밖에 모른다면 당신도 본의 아니게 거기에 기여하고 있을 수 있다. 당신은 남편이 일하는 시간이 너무 길다고 불평하면서 동시에 불필요한 물건들을 구입하고 있지는 않은가? 그래서 남편의 가족 부양을 더 어렵게 만들고 있지는 않은가? 남편은 그런 물건 값을 대기 위해 더 열심히 **일해야겠다고** 생각할지 모른다! 또는 당신은 남편의 월급을 자신의 월급과 비교함으로써 은연중에 남편의 벌이가 시원치 않다고 말하고 있지는 않은가? 친구들이 즐기는 휴가, 친구들이 구입하는 새 집이나 차, 친구들이 다니는 식당을 부러운 듯이 말하지는 않는가? 당신의 남편이 그런 말을 듣는다면 이렇게 생각할지 모른다. "내 아내한테도 그런 것들을 갖게 해주려면 내가 더 열심히 더 오래 일해야겠다."

이 모두는 다시 **인정**으로 귀결된다. 꾸준하고 일관되게 창의적으로 남편을 인정해 주면, 당신은 남편이 일에 과도히 매달리거나 또는 가정에 흥미를 잃고 도피성 취미를 찾으려 하는 가장 막강한 이유 하나를 없애주는 것이다.

당신의 남편이 퇴근길에 술집에 들른다면, 문제를 이런 시각에서 접근해 보라. 어떻게 하면 당신은 집을 술집보다 더 매력 있는 곳으로 만들 수 있을까? 술집 사람들은 그를 만나 반가운 듯이 행동한다는 점을 명심하라. 그들은 당신의 남편에게 그가 즐겨 마시는 술을 내준다. 그것도 미소와 함께 말이다. 그들은 칼로리를 따지거나 늘어지는 뱃살 운운하지 않는다. 반대로, 그가 다 마시면 그들은 한 잔 더 하겠느냐고 묻는다. 청소나 수리가 필요한 일들은 입밖에 꺼내지 않는다. 실컷 시간을 보내며 긴장을 풀게 해준다.

  물론, 변화되어야 할 행동과 태도를 당신이 언급해야 할 때와 장소도 있다. 하지만 당신의 목표가 남편을 가정에 더 관여하게 하는 것이라면, 집을 그가 어서 돌아오고 싶어하는 곳으로 만들라.

1. 신혼여행 이후로 남편이 당신에게보다 일에 더 집중하게 되었는가? 그래서 로맨스에 변화가 있었는가? 당신은 거기에 어떻게 대처했는가?

2. 여자들은 어떻게 남편에 대한 실망을 물리치고, 대신 라이오닐과 샬럿처럼 '불가분의 팀'을 이루고자 노력할 수 있을까?

3. 마이클 거리언은 "남자들에게는 개인적이고 독립적인 행위를 통해 자신의 가치를 추구하려는 생물학적 성향이 있는 반면, 여자들은 관계를 통해 자신의 가치를 더 느끼는 성향이 있다"고 역설했다. 이런 생물학적 성향을 알면 부부가 함께 노력하고 서로 보완하는 데 어떤 도움이 되겠는가? 당신은 당신이 친밀함을 추구하는 것과 똑같은 열정으로 남편이 행위를 추구할 수 있게 해줄 마음이 있는가?

4. 저자는 여자들이 추구 지향적인 남자를 구해 놓고는 결혼 후에는 그를 '얌전한 목자'로 바꾸려 하는 성향에 대해 경고한다. 이런 유혹을 느끼는 젊은 신부에게 당신은 뭐라고 조언해 주겠는가?

더 예쁜 부부관계를 꿈꾸며...

5. 당신은 만족 없는 일의 심리적 대가가 남자들을 쇠약하게 하고 낙심에 빠뜨린다는 말에 동의하는가? 만약 그렇다면, 여자들은 이런 상황에 처한 남편을 어떻게 내조할 수 있을까?

6. 저자는 '웃음의 선물'에 대해서 말한다. 본래 활달하지 못한 여자들도 이 선물을 줄 수 있을까? 있다면 어떻게 그럴까?

7. 당신과 결혼해서 산다는 것이 당신의 남편에게 어떤 것일지 그룹에서, 또는 친한 친구와 나누어 보라.

순결한 정열, 남편의 애정을 굳히고 지켜준다

여기까지 읽은 당신에게 찬사를 보내고 싶다. 결혼생활을 그토록 진지하게 여기고 하나님의 아들을 그토록 세심하게 사랑하는 당신을 하나님이 자랑스러워하신다고 나는 믿는다.

이번 장에서는 부부의 성생활을 통하여 남편의 애정을 굳히고 영적 순전함을 지켜줄 수 있는 방법을 알아보고자 한다. 내가 믿기로, 남편의 영적 순전함은 건강한 결혼생활에 매우 중요하다. 하나님 앞에서 남편의 영적인 상태는 아내를 향한 관심, 가정에 참여함, 성품의 성장에 지대한 영향을 미친다.

나는 부부간의 성적인 친밀함을 완전하게 논할 자격도 없고 그럴

지면도 없다. 많은 기독 서적들이 이 주제에 대한 부분을 다루고 있으니, 굳이 내가 그 문제를 다룰 필요도 어차피 없다. 대신 나는 만족스런 성생활이 남편의 영적, 정서적, 관계적 건강에 미치는 영향에 대해 당신의 이해를 돕고자 한다. 섹스는 당신이 남편을 돌볼 수 있는 그리고 남편에게 동기를 심어줄 수 있는 가장 효과적인 방법 중 하나다.

친밀함으로 가는 문턱

다행히 대다수 그리스도인 부부들은 성생활에 '만족' 하거나 '아주 만족' 하고 있다.[1] 〈오늘의 기독교〉지의 한 연구 보고에 따르면, 응답자의 53퍼센트가 이 두 범주에 해당된다. '불만족' 이나 '아주 불만족' 으로 답한 사람은 각각 20퍼센트와 9퍼센트에 지나지 않는다. 이 정도면 나쁜 게 아니다. 정상적인 결혼생활의 과정에서 일정한 불만족의 원인들 바쁜 스케줄, 가정의 자녀들, 가끔의 성기능 부전, 현재의 질병 등을 예상해야 함을 감안한다면 특히 더 그렇다.

이것은 만족스런 성적 친밀감이 남편의 정서적 여유에 핵심 요소라는 점에서 갑절로 더 다행이다. 멜로디 로드 박사는 20년 동안 가정 상담을 하면서 부부들을 볼 만큼 많이 보았는데, 그녀의 관점에서 볼 때 "대부분의 여자들은 남편의 정서적 개입을 더 원하는 반면, 대부분의 남자들은 성적인 욕구가 채워지지 않고 있으면 정서적으로 여자와 소통할 수 없다. 그러므로 여자들이 더 깊은 정서적 소통을 원한다면 **반드시** 성적인 소통을 할 수 있어야 한다."

만족스런 성생활에 동참함은 많은 여자들에게 짐이 아니라 기쁨이다. 아이들을 기르느라 피곤해서 특정한 시점의 성관계에 시들해질 때야 누구나 늘 있을 수 있지만, 대부분의 여자들은 세월을 두고 풍부한 육체적 애정을 통해 형성되는 친밀한 소통을 귀히 여긴다. 하지만 남편의 정서적 여유가 육체적 친밀함의 표현과 얼마나 밀접한 관계가 있는지 알면 당신도 놀랄지 모른다.

이미 말했듯이, '관계적 결속'의 화학물질인 옥시토신은 남자보다 여자에게 더 많다. 평소에는 여자의 옥시토신 양이 남자보다 열 배쯤 많지만, 남자의 옥시토신 양이 유독 아내와 대등해질 때가 있다. 성관계 후다. 마이클 거리언은 이렇게 말한다. 신경학적으로, "남자들이 여자들보다 평균적으로 섹스를 더 많이 원하는 주된 이유의 하나는 옥시토신이 높을 때 기분이 아주 좋기 때문이다. 누군가와 그런 결속을 느끼는 기분은 정말 좋다. 남성의 생화학에서 섹스는 남자가 여자와 결속하는 가장 빠른 길이다."[2]

신혼여행과 신혼 초 1~2년이 지나고 나면 부부는 이 부분에서 타성에 젖기 쉽다. 때로 그 이유는 아이가 태어나면서 둘 다 너무 피곤해서 그 이상의 육체적 활동을 생각할 수 없기 때문이다. 경우에 따라, 한쪽이나 양쪽 다 단순히 처음의 욕구를 잃어서 타성에 빠질 수도 있다. 이유야 어쨌든 성적인 타성은 관계를 위험에 빠뜨린다. 연구 결과들을 보면, 육체적으로 타성에 빠지면 대개 관계가 멀어진다.

내가 이것을 강조하는 이유가 있다. 당신의 남편이 만일 이 부분에서 좌절을 느낀다면, 자기가 성적으로 접근할 때마다 당신에게서

"아이 좋아라!"보다 "왜 이러셔"라는 응답이 나올 정도로 성생활이 시들해졌다고 느낀다면, 그는 만족스런 결혼생활에 꼭 필요한 정서적 결속을 잘 유지하지 못할 것이다.

어째서 그런지 예를 들어 보자. 입장을 바꾸어 생각해 보라. 남자가 일주일 동안 아내에게 침묵 작전으로 나간 다음 성관계를 원한다고 하자. 그런 남자는 여자에 대해서나 관계에 대해서 아는 게 별로 없으며, 사실 그의 요구는 잔인하고 이기적이며 억지라고 누구나 당연히 생각할 것이다. 하지만 여자가 남편의 육체적 접근을 일관되게 거부해 놓고서 남편이 정서적으로 마음을 열고 긴 대화를 나눠 주기를 바란다면, 사실상 똑같은 역동이 벌어지고 있는 것이다. "섹스를 하지 않은 지 일주일째인데 **대화**를 원한다고? 당신하고 대화하고 **싶은** 마음이 나한테 왜 들겠나?"

미혼 남성은 흔히 섹스를 정서적 개입과는 동떨어진 육체적 행위로만 보는 존재로 그려진다. 반면, 독신 여성은 아무래도 섹스를 단순한 행위가 아니라 헌신으로 보기 때문에 흔히 상처를 받는다지금은 변화가 나타나고 있다. 그런데 어찌된 이유에선지, 결혼하고 나면 그런 현실이 뒤집어질 때가 많다. 내 생각에 남편들은 섹스에 관한 한 더 정서적이 된다. 남편이 아내보다 섹스를 훨씬 더 감정적으로 받아들인다. 신경학적으로 말해서 남자의 "자존감은 성행위를 얼마나 자주, 얼마나 잘 하느냐와 크게 연관되어 있다"고 거리언은 말한다.[3]

어떤 남편은 션티 펠드한에게 이렇게 말했다. "내 아내가 싫다고 말하면 나 자신이 거부당한 기분이다. '싫다' 는 말은 섹스에 대한 거부가 아니다. 아내는 그렇게 느낄지 모르지만 나한테는 나 자신에 대한 거부다."[4] 아내는 행위를 거부한다고 생각하지만 남편은 **자신을** 거부한다고 느낀다. 이로써 옥시토신 덕에 새롭고 시원한 결속을 경험할 기회가 사라질 뿐 아니라 또한 남편 쪽에서 정서적으로 마음을 닫고 싶어진다.

다른 남자는 펠드한에게 이렇게 말했다.

"내 아내는 자기가 가끔씩만 사양해도 내 매력이 덜한 것처럼 느껴진다는 것을 모른다. 아내는 내가 물리칠 수 없을 정도로 매혹적이다. 나도 아내에게 그런 사람이었으면 좋겠다. 아내는 말로는 그렇다고 한다. 하지만 싫다는 말을 그렇게 쉽게 할 수 있는 것으로 보아 나는 그 말이 잘 믿어지지 않는다."[5]

당신이 섹스를 사양하거나 육체적 친밀함을 먼저 주도하는 일이 거의 없을 때에도, 당신은 아마 남편을 거부한다고 생각하지는 않을 것이다. 하지만 남편에게는 정확히 그렇게 느껴진다. 당신은 본의 아니게 남편에게 남편보다 베개가 더 매혹적이라고 말하고 있다. 그리고 당신이 의도했든 그렇지 않든, 그것은 엄청난 정서적 영향을 미친다. 펠드한이 잘 지적했다.

> 내가 믿기로, 우리 여자들 대부분은 섹스가 남편의 행복감에 중요한 줄 알면서 일부러 조종하려는 의미로 거부하는 것은 아니다. 그보다는 직장에서 또는 아이들과 긴 하루를 보낸 뒤라서, 남편의 옷을 벗기고 달려들 왕성한 의욕이 없을 뿐이다. 내 생

각에 우리는 자신의 반응^{또는 무반응}의 정서적 파장을 전혀 모르며, 남편의 성욕을 더 육욕이나 심지어 둔감한 요구로 본다. 남편의 접근의 배후 진상을 일단 제대로 이해하면 우리도 아마 반응하고 **싶어질** 것이다.⁶⁾

성적으로 만족감을 느끼는 남자는 정서적, 영적으로 아내와 친밀해지려는 의욕이 훨씬 강해지며, 또한 아내를 기쁘게 해주고 싶어진다. 아내가 성적으로 남편에게 적극성을 보이면, 남편이 가정에 더 관여하고 관심을 보일 소지가 훨씬 높아진다. 이 부분에서 배려와 사려 깊음과 창의성과 너그러움과 활기를 보임으로써, 당신은 결혼생활을 개선할 기초를 더 든든히 다질 수 있다. 그리고 당신이 그토록 갈망하는 정서적 친밀함에도 문을 열 수 있다.

육체적 행위의 영적 유익

당신과 자녀와 남편 모두를 위해서, 당신이 남편에게 영향을 미치는 최선의 길은 남편을 **하나님과 더 친해지도록** 도와주는 것이다. 하나님을 깊이 사랑하고 꾸준히 하나님의 음성을 들으며 다른 무엇보다 하나님 나라를 구하는 남자는 당신을 사랑하려는 의욕, 가정에 집중하려는 의욕, 하나님을 경외함으로 자신을 깨끗하게 지키려는 의욕이 더 강해진다. 결혼생활과 관련하여 여태까지 내게 있었던 변화의 약 90퍼센트는 아내와의 대화에서 나온 게 아니라 기도와 성경공부에서 나왔다.

성적인 순결을 타협하는 경험은 남편과 하나님의 영적인 친밀함에 대한, 그리하여 당신의 복된 결혼생활에 대한, 가장 큰 위협 중 하나다. 나이가 들어갈수록 나는 이 부분에서 크게 힘들어하는 많은 남자들을 향해 목자의 심정을 느낀다. 사실, 약속 준수자 운동에서 실시한 여론조사 응답을 보면, 남자들이 겪는 가장 흔한 유혹은 단연 이 문제다. 따라서 남자와 하나님, 남자와 가족들의 지속적인 관계에 대한 가장 흔한 위협도 단연 이 문제다.

성적인 유혹은 남자들 못지않게 여자들도 괴롭히지만, 당신의 유혹의 역동은 남편이 겪는 유혹의 역동과는 사뭇 다르다. 당신의 뇌는 다르게 내장되어 있고, 따라서 남편이 겪는 내면의 성적인 유혹들을 당신으로서는 진정 이해하기 어렵거나 아예 불가능하다. 야한 광고판 옆을 지날 때나 '뇌쇄적인 옷차림'의 여자를 볼 때 남편의 마음속에 일어나는 치열한 싸움도 그런 유혹의 일부다. 일부 남자들이 한 아내에게 성적인 충절을 지키려면 얼마나 많은 노력이 필요한지를 전혀 모르는 아내들이 많다.

분명히 말한다. 남자가 포르노의 유혹에 빠지는 것에 대해서 어떠한 핑계도 구실도 있을 수 없다. 아내의 몸무게가 두 배로 늘었거나 아내가 연달아 6개월 동안 섹스를 거부했더라도 마찬가지다. 남자가 이 부분에서 실패한다면, 나는 그것을 여자의 탓으로 돌리지 않겠다. 하지만 그런 전제 하에 이 또한 사실이다. 즉 남편의 성적 욕구에 무관심한 듯한 아내의 태도가 남자의 싸움을 **정말** 더 치열하게 만든다는 것이다. 이런 아내들은 성관계를 짐이나 일로 보지만, 나는 거기서 하나님의 아들들이 충절을 지키고 싶어하는 모습, 깨끗해지려고 애쓰는 모습, 정욕을 떨치려고 당신의 상상을 초월할 정도로 열심히 노력하는 모습을 본다.

사탄은 남편이 겪는 성적인 유혹들을 이용하여 남편과 당신 사이, **그리고** 남편과 하나님 사이에 틈을 벌리려 할 것이다. 부정한 성적 활동은 일단 한번 선택하면 온갖 잘못된 방향으로 발전하는 경향이 있다. 머잖아 남편은 아내를 즐겁게 해주려는 생각에 들이는 시간은 훨씬 줄어드는 반면, 자신의 공상 생활에 탐닉하고 그것을 숨길 방법을 궁리하는 데 들이는 시간은 훨씬 많아질 것이다. 뿐만 아니라, 부적절한 성적 공상이 머릿속에 넘쳐나는 남자는 기도, 성경공부, 하나님의 진리를 묵상하는 일도 잘 안 된다. 눈을 감거나 생각을 가라앉히려 할 때마다 유혹이 그에게 맹공을 퍼붓는다. 이렇듯 남편의 성적인 죄로 인한 출혈은 결혼생활의 다른 영역들에까지 미친다. 남편이 하나님과 함께 보내는 친밀한 시간을 그만두면, 그는 아마 대체로 더 참을성 없고 더 비판적이고 더 이기적인 사람이 될 것이다.

물론 당신은 남편이 그렇게 되기를 원하지 않는다! 하나님도 원하지 않으신다. 그분은 뜨거운 관심으로 당신의 남편이 잘될 길을 심사숙고하신다. 그분은 당신의 남편을 거룩한 생활 방식으로 부르셨고, 당신의 남편이 날로 더 순전해지기를 간절히 바라신다. 그래서 그분은 당신의 남편의 성욕을 미리 내다보셨다. 원래 결혼을 만드신 분도 그분이다. 결혼이란 거룩한 성적인 배출구 훨씬 이상이지만, 그런 표출도 결혼의 일부다. 사도 바울이 말했듯이, 그런 표출은 결혼을 고려할 하나의 이유이기도 하다.

"만일 절제할 수 없거든 결혼하라. 정욕이 불 같이 타는 것보다 결혼하는 것이 나으니라" 고전 7:9

당신의 남편의 그런 현실을 하나님은 정확히 아신다. 날마다 그분은 모든 생각과 모든 유혹을 보시기 때문이다. 당신은 많은 일들 속에서 남편의 씨름을 쉽게 잊을 수 있지만, 하나님은 하나하나 다 보신다. 그 정도가 아니다. 하나님은 인간의 모양으로 사람이 되셔서 인간의 몸 안에서 사셨다. 예수님은 한번도 죄를 짓지 않으셨고 부적절한 생각을 하나도 품으신 적이 없지만, 그럼에도 그분은 남자의 몸으로 살며 남자의 유혹들에 부딪친다는 것의 의미를 분명히 아신다.

남자의 그런 현실을 아시기에 하나님은 남자의 성욕의 거룩하고 건강한 배출구로 결혼을 지으셨다. 이상적인 세상에서라면, 남자가 결혼하는 여자는 자기 남편의 상황을 이해하고, 남편의 영적인 순전함에 관심을 가지며, 따라서 남편에게 아낌없이 애정을 쏟는 여자일 것이다. 아울러 남편도 늘 사려 깊고, 이기적이지 않고, 자상하고, 낭만적인 성향을 잃지 않을 것이다. 남편이 하나님과 가정과 결혼생활과 자신의 성품에 늘 충실하려고 애쓰느라 때로는 영적으로 사면초가에 빠진 듯한 심정이 될 것을 아내는 이해한다. 아울러 남편의 욕구를 채워줄 적절한 배출구는 하나님의 설계에 따라 오직 자기뿐이라는 것도 아내는 이해한다. 아내가 남편에게 무엇이든 거부하면 그것은 본질상 **절대적** 거부가 된다. 가서 건강하거나 거룩한 방식으로 만족을 찾을 수 있는 다른 곳이 그에게 없기 때문이다.

이 믿는 여자는 하나님이 남편에게 그렇게 잦은 욕구를 주셨다는 사실에 때로 원망이 들 수 있다. 삶의 여러 시기에서, 그녀는 그 욕구를 자기만이 채워줄 수 있다는 사실도 원망스러울 수 있다. 때로는 구약성경에 나오는 첩의 개념이 좋아 보일지도 모른다! 하지만 그녀가 성숙한 그리스도인이라면, 하나님이 자기를 결혼생활로 부르신 것이 남편을 돕기 위해서임을 알 것이다. 더욱이 남편은 이 부분에 특히 더 도움이 필요할 수 있다. 아내의 생각 같아서는 그렇지 않았으면 좋겠지만 말이다. 그래도 아내는 하나님의 설계, 하나님의 뜻, 성경에 나오는 하나님의 명백한 지침이 근본임을 다시 떠올린다.

당신이 고개를 돌릴까봐 말한다. 어떤 여자들은 정반대 상황일 수 있다. 어쩌면 당신은 늘 준비되어 있었고 수시로 성관계를 주도하기도 했다. 그런데 남편이 민감하지 못하고 당신의 욕구를 몰라주어, 당신의 성생활은 만족의 근처에도 가지 못했다. 당신의 결혼생활의 상황은 아내가 관심이 부족한 게 아니라, 남편이 아내를 즐겁게 해주는 부분에서 게으르거나 이기적일 수 있다. 내 친구 레슬리 버니크가 지적하듯이, 어떤 여자들은 성적으로 남편에게 늘 준비되어 있지만, 아내한테는 무관심한 남편이 포르노에 대한 관심은 꺾이지 않는 것을 알고는 그들의 마음이 무너져 내린다. 많은 경우에 이런 포르노 중독은 평생의 습관이다. 아내를 만나기 오래 전부터 남자가 탐닉해 온 일이다. 어떤 남자고 자신의 이런 죄를 아내 탓으로 돌리려 한다면 그것은 심각한 부정(否定)이다.

당신의 결혼생활의 상황이 어떠하든 당신이 애정에 더 후해져야 하는 상황이든, 아니면 시큰둥해진 남편을 더 의미 있는 친밀함 속으로 유인해야 하는 상황이든 여기서 강조하고 싶은 것이 있다. 부부의 친밀함으로 가는 이 문턱을 당신이 힘써 보존하면, 영적인 건강의 유익들이 있다. 또 결혼생활의 이 부분이 탁월해지도록 남편과 함께 노력하면, 당신이 남편에게 주게 될 선물이 있다.

잠시 당신의 남편을 향한 하나님의 뜨거운 사랑을 생각해 보라. 남편이 그리스도인이 되고 하나님 나라의 구속받은 종이 되던 날, 하나님과 천사들이 얼마나 기뻐했는지 당신이 볼 수만 있다면! 백 명 중의 한 명에게도 보통 이상으로 비치지 않을 남자, 이 평범해 보이는 남자를 인하여 천국에서 터져 나왔을 기쁨을 단 3분이라도 당신이 흘긋 볼 수만 있다면! 그렇다면 당신은 남편의 성적인 필요와 욕구를 향한 당신의 태도가 그야말로 우주적 차원의 일임을 비로소 알게 될 것이다. 그리스도인이 되던 날, 당신의 남편은 하나님의 계획을 받아들였다. 자신의 영원에 대한 계획만 아니라 자신의 성에 대한 계획도 받아들였다. 세상은 그 계획을 비웃는다. 평생 한 여자밖에 모른다. 마음속으로 유명인이나 직장 동료의 옷을 벗기지도 않는다. 노출이 심한 여자에게 어쩌다 한 번씩 곁눈질하는 일도 없다. 포르노도 보지 않는다. 하나님은 그를 배타적인 순전함으로 부르셨다. 사회는 다분히 그것을 청교도적, 광신적, 철저히 비현실적인 일이라 부른다.

그리고 나서 하나님은 지켜보신다. 이 남자는 하나님의 부르심인 순전함을 아내의 현실적인 도움 없이 살아내야 할 것인가? 그녀는 마지못해 투덜거리며 그저 죄책감 때문에 동참할 것인가, 아니면 후한 마음과 열정과 창의성으로 할 것인가? 오늘의 세계에서, 만족 없는 성생활은 남편과 아내 모두를 위험에 빠뜨린다. 당신의 가정 전체가 걸린 일일 수 있다.

하나님은 그분의 아들이 성적인 거룩함 가운데 행하도록 아내로서 당신이 얼마나 잘 돕고 있다고 생각하실까? 당신이 결혼생활 성생활을 촉진하고 창출하고 적극적으로 유지하는 것은 단지 당신과 남편의 문제로 끝나는 것이 아니다. 남편과 하나님의 관계의 문제, 또한 남편이 자녀들에게 경건한 모본을 보일 수 있는가의 문제에 귀결되기도 한다.

부디 내 말을 오해하지 말라. 당신의 남편이 성적으로 죄를 짓는다면 그것은 당신의 잘못이 아니다. 만일 내 아내가 끔찍한 사고를 당해 평생 장애인이 되고 다시는 성생활을 할 수 없게 된다 해도, 하나님은 여전히 나를 절대적 순결과 성적인 정절로 부르실 것이다. 당신의 남편이 눈길을 어디에 두고 머리로 무엇을 묵상할 것인지는 하나님 앞에서 전적으로 본인의 책임이다. 하지만 그런 전제 하에 또한 말한다. 당신이 남편에게 보여주는 마음 자세와 활기와 애정에 따라 남편의 그 일은 더 쉬워질 수도 있고 더 어려워질 수도 있다.

내 얘기를 하는 것을 용납해 주기 바란다. 내 경우, 아내와 육체적 친밀함의 순간을 보낸 뒤에 한동안은 성적인 유혹이 훨씬 다르게 다가온다. 이후 며칠 동안 나는 온갖 종류의 성적인 유혹에 훨씬 덜 취약한 느낌이 든다. 또 솔직히 말해서, 기도하는 자세로 하나님께 주파수도 더 잘 맞추어진다.

하지만 여기 주의할 점이 있다. 우리 남편들의 대부분은 이 부분에서 약하게 느껴질 때에도, 너무 교만하거나 너무 창피하거나 너무 부끄러워서 그것을 인정하지 못한다. 우리는 아내에게 매력을 느끼지 못하거나 자신이 영적으로 나약할 때에도 아내에게 그것을 들키지 않으려 한다. 정욕과의 싸움에 대해 항상 깊이 솔직해지는 남편은 정말 드물다. 당신의 남편은 아주 불편하거나 부적절한 방식으로, 또는 그런 때에 어색하게 접근해 오거나 섹스 얘기를 꺼낼 수 있다. 왜 그럴까? 어쩌면 그가 유혹 때문에 어찌할 바를 몰라 절박한 심정으로 아내와 진정하고 정당하고 거룩한 친밀함을 경험해야만 하는 상황일 수도 있다. 그럴 때 아내가 거절하거나 죄책감이 들게 하거나 달갑잖거나 귀찮다는 듯이 대한다면, 남편을 정말 영적인 위험에 빠뜨릴 수 있다.

당신의 주도적인 자세 남편과 협력하여 만족스런 육체관계를 가꾸는 일가 남편의 영적인 상태에 그토록 유익한 이유가 거기에 있다. 당신에게 그것은 때로는 기쁨일 것이고 때로는 일이나 아예 고역처럼 느껴질지도 모른다. 하지만 어떤 경우이든, 그것을 남편의 영적 행복을 위한 관심의 표현으로 보기를 바란다.

결혼생활의 이 부분을 꾸준히 추구한다면 당신은 가시적이고 실제적이고 오래가는 보상을 거둘 것이다. 당신의 남편은 정서적으로 어느 때보다도 당신과 더 가까워질 것이고, 영적인 힘을 보강하여 끊임없는 성적 유혹의 세상에 나가 승리자가 될 것이다.

원함의 한계

내 아내는 신경에 통증이 있어 간혹 내 아마추어적인 지압요법이 필요하다. 나는 아내가 체조를 할 수 있도록 도와주어야 하고, 일정한 지압점을 눌러 잦은 통증을 덜어주어야 한다. 물론 나는 그 일이 즐겁지 않으며, 아내가 아프다고 외칠 때까지 내 팔꿈치로 지압점을 누르는 일이 기다려지지도 않는다. 설상가상으로, 아내가 나한테 그 일을 부탁할 때는 대개 이른 아침 아니면 잠자기 직전이다. 이른 아침은 내가 책상에 앉고 싶은 시간이고, 잠자기 직전에는 나는 대개 피곤해서 그냥 드러누워 책을 읽고 싶은 마음밖에 없다. 하지만 그 시점에서 내가 즐기거나 원하는 일이 무엇이냐는 별로 중요하지 않다. 리자는 그런 운동이 필요하다. 나는 리자의 남편이니 즐겁게 그 일을 하기로 한다.

만약 아내의 정당한 신체적 필요에 내가 이런 식으로 반응한다면 당신은 어떤 생각이 들겠는가?

"여보, 그런 눈으로 날 쳐다보지 말아요. 오늘은 너무 피곤해서 당신을 도와줄 수가 없을 것 같아."

"게리, 몸이 너무 아파서 그래요. 제발~! 당신이 도와주면 숙면을 취하는 데 정말 도움이 된다고요."

"이틀 전에도 했잖아! 당신 정말!! 도대체 하나님이 당신한테는 어떤 몸을 주신 거요? 당신이 무슨 변종이라도 되는거야?"

"좋아요. 다른 날에 하면 되지요."

그쯤 되면 "알았어." 나는 한숨을 푹 내쉬며 순교자처럼 말한다.

그래서 아내는 내 갸륵한 희생을 놓칠래야 놓칠 수가 없다.

"도와 줄테니 준비할 시간을 30분만 줘요."

방금 막 나는 아내를 비참한 기분에 빠뜨렸다. 이 모두가 내게 그 운동을 도와주고 싶은 '원함'이 없다는 이유에서였다. 당신이 이 대화를 듣는다면 나를 사랑 많은 남편으로 생각하겠는가?

물론 원함도 중요하다. 그러나 지혜로운 부부는 만족스럽고 서로 즐거운 애정 생활을 가꾸기 위해 애써 노력할 것이다. 그런 측면에서 섹스를 삶의 시기와 경우에 따라, 사랑의 사역이자 사랑의 가시적 표현으로 보는 것도 전적으로 적절하다. 여자의 50퍼센트는 먼저 육체적인 자극을 받기 전에는 섹스를 원하는 마음이 없다는 글을 읽은 적이 있다. 여자들은 전희에 들어가지 않는 한, 육체적 친밀함에 대한 생각에 전혀 구미가 당기지 않는다. 그들의 잘못이 아니다. 그들의 몸이 그렇게 설계되어 있을 뿐이다. 사도 바울은 당신이 남편을 **원해야** 한다고 말하지 않는다. 남편에게 **불응해서는** 안 된다고 말할 뿐이다고전 7:5 참조. 결혼생활을 하다 보면 우리는 별로 하고 **싶지** 않은 일들도 많이 한다.

분명히 당신은 18개월 된 아이의 기저귀를 갈고 '싶지' 않을 것이다. 나는 딸의 숙제를 도와주고 '싶은' 마음이 없을 때도 많다. 하지만 아빠의 도리 때문에 아이들의 삶에 관여한다. 나는 그들의 관심사를 열심히 따라가고 싶다.

그렇다면 원함은 하나도 중요하지 않을까? 물론 중요하다. 하지만 섹스가 오직 원함의 문제가 되면 우리는 전체 그림을 놓친다. 섹스는 결혼생활을 윤택하게 하는 하나의 사역일 수 있다. 게다가 자녀들을 안정시켜 주는 유익까지 덤으로 따라온다. 내 솔직한 생각에, 30대 이상 남자들은 아내가 실속 있는 성적인 친밀함에 주 2회 자진해서 동참해 준다면 대부분 더없이 만족할 것이다. 그러니까 총 2~3시간이면 된다.

만일 하나님이 내게 오셔서 이렇게 제의하신다면 나는 기꺼이 그 말씀에 따를 것이다. "게리야, 너에게 맡길 집안일이 있는데 일주일에 두 시간쯤 걸릴 것이다. 그거면 네 아내의 애정이 보장되고, 따라서 자녀들도 크게 안정될 것이다. 네가 그 일을 하면 네 아내는 사랑받는다는 기분이 들 것이다. 안정된 가정을 세우는 데도 크게 한몫할 것이다." 나는 그 집안일이 무엇인지는 별로 상관하지 않겠다. 삽으로 똥을 치우는 일이라면 "삽이 어디 있지요?"라고 말할 것이다. 내 아내와 아이들이 그런 엄청난 혜택을 받게 될 것을 알기에 나는 즐겁게 할 것이다.

아이들 치다꺼리하느라 너무 피곤하다는 이유로 결혼생활의 성생활에 대한 부분을 무시하는 아내들은 순서가 거꾸로 된 것이다. 그들은 결혼생활의 안정을 돌보지 않음으로써 자칫 자녀에게 참담한 이혼의 상처를 안겨줄 수 있다. 지혜로운 여자는 남편의 욕구를 알며, 그것을 활용하여 관계를 굳힌다. 그런 여자는 남편의 필요를 미리 내다보고, 그가 퇴근하면 그에게 암시를 주어 기대감을 갖게 한다. 아내를 향한 남편의 필요와 욕구와 초점을 강화해 주는 것이다.

성욕은 남자를 아내에게 유착시킬 수도 있고, 아니면 사탄이 그것을 이용해서 갈수록 더 집 밖으로 나돌게 만들 수도 있다. 사탄이 성적으로 유혹하는 목표는 하나다. 남자의 마음을 아내와 가정에서 떼어내 뭔가 다른 것이나 다른 사람을 원하게 만드는 것이다. 그것이 무엇이든 또는 누구이든 마귀는 상관하지 않는다. 그 원함 때문에 기독교 가정의 기초가 약해지기만 하면 된다.

하나님은 당신에게 남편을 유혹하고, 남편의 원함과 생각과 공상이 당신에게 집중되게 하라고 명하신다. 그러면 남편의 육체적 갈망이 가정을 위험에 빠뜨리기보다 오히려 가정을 또한 자녀들의 행복을 세워주게 된다.

그런데 어떤 아내들은 이런 글을 읽고는 "맞는 말이다. 나도 더 잘 해야겠다"라며 두어 주일 시도하다가 그만 잊어버리거나 남편의 심드렁한 반응에 좌절한다. 그래서 사정은 다시 이전의 표준 이하의 상태로 돌아간다.

악한 적이 집 밖에 숨어 내가 잠들기만 기다렸다가 우리 가족을 칠 것을 내가 만일 안다면, 남편으로서 나는 밤새도록 깨어 있을 것이다. 어떻게든 그 위협을 막아낼 것이다. 특히 이 적의 유일한 목표가 우리 가정을 허무는 것임을 안다면 말이다. 나는 초점을 잃지 않을 것이다. 힘닿는 한 무슨 수를 써서라도 방어하고 감시할 것이다.

아내들이여, 그런 적이 **정말로** 당신 가정의 문 밖에 숨어 기다리고 있다. 그것을 가리켜 '성적인 유혹' 이라 한다.

잠언 31장의 여인은 "자기의 집안 일을 보살"핀다 잠 31:27. 그녀는 부지런하며 방심하지 않는다. 당신은 남편의 욕구를 채워 주는 일에

싫증날 수 있지만, 알아야 할 것이 있다. 본능적 유혹이나 우리 영혼의 영적인 유혹자는 한시도 잠을 자지 않는다. 사실 사도 베드로는 사탄이 "우는 사자 같이 두루 다니며 삼킬 자를 찾"는다고 표현했다^{벧전 5:8}. 오늘의 사탄은 인터넷까지 거느리고 있다.

포르노의 문제

포르노는 많은 가정에 기어들어와 무수한 부부관계를 병들게 하고 있다. 시간이 가면서 포르노는 자기 아내를 향한 남자의 욕구를 위축시킨다. 하나님이 주신 성욕, 남자의 영혼을 아내에게 유착시킬 수 있는 그 성욕이 곁길로 빗나가, 여자들 일반을 향한 정욕을 불러일으킬 수 있다. 그리하여 인격적 친밀함과 만족 대신 거리감과 좌절을 유발할 수 있다.

우리는 특정한 음식에 대한 미각을 개발할 수 있는 것처럼 성적인 욕구도 개발할 수 있다. 포르노는 남자를 진정한 성적 경험에서 멀어지도록 길들이며, 이론상으로 마땅히 소름끼쳐야 할 그것을 원하게 만든다. 생각해 보라. 잡지나 컴퓨터 화면하고 하는 섹스가 건강한 남자에게 무슨 일말의 매력이라도 있단 말인가?

만약 당신의 남편이 포르노에 깊이 중독되어 있다면, 여기서 다루는 수준보다는 훨씬 더 많은 노력이 필요할 것이다. 그런 분들께 해리 셈버그 박사의 책 《거짓된 친밀함: 성 중독의 싸움》*False Intimacy: Understanding the Struggle of Sexual Addiction*을 읽을 것을 권한다. 이 책에는 포르노로 고생하는 남편을 둔 여자들을 위하여 특별히 쓴 탁월한 장이 나온다. 당신의 남편을 위해서는 패트릭 칸즈의 책 《사랑이라 부르지 말라: 성 중독에서의 회복》*Don't Call It Love: Recovery from Sexual Addiction*에 이 죄에서 헤어날 수 있는 단계적 접근법이 제시되어 있다. 남자의 성 문제를 전문으로 다루는 미치 휘트먼 박사는 특히 러셀 윌링엄의 책 《해방: 성 중독과 예수님의 치유력》*Breaking Free: Understanding Sexual Addiction and the Healing Power of Jesus*을 좋아한다.

이 다음 문장은 당신을 놀라게 할 수 있다. 당신의 결혼생활이 이 문제로 힘들다면, 절대로 과잉반응하지 말라. 물론 당신의 남편은 이것이 당신에게 얼마나 큰 고통을 유발하는지 알아야 한다. 하지만 부디 그를 괴상한 성 변태자처럼 대하지는 말라. 솔직히 말해서, 대부분의 남자들은 적어도 한두 번은 포르노를 본 적이 있다. 물론 그것이 남자가 포르노를 일상적 습관으로 삼을 구실은 못된다. 하지만 남편이 포르노를 찾는다고 해서 그에게 자신이 유난히 이상하거나 나약하거나 기독교인답지 못하다는 기분이 들게 한다면, 그것은 문제 해결에 도움이 안 된다. 이것은 보편적인 유혹이며, 많은 남자들이 거기에 졌다. 미치 휘트먼 박사는 수많은 아내들에게 이렇게 조언해 왔다. "드디어 문제가 드러난 것을 다행으로 여기라. 은밀할수록 유혹에 더 지기 쉽다."

이렇게 표현해 보자. 목사들의 51퍼센트는 인터넷 포르노를 잠재적 유혹으로 꼽았고, 37퍼센트는 현재의 문제로 고백했다. 사실 목사 열 명 중 넷은 포르노 사이트에 들어가 본 적이 있다. 교회 세미나에 참석하는 남자들의 **66퍼센트**는 지난 해에 포르노로 고생했음을 시인했고, 그중 3분의 2는 교회 지도자로 섬기고 있다.[7] 당신에게 충격일지 모르지만 이 조사에 따르면, 당신이 일요일 아침에 남자 네 명과 인사한다면 그중 적어도 둘은 지난 12개월 내에 포르노를 보았을 공산이 크다.

전문 치료자들은 인터넷이 모든 것을 바꾸어 놓았다고 역설한다. 질 나쁜 동네의 천박한 성인용품점에 가는 데 따르던 수치가 이제 사라졌다. 이제 컴퓨터 때문에 유혹은 어디에나 있고, 그래서 유혹과 싸우기를 무척 힘들어하는 남자들이 많다. 휘트먼 박사에 따르면 인터넷은 포르노에 익명성"채팅방에서는 누구로나 행세해도 된다", 접근성"거의 모든 컴퓨터에서 접속할 수 있다", 경제성"무료가 많으며 따라서 가계 예산을 통한 추적이 불가능하다"을 주었다. 이전 세대들이 부딪쳤던 장애물들이 대폭 치워진 셈이다.

물론 아내들은 다른 벗은 여자들에 대한 남편의 관심을 '감정적으로' 받아들이게 될 것이다. 물론 당신의 분노는 정당하다. 또한 당신의 상처를 이해하고도 남는다. 물론 이것은 당신에 대한 모욕이며 정절을 지키겠다던 혼인서약의 위반이다. 시간이 흐르면, 그리고 상황에 따라, 회개의 마음 없이 인터넷 포르노를 지속적으로 보는 것은 외도에까지 해당될 수 있다고 나는 믿는다. 하지만 나는 포르노를 보는 뿌리에는 영적인 원인이 있다고 또한 믿는다. 그러나 아내가 그것을 감정적인 차원으로만 받아들인다면, 남편의 치유 과정을 오히려 방해할 수 있다. 당신의 남편에게는 구속救贖, 영적인 친밀함, 실제적인 도움, 책임이 따르는 용서가 필요하다. 남편을 하나님에게서 떼어

놓으려고 사탄이 벌이고 있는 전투에서 당신이 남편의 마지막 희망일 수 있다. '한바탕 소란을 피우는' 식으로는 오히려 정신적 역동을 부채질하여 포르노에 대한 욕구를 부추길 따름이다.

나는 하나님이 창조하신 성적인 친밀함에는 부부간의 영적인 접착제의 의미도 있다고 믿는다. 우리가 하나님의 설계대로 산다면, 아내는 남편에게 여태까지 어떤 여자도 느끼게 하지 못했던 것들을 느끼게 해줄 수 있다. 아내만이 남편을 특정한 곳들에서 특정한 방식들로 만져줄 수 있다. 다른 누구도 그럴 권리가 없다. 부부는 부부간의 성이라는 하나님의 선물을 바탕으로 즐거운 추억들과 서로 감사한 세월을 함께 쌓아나갈 수 있다.

하지만 두 마음을 연합시킬 수 있는 그것이 또한 두 마음을 갈라놓을 수도 있다. 성적인 표현이 부부라는 테두리 밖에서 이루어지면 그렇게 되는데, 그것이 바로 포르노가 항상 하는 일이다. 이거야말로 영적인 전쟁이다.

이 싸움에서 당신이 남편을 적으로 보아서는 얻을 게 별로 없다. 반대로, 당신은 지금부터 남편을 피해자로 보려고 노력할 수 있겠는가? 남편이 피해자이기만 하다는 말이 **아니다**. 남편이 의지적으로 자신을 심각한 문제에 내주었고, 그래서 거기에서 헤어 나오려면 당신의 지원과 용서와 힘이 필요하다는 말일 뿐이다. 당신도 아마 속을 털어내야 할 터이니 얘기할 수 있는 친하고 진중한 친구를 찾으라. 그렇게 함으로써 남편 앞에서 구속救贖적인 방식으로 행동하는 데 도움이 된다면 말이다. 평소에 나는 남편에 대해 이렇게 다른 사람에게 말하는 것을 권하지 않는다. 그러나 이 경우에는 나도 현실적이 되고자 한다. 당신은 상처를 받을 것이다. 그래서 남편을 지원하는 과정에서, 당신이 털어놓을 말을 들어줄 사람이 필요할 것이다. 내 생각이 틀릴 수도 있지만, 내 아내가 다른 사람에게 말해도 나는 아내를 탓하지 않겠다. 아내의 동기가 나를 사랑하려는 마음, 이 지독한 싸움 속에서 줄곧 내 곁을 지키려는 마음인 것을 내가 안다면 말이다.

둘째로, 내가 지금까지 대체로 본 바로는 이 문제는 일단 겉으로 드러났으면 남자들의 감시 그룹에서, 또는 문제나 중독이 심각할 경우에는 치료 그룹에서 다루는 것이 가장 좋다. 어떤 남자들은 지원 그룹으로는 안 된다. 전문 치료자가 솔직하고 진지하게 그들의 죄를 다루어야 한다. 그러는 동안에 당신은 남편과의 관계의 초점을 성적인 만족과 즐거움에 두는 것이 좋다. 당신이 남편에게 잘 절제하고 있느냐고 늘 묻는다면, 얼마 후에는 오히려 남편이 맥이 빠진다. 인터넷 포르노가 주된 문제라면, 남편에게 지난주에 무슨 부적절한 것을 보았느냐고 묻는 일은 그리스도 안의 다른 형제에게 맡기라. 남편에게 www.covenanteyes.org에 들어가서, 방문하는 모든 웹사이트 이름을 저장해 주는 소프트웨어를 다운로드하라고 권해 주라. 그렇게 저장된 정보를 이 소프트웨어는 매달 지정된 감시 파트너에게 전송해 준다.

내가 당신의 남편을 다른 남자들이 감시해 주는 것이 유익하다고 생각하는 이유의 하나는, 회복과 회개의 과정에 재발이 없는 경우가 거의 없다는 서글픈 사실 때문이다. 나는 칸즈 박사의 책을 읽다가 이런 내용을 보고 충격을 받았다. 대부분의 회복 프로그램을 그는 5

년 주기로 생각한다는 것이다.두 번째 6개월이 가장 재발률이 높다. 그 바람에 나는 내 아들에게 예방에 대해 가르쳐야겠다는 의욕이 일었다. 그렇게 닫기 힘든 문을 애초에 열지 않도록 아들에게 역설하고 싶다. 어떤 아내들은 남편이 평생의 습관을 아무런 재발 없이 버리기를 기대한다. 대부분의 경우에 그것은 아마 비현실적인 일일 것이다. 그래서 당신의 남편을 다른 남자가 감시해 주면, 당신은 이 치명적인 죄에서 헤어나는 데 수반되는 추한 현실들을 면할 수 있다.

휘트먼 박사는 문제의 실체가 무엇인지 여자들에게 분명히 설명해 준다. "이것은 남자의 **공상**에 관한 문제다. 포르노로 강화된 공상 속에서는 모든 것이 짜릿할 정도로 완벽하고 독특하게 맞춤형이다. 하지만 당연히 공상은 현실이 아니다. 어쨌거나 현실은 아내인 **당신**이다. 당신은 지금 당신이 능히 필적할 수 없는 공상과 경쟁하고 있다. 당신이 **직접** 경쟁에 나가 있는 것은 아니니 다행이다. 아주 현실적인 의미에서 관건은 당신이 아니다. 남편의 문제가 관건이다."[8]

물론, 회개하고 씨름하는 남편과 문제를 부정하는 남편은 큰 차이가 있다. 만일 당신의 남편이 감시 그룹에 들어가기를 거부하거나 자신의 행동을 해결하려는 조치를 취하기를 거부한다면, 내 생각에 당신은 분명한 한계를 제시할 모든 권리가 있다. 아무리 머릿속으로일망정 당신에게 일상적으로 정절을 지키지 않는 남편을 당신은 참아야 할 필요가 없다. 당신이 이렇게 말해야 할 때가 올지도 모른다. "보세요, 우리의 결혼생활이 지속되려면 이 행동이 중단되어야 해요. 그리고 그 중단 시점은 '**지금**'이예요. 당신이 만일 해결을 거부한다면 나는 이 문제를 우리 교회 앞에 가져가, 내가 이제부터 어떻게 해야 할지 교회의 조언을 구하는 수밖에 없어요." 에베소서는 "너희는 열매 없는 어둠의 일에 참여하지 말고 도리어 책망하라드러내라"엡 5:11고 말한다.

안타깝게도, 미치 휘트먼은 내게 이렇게 상기시켜 주었다.

"많은 목사들이나 교회들은 심각한 포르노 문제를 어떻게 해야 할지 정말 모른다. 이 부분은 많은 경우에 여자가 남편에게 전문 기독교 상담을 받도록 강권해야 하는 부분이다."

부정한 욕망

포르노는 부부의 침상에서 끊임없는 강요와 무리한 요구로 이어질 수 있다. 성경은 이것을 예상했다. 히브리서 13장 4절은 "부부의 침소를 더럽히지 않게 하라"고 한다. 이 말은 남편의 성욕이 하나님이 설계하신 부부의 성에 어긋날 때에는 당신이 그 욕구를 채워줄 의무가 없다는 뜻이다.

수많은 이메일을 통해 나는 많은 부부의 침상에서 흉한 일들이 벌어지고 있음을 확신하게 되었다. 어떤 그리스도인 여자들은 자신이 남편의 모든 요구에 응해야 한다고 믿는다. 나는 성경이 그렇게 가르친다고 믿지 않는다. 모욕적이거나 비하하거나 영혼을 파괴하거나 신체적으로 해가 되는 행동까지도 당신이 다 하는 것이 당신의 남편에게 도움이 된다고 나는 생각하지 않는다.

나는 지금 고상한 체 하는 게 아니다. 때로 부부는 정말 '새로운 것을 시도할' 수 있다. 때로 자기들이 한 일을 생각하면서 서로 엉큼하게 씩 웃으며 바라볼 수 있다. 한바탕 웃으며 얼굴이 빨개질 수도 있다. "누가 누가 이 일을 안다면!" 하지만 그것은 수치심과 후회와 굴욕감을 불러일으키는 행동을 돌아보는 것과는 전혀 다르다. 거룩한 섹스는 친밀함을 세워 주고, 관계를 굳건하게 해주고, 상호간에 즐거움과 존중심을 가져다 준다. 어떤 행동이든 강요가 개입되고 후회와 수치심과 분노를 유발한다면, 그것은 하나님이 설계하신 섹스의 역할에 어긋난다. 다른 모든 일처럼 성적인 행위도 대개 열매로 판단할 수 있다. 이튿날 아침에 당신의 기분이 어떤가? 물론 죄책감이 없다고 모든 섹스가 거룩한 것도 아니고_{인간의 양심은 화인 맞을 수 있다}, 죄책감이라고 다 정당한 것도 아니다_{인간의 양심은 과민해질 수 있다}. 하지만 성경에 금하지 않은 경험이고, 당신과 남편이 둘 다 즐거웠고, 둘을 하나 되게 해주었다면, 대략 시험에 통과한 것이다. 물론, 재미에 대한 시각도 부부마다 크게 다를 수 있다.

남자의 성품은 부부의 침상에서도 타락할 수 있다. 섬뜩하지만 사실이다. 남편이 일상적으로 아내를 비하하거나 천하게 대한다면, 그는 자신의 영혼을 파괴하는 것이다. 이렇게 남편이 영혼을 파괴하는 일에, 어떤 아내도 죄책감이나 의무감 때문에 순순히 동참해야 한다는 부담을 가져서는 안 된다. 아무리 그가 원하거나 애원해도 말이다. 안 된다고 말하는 것이 당신이 가장 사랑으로 하는 일일 수 있다. 단, 그렇게 안 된다고 할 때마다 된다는 말도 함께 하라. 참된 친밀함과 순결한 쾌락과 **거룩한** 만족을 가져다주는 섹스에 대해서 말이다.

서글프게도, 어떤 남자들은 '정상적인' 쾌락으로는 별로 만족을 얻지 못할 정도로 정욕에 자신을 내주었다. 그들은 자기에게 뭔가 부도덕한 게 필요하다고 생각한다. 왜 그럴까? 성에 대한 경건하지 못한 시각을 키워 왔고 거기에 자신을 내주었기 때문이다. 휘트먼 박사는 아내들에게 그것이 흔히 포르노 사용이나 포르노 중독의 증상이라고 경고한다. 그는 이렇게 말한다. "포르노의 철학적 메시지는 여자들이 남자의 쾌락을 위해 존재하는 성적 노리개라는 것이다. 성 중독자의 상태가 심할수록 더 짜릿한 성적 전율에 대한 욕구도 계속 더 커진다. 남편의 요구가 심해질수록 아내는 요구의 종류가 눈에 띠게 달라짐을 경험하게 된다. 남편의 요구가 아내에게 비하로 느껴진다면, 남편이 포르노의 영향을 받고 있을 가능성이 있다."

이 경우에도 당신은 전문 그리스도인 치료자를 찾는 것이 좋다. 당신이 남편의 성적인 요구에 맞설 때, 당신에게 노하기보다 당신의 말을 들어줄 남편은 천에 하나나 될 정도로 드물다. 남편은 그런 말을 다른 사람에게서 들을 필요가 있다. 또한 당신도 겸손한 마음이 있으면 좋다. 상담은 당신의 이런 대응이 과민해진 양심이나 당신 자신의 부족한 사랑에서 비롯된 것이 아니라 정말 경건함에서 비롯된 것임을 확인하는 좋은 검사가 될 것이다.

아울러 간적접인 접근도 생각해 보라. 당신의 남편이 남자들 그룹에 나가고 있다면, 모든 멤버들이 C. J. 마허니의 《섹스, 로맨스, 하나님의 영광: 모든 그리스도인 남편이 알아야 할 것들》*Sex, Romance, and the*

*Glory of God: What Every Christian Husband Needs to Know*을 공부하면 큰 유익이 될 것이다. 이 책을 사서 그룹의 어느 남자에게 몰래 건네는 것도 좋다. 단, 아주 조심해야 한다. 그렇지 않으면 눈앞에서 들통 날 수도 있다. 당신 친구의 남편이 마침 당신의 남편과 같은 그룹에 있다면 그 친구에게 주는 것도 좋다. 그러면 그 친구가 자기 남편에게 줄 것이다.

끝으로, 다음과 같은 휘트먼 박사의 격려의 말이 당신에게 필요할지 모른다.

"여자가 이 부분에서 모든 것을 제대로 하고 있는데도 여전히 아무런 성과가 없을 수도 있다. 뭔가 잘못되어 있는데 당신이 고칠 수 없다. 그 경우라면 도움을 구하라! 공인된 상담자들은 그러라고 있는 것이다. 우리들은 대개 남자가 어떤 상태인지 파악할 수 있다."

이런 민감한 문제로 도움을 구하자면 물론 당신이 많이 낮아져야 할 것이다. 하지만 남은 결혼생활 동안의 만족스런 성생활 가능성을 그려보며 앞을 내다볼 수 있다면, 일시적인 불편함은 수십 년의 더 건강한 생활을 위하여 치르는 작은 값으로 생각되지 않겠는가?

축복인가 짐인가

어떤 면에서 섹스는 아주 무거운 짐처럼 보인다. 그러나 어떤 면에서 두세 가지 최고의 축복 중 하나로 보일 수도 있다. 하지만 만일 그렇다면, 섹스가 그토록 많은 상처와 고통과 혼란을 일으키는 까닭은 무엇일까?

창조주의 설계에 이의를 다는 것은 우리가 할 일이 아니다. 그분이 당신을 결혼으로 부르셨다면 그분은 당신을 남편과의 꾸준한 성생활로 부르셨다. 성경적인 결혼은 각자 좋아하는 음식을 골라 먹는 식당이 아니다. 그것은 오히려 많은 재료가 함께 섞여 있는 수프에 더 가깝다. 우리는 전체를 한꺼번에 받아야 한다. 하나님의 설계는 당신과 남편을 성적인 정절과 충절은 물론 성적인 베풂과 섬김으로 부른다. 각자 기분이 내키는지 아닌지는 상관없다. 거기에 못 미치는 모든 것은 하나님이 우리를 위해 예비하신 결혼에 어긋난다. 결혼생활의 한 가지 요소를 거두는 것은 곧 하나님께 반항하는 것이다.

조심하라. 당신의 궁극적인 논쟁 상대는 남편이 아니라 결혼을 창조하신 하나님일 수 있다! 그분은 남자와 여자가 다르게 지어질 것을 처음부터 아셨다. 우리의 욕구 수준이 종종 상충될 것도 처음부터 아셨다. 그럼에도 그분은 결혼을 창조하셨고, 성적인 관계를 설계하셨고, 당신을 창조하셨고, 당신의 배우자를 창조하셨고, 당신의 연합을 복 주셨다.

당신은 그분의 설계대로 살 것인가? 그분은 결혼생활에 요구되는 일들을 수행할 수 있도록 당신을 준비시키려 하신다. 당신은 그분께 그 일을 허락해 드릴 것인가?

성적인 관계는 수고해서 바로잡을 가치가 있다. 성생활의 좌절은 무엇 못지않게 많은 고통을 유발한다. 반면, 서로 만족스러운 성생활은 결혼생활에 놀라운 영향을 미친다. 그것은 남자의 마음을 아내에게 유착시켜 준다. 남자의 성적인 순전함을 지켜 주고, 하나님께 죄를 짓지 않게 해준다. 남자에게 아내를 기쁘게 해주려는 동기를 심어

주고, 가정에 대한 충절을 굳혀 준다. 아울러 덤으로, 그것은 아내에게 경건하고 사심 없는 방식으로 사랑하는 법을 가르쳐 준다.

1. "섹스는 당신이 남편을 돌볼 수 있는, 그리고 남편에게 동기를 심어줄 수 있는 가장 효과적인 방법 중의 하나다"라는 저자의 주장을 어떻게 생각하는가?

2. 당신은 남편들이 아내들보다 섹스를 더 감정적으로 경험한다고 보는가? 이것은 침실의 관계 역동에 어떤 영향을 줄 수 있는가?

3. 남자의 "자존감은 성행위를 얼마나 자주, 얼마나 잘 하느냐와 크게 연관되어 있다"는 마이클 거리언의 주장에 당신은 놀랐는가? 이것은 앞으로 당신이 남편의 성적인 접근을 보는 눈에 어떤 영향을 줄 수 있는가?

4. 저자는 성적으로 만족감을 느끼는 남편은 '가정에 더 관여하고 관심을 보일 소지가 훨씬 높고', 육체적 친밀함을 위해 노력하는 아내들은 '당신이 그토록 정당하게 갈망하는 정서적 친밀함에 문을 연다'고 했다. 당신 생각에 이것은 섹스를 교묘하게 이용하는 것인가, 아니면 하나님이 정하신 섹스의 기능인가?

더 예쁜 부부관계를 꿈꾸며...

5. 성적인 문란함이 남자들의 영적인 순전함에 어떤 영향을 미치고 있는지 토의해 보라. 그리고 남편이 이 덫을 피하도록 아내들이 도울 수 있는 방법들을 제안해 보라.

6. "일부 남자들이 한 아내에게 성적인 충절을 지키려면 얼마나 많은 노력이 필요한지를 전혀 모르는 아내들이 많이 있다"라는 거리언의 말에 당신은 놀랐는가? 당신의 남편도 그런 경우라고 보는가? 당신은 남편의 그 일을 더 쉽게 해줄 수 있는 길을 생각해 본 적이 있는가? 또는 충절을 지키고 있는 남편에게 감사해 본 적이 있는가?

7. 포르노로 고생하고 있는 남편을 둔 아내들을 다른 아내들이 어떻게 지원할 수 있을까? 14장에 나오는 저자의 가르침에 기초하여, 집의 컴퓨터에서 이제 막 부적절한 내용을 발견한 아내에게 당신이라면 어떻게 조언해 주겠는가?

8. 어떻게 아내들은 부당한 성적인 요구에는 "안 된다"고 하면서 동시에 육체적 친밀함의 순결한 표현에 대해서는 너그러울 수 있을까?

9. 14장을 마무리하면서 저자는 서로 만족스러운 성생활은 남자의 마음을 아내에게 유착시켜 주고, 남자의 영적인 순전함을 지켜 주며, 아내에게 경건하고 사심 없는 방식으로 살아가는 법을 가르쳐 준다고 했다. 지금까지 하나님은 당신 부부의 성생활을 통하여 어떻게 당신에게 사랑하는 법을 가르쳐 오셨는가?

인터넷 불륜으로 빗나간 남편, 사랑을 회복하다 15

'켄'이 '다이애나' 켄과 다이애나는 딸을 보호하기 위해 가명을 썼다. 정체가 노출될 만한 다른 세부 사항들도 바꾸었다에게 자기는 "그녀를 걱정해 주는 마음은 있지만 사랑하지는 않는다"고 말하던 2002년 5월 24일에 다이애나의 집의 위기는 마침내 터졌다.

3개월 전에 켄과 다이애나는 딸 힐러리가 자해를 하고 있는 것을 발견했었다. 의사들은 딸에게 우울증 진단을 내렸다. 켄의 충격적인 발언이 있은 뒤로 다이애나는 중요한 것부터 먼저 챙기기로 했다. 그녀는 켄에게 말했다. "나에 대한 당신의 감정은 중요하지 않아요. 당신이 지금 떠나면 힐러리는 견뎌내지 못할지도 몰라요. 다른 건

몰라도 힐러리를 위해서라도 **당신은 이 집을 떠날 수 없어요.**"

켄도 동의했지만 부부의 긴 시련은 시작에 불과했다. 그들은 같은 집에 살며 같은 침대를 썼지만 마음으로는 남남이었다.

처음부터 다이애나는 신앙에서 위안을 구했다. 그녀는 시편 55편을 읽었다. '같이 재미있게 의논'했던 가까운 친구요 동료가 시편 기자를 배반하는 대목에서, 하염없이 눈물이 흘러 성경책에 지워지지 않는 자국을 남겼다. 다이애나는 고백한다.

"다음 17일은 악몽 같았다. 하지만 하나님은 참 신실하셨다."

이제 와서 돌아보면 그녀에게도 그런 흐름이 내다보였다. 켄의 애정이 식어지는 데는 그녀 자신도 한몫 했다. 그해 초에 다이애나의 회사에 중대한 컴퓨터 고장이 있었다. 다이애나가 다시 자료를 복구하여 정상으로 운영되게 하는 데 꼬박 한 달이 걸렸다. 그녀는 직장에 늦게까지 있었고 집에까지 일을 가져왔다.

다이애나가 직장의 위기를 드디어 해결하던 그 이튿날 밤에 힐러리는 처방약을 과량 복용했다. 힐러리가 정말 좋아했던 남자가 그녀에게 잔인한 말을 했다. 상심한 힐러리는 고통을 잊으려고 약을 먹었다. 설상가상으로, 그 일이 있은 지 얼마 안 되어 다른 남자가 힐러리를 열심히 따라다녔는데, 그러잖아도 막 버림받고 상처 받았던 힐러리는 자신의 동정童貞을 버렸다.

다이애나는 그 전말을 알고는 망연자실했다. 모든 모성 본능이 다이애나의 비분을 자극했고, 그래서 그녀는 부부간의 섹스를 끊다시피 했다. 켄이 육체적인 친밀함을 청해 올 때마다 다이애나는 동정을 잃은 힐러리 생각이 나서 도저히 반응이 되지 않았다.

초과 근무, 자녀의 심각한 문제, 부부의 성관계 중단, 소통의 결핍, 이 정도면 굳이 박사학위가 없는 사람이라도 결과를 예측할 수 있다. 남편이 아내에게 더 이상 사랑을 못 느낀 것은 **당연한** 일이다. 다이애나는 고백한다. "식물에 물을 주지 않으면 결국은 죽는다. 관계에도 **반드시** 양분을 주어야 한다."

댁의 남편이 내 딸과 어떻게 하고 있는지 아세요?

여러 해 동안 다이애나와 켄은 관심사가 각기 달라 거의 공통분모가 없었다. 다이애나는 극장에 가는 것을 좋아하는데, 켄은 영화라면 그냥 보아주는 정도다. 켄은 나스카^{자동차 경주}의 열광적인 팬이지만, 다이애나는 연달아 몇 시간씩 빙빙 도는 자동차들을 구경하는 게 뭐가 좋다는 건지 이해가 안 갔다. 다이애나는 켄이 멀어지고 있음을 느꼈지만, 친구가 아마도 직장의 압박감 때문일 테니 너무 걱정하지 말라며 그녀를 안심시켜 주었다.

하지만 다이애나는 뭔가 잘못되어 있음을 **알았다**. 켄에게 내막을 캐물으니 그는 마침내 자백했다. 자기가 그녀를 걱정해 주는 마음은 있지만 사랑하지는 않는다고 말한 것이다.

"딴 여자가 있나요?" 다이애나가 물었다.

"없어." 켄의 말에 그녀는 안도했다.

하지만 불행히도 그것은 거짓말이었다.

켄이 감정이 없다고 선포한 지 불과 몇 주 후인 6월 11일, 다이애나는 하나님께 누구를 통해서든, 무엇을 사용하셔서든 자신의 결혼 생활을 구해 달라고 기도하고 있었다. 그런데 그 통로가 바로 '딴 여자'의 어머니일 줄은 꿈에도 몰랐다.

바로 그날, 어떤 여자가 다이애나에게 전화하여 물었다. "댁의 남편이 그리즐리 회사에 다니는 켄 프랭클린인가요?"

"네."

"댁의 남편이 내 딸과 어떻게 하고 있는지 아세요?"

다이애나는 심장이 몸 밖으로 튀어나오는 느낌이었다. "무슨 말씀이신지요?"

"댁의 남편과 내 딸이 나스카 채팅방에서 만났어요. 처음에는 서로 이메일을 주고 받더니 이제 사진까지 교환했어요. 독립기념일 주말에 만날 계획까지 세우고 있다고요."

다이애나는 자신의 귀가 믿어지지 않았지만, 서글프게도 모두 앞뒤가 맞아들어 갔다. 켄은 자기가 연휴에 '출장'을 가는 동안 다이애나가 친정집에 가 있도록 이미 조치를 취해 놓았다.

그때 결정타가 날아왔다.

"내 딸은 결혼해서 아이가 둘이나 있어요!"

다이애나는 자기 남편이 유부녀와 바람을 피울 작정이었다는 사실이 도저히 믿어지지 않았다. 켄은 정말 두 가정을 파탄 내려는 것일까? 그것도 힐러리에게 아빠가 가장 필요한 이때에 말이다.

다이애나가 조치를 취한 것은 그때였다. 다이애나도 켄도 그 조치가 그들의 결혼생활을 구해냈다고 믿고 있다.

어려울 때의 친구

다이애나는 친구 집으로 차를 몰았다. 머릿속에는 앞날에 대한 의문들과 기도들이 윙윙거렸다.

"이제 나는 어떻게 되지?"

"오 하나님, 힐러리는 어떻게 되나요? 견뎌낼 수 있을까요?"

"좋아요, 하나님. 엄밀히 말해서 이건 간음이에요. 그러니 이혼 사유가 되는 것 맞지요?"

하지만 다이애나는 하나님의 계획에는 이혼의 자리가 없다는 생각이 강하게 들었다.

다이애나의 머릿속에 온갖 상념이 소용돌이치고 있었다. 그래서 친구 집에 도착한 그녀는 그대로 현관에서 자초지종을 토해내며 격분과 분노를 쏟아냈다. 켄한테 들으라는 듯이 고함을 질렀고, 자기가 얼마나 더 참아야 되느냐고 따졌다. 그리고 본인에게는 절대로 알리고 싶지 않은 온갖 더러운 욕을 그에게 퍼부었다.

다이애나의 친구 달라는 비슷한 상황을 이겨낸 적이 있었다. 그녀의 남편도 몇 년 전에 정신적인 외도를 했었고, 그래서 그녀는 다이애나의 배신감을 이해할 수 있었다.

현재 다이애나는 '내 분노와 혐오감과 실망을 켄이 아니라 달라에게 분출한 것이 내 결혼생활을 살렸다'고 믿고 있다. 다이애나가 감정을 쏟아내는 동안 달라는 참을성 있게 들어주었다. 일단 평정을 되찾은 다이애나는 위험을 무릅쓰고 집으로 남편에게 돌아갔다.

도착하니 10시쯤 되었다. 켄의 차가 집 앞에 세워져 있었다. 다이애나는 곧바로 그에게 다가가 말했다.

"우리 얘기 좀 해요."

"왜?"

"셔릴의 어머니가 전화했었어요."

켄의 얼굴이 백짓장처럼 하얘졌다. 일이 다 틀어지고 만 것이다.

다이애나와 켄은 현관으로 나갔다. 여기서부터 이야기가 놀라워진다. 비난이나 불같은 감정 없이 굉장히 초연하게 다이애나는 켄에게 모든 것을 말했다. 이미 달라에게 감정을 분출했기 때문에 이번 대화에서는 좀더 담담하게 객관적이 될 수 있었다. 결혼생활을 살릴 수도 있고 망칠 수도 있는 위력이 이 대화에 잠재되어 있었다.

"좋아요, 셔릴에 대해 말해 보세요." 그녀는 그렇게 시작했다.

켄은 인터넷으로 셔릴을 만나게 된 경위를 천천히 이야기했다. 둘은 똑같이 나스카를 좋아했다. 아직 만난 적은 없지만 그럴 계획이었음을 켄은 시인했다. 미래를 함께할 가능성까지 얘기했었다고 했다.

"그러니까 당신은 이 여자와 함께 살 것을 실제로 생각해 봤다는 말이에요?" 다이애나가 물었다.

"당신은 딴 사람이랑 함께 살면 어떨까, 그런 생각 해본 적 없어?" 켄이 말했다.

"분명히 말해 보세요. 그러니까 당신은 힐러리에게는 날마다 아빠가 돼줄 수 없는데 생전 만나본 적도 없는 이 두 다른 아이에게는 아빠가 돼줄 거라고, 그렇게 힐러리한테 말하겠다는 건가요?"

결국 켄은 이 상황이 얼마나 우스꽝스러운지 점차 깨달았다. 차라리 우습다는 듯이 다이애나의 눈썹이 올라갔다.

"**인터넷**에서 만난 사람 때문에 19년의 결혼생활을 청산하다니, 진심은 아니겠지요."

그녀는 웃으며 말했고 켄도 따라 웃었다. 저녁 내내 그랬다. 다이애나는 강하게 말하면서도 분위기를 너무 무겁지 않게 유지했다. 그래서 눈썹도 올라가고 적절한 순간마다 가볍게 한숨 돌리기도 했다.

다이애나는 달라의 집 현관에서 내뱉었던 욕이나 나쁜 말을 켄에게 단 한번도 하지 않았다. 켄이 정확이 그것을 예상했는데도 말이다. 나중에 켄은 다이애나에게 만약 그녀가 달라에게 말한 식으로 그에게 **반응했더라면** 자기는 튀어나갔을 거라고 말했다. 대신 그는 다이애나를 통하여 하나님의 은혜와 자비를 보았다. 그것이 모든 것을 달라지게 했다.

다이애나는 이렇게 회고한다.

"켄과 함께 현관으로 처음 나갈 때, 실망과 슬픔은 여전히 내게 있었지만 분노는 사라지고 없었다. 대신 하나님의 평안과 이런 확신이 있었다. 켄이 결혼생활을 지속하기로 선택한다면 결국 우리의 결혼생활이 전보다 더 나아질 거라는 확신이었다. 전적으로 하나님이 하신 일이다. 내게서 그런 행동이 나올 줄 나 자신도 예상하지 못했으니까 말이다. 나는 깊은 상처와 환멸에 빠져 있었다."

그날 저녁은 다이애나가 켄에게 이렇게 요구하는 것으로 끝났다. "내 말대로 하세요. 하나님의 말씀에 순종하고, 셔릴한테 연락해서 끝났다고 말하세요. 그리고 우리의 결혼생활에 힘을 쏟으세요. 당신이 그렇게 하면 하나님께서 내게 대한 놀라운 감정을 당신에게 다시 주실 수 있다고 난 믿어요."

이튿날 켄은 다이애나에게 셔릴과의 관계를 끝냈다고 말했다. 그는 셔릴한테 사용하던 이메일 계정을 없앴고, 새 계정의 암호를 다이애나에게 주어 이후로 벌어지는 일을 아내가 확인할 수 있게 했다.

상황을 정리하려는 켄의 노력에도 불구하고 셔릴은 계속 그를 찾았다. 다이애나가 두어 번 셔릴의 전화를 받은 적도 있었다. 그러나 결국 켄은 관계를 정리했고, 다이애나의 말은 현실이 되었다. 그녀를 향한 켄의 감정이 돌아온 것이다.

뭐가 어떻게 잘못된 것일까?

그 여파로 다이애나는 꽤 많은 시간을 들여 뭐가 어떻게 잘못됐는지 분석해 보았다. 그녀는 켄에게 물었다.

"당신은 힘들 때 왜 **나 대신** 인터넷의 남에게 말했나요?"

켄은 답을 몰랐지만 다이애나는 알았다. 그녀는 사탄이 틈을 보고 그것을 이용했다고 믿는다. 사탄은 다이애나의 직장 스케줄과 힐러리의 문제 때문에 잠시 자연스레 대화가 끊긴 상황을 이용하여 영원한 파경으로 몰아붙이려 했다.

다이애나는 켄과 셔릴의 결별이 첫 발짝에 지나지 않음을 지혜롭게 알았다. 그녀는 후속 조치로 자기 몫을 다해, 뻔히 비틀거리는 관계를 봉합해야 했다. 그녀에게 나는 비슷한 상황에 처한 아내들에게 어떻게 조언해 주겠느냐고 물었다. 어쩔 수 없는 사건들직장의 위기나 자녀양육의 위기 또는 둘 다 때문에 부부관계가 소원해질 때에는 어떻게 해야 친밀함을 지킬 수 있을까?

다이애나는 이렇게 말했다.

"첫째로, 부부관계에 계속 노력을 기울여야 한다. 부부관계가 무너지면 결국 나머지도 다 무너져버리기 때문이다. 자녀양육의 중요성을 깎아내리려는 게 아니다. 하지만 당신이 만일 자녀를 첫째로 알고 부부관계를 소홀히 한다면, 부부관계가 무너지면 자녀는 어떻게 되겠는가? 내가 우리 부부관계에 더 신경을 써야 함을 깨달은 것은 힐러리를 위해서였다. 부부관계가 튼튼하면 다른 모든 일에 부딪히는 데 필요한 지지와 자원이 더 실해진다.

둘째로, 관계를 지속시켜 주는 작은 일들을 잊지 말라고 말하고 싶다. 당신의 부부관계의 실상을 정확히 파악하라. 며칠간 함께 산책을 나가지 못했다면 오늘 가라! 솔직하게 이렇게 말하라. '여보, 우리 어디 가서 커피나 한잔 하면서 얘기 좀 할까요?' 의사소통을 제대로 해야 한다. 의사소통이 중요하다고 말하면 진부한 말처럼 들리겠지만, 정말 중요하다! 수시로 서로 이렇게 물어보라. '우리 잘하고 있지요?' 정기 검사를 실시하라. 1에서 10까지로 하든, 공空에서 만滿까지로 하든, 아무거나 좋은 대로 하면 된다. 어쨌든 관계의 표류를 잊지 말고 살피라."

솔직히 다이애나는 직장의 위기를 밀쳐둘 수는 없었다고 한다. 하지만 그러면서도 그녀는 지금 되돌아보면, 집에 그렇게 일을 많이 가져갈 필요는 없었다는 생각이 든다.

"나는 그 사태를 수습할 수 있는 사람이 나밖에 없는 줄 알았다. 내가 자기 중심적이었다. 그 바람에 결혼생활을 날릴 뻔했다."

힐러리 문제는 더 힘들었다. 자녀의 삶이 위험에 직면해 있으면 결혼생활의 실상을 정확히 파악하기가 힘들다. 다이애나는 "힐러리가 어떻게 지내고 있는지에 내 정신이 온통 팔려 있어 켄의 상태를 묻지 못했다"고 고백한다. 부부가 함께 외출해 본 지가 거의 1년이 다됐었다. 게다가 힐러리의 문제에 대한 반응이 부부간에 워낙 달라 둘은 더욱 멀어지는 듯했다. 힐러리가 '남자 하나 때문에' 자해까지 하게 된 그 정서가 켄으로서는 영 이해가 되지 않았다.

그렇더라도 다이애나는, 자녀에게 주요 지지 기반부모의 건강한 부부관계이 가장 필요할 때 그 기반이 무너지게 해서는 안 된다고 강조한다. 자녀가 위기를 만났는데 부부가 산책이나 커피 마시러 나갈 일이나 주말 외출을 생각한다는 것이 이상하게 들릴지 모르지만, 가정을 지속하려면 바로 그것이 당신이 해야 할 일이다.

잠언은 우선순위의 설정에 대해 이렇게 말한다.

"네 일을 밖에서 다스리며 너를 위하여 밭에서 준비하고 그 후에 네 집을 세울지니라" 잠 24:27.

우리는 우선 목숨이 걸린 문제음식처럼부터 해결하고 그 다음에 편안함 같은 것들예컨대, 잠잘 곳을 걱정한다. 관계 면에서도 당신은 먼저 가정에 생명을 주는 관계부부관계부터 유지해야 그것을 바탕으로 자녀를 정서적, 영적으로 부양할 수 있다. 부부관계를 굶기면 영적인 갈증을 조장할 위험이 있고, 그 갈증은 결국 모든 식구에게 해가 된다.

직장의 스트레스, 늙어가는 부모의 건강에 대한 염려, 자녀가 내리는 선택들에 대한 불안은 당신이 거의 필연적으로 겪을 일이다. 거의 누구나 한번쯤은 그런 문제들에 부딪친다. 그러나 어떤 경우라도 우리는 그런 문제들 때문에 정작 가장 중요한 본분부부관계를 건강하게 유지하는 일을 놓쳐서는 안 된다.

공통 관심사

다이애나의 처방의 세 번째 부분은 켄의 세계 속에 들어가고자 더 열심히 노력한 것이었다. 그동안 내가 결혼생활을 새로 시작한 부부들과 나눈 많은 대화에 이 주제가 반복해서 등장한다.

공통 관심사가 사라지게 두면, 시간이 가면서 우리는 점차 멀어진다. 다이애나는 극장에 갔고 켄은 나스카를 보았다. 한동안은 둘 다 괜찮았다. 하지만 나스카에 열광적인 딴 여자를 만난 켄은 혼자 즐기는 것보다 친밀함을 나누는 것이 훨씬 더 만족스러움을 깨달았다. 그래서 다이애나는 다른 아내들에게 "남편이 흥미를 갖는 일들에 어떻게든 흥미를 가지라. 그러면 남편은 자기가 관심을 두는 일들에 당신도 관심이 있음을 알게 된다"고 조언한다.

그게 쉬운 일일까? 전혀 그렇지 않다. 다이애나는 자동차 경주에 처음 갔을 때 지루해서 죽는 줄 알았다고 한다.

"나 자신에게 물었다. '내가 왜 여기 있는 거지?' 그리고는 애써 떠올렸다. '나는 지금 남편을 기쁘게 하려고 이러는 거다.' 그러자 나아졌다."

현관에서 그 운명의 대화를 나누던 중 다이애나는 켄에게 물었다.
"그래서, 떠나면 뭘 할 건데요?"
"나스카 경주에 더 자주 갈 거요." 켄이 대답했다.
대화를 가볍게 유지하면서 다이애나는 반쯤 웃으며 물었다.
"그러니까 나스카를 하려고 나를 떠나는 거네요?"
"꼭 나스카에 가는 것만은 아니지." 켄이 말했다.
"순위표, 운전자, 지난 구간의 선두 주자, 우승 후보 등에 다 관심이 있는 거지."

그래서 다이애나는 자신이 가장 좋아하는 운전자^{마이클 월트립}를 골랐고, 장거리 경주의 선두 주자가 누구인지 거의 매주 알고 있다. 그녀는 이제 자동차 경주를 즐기기까지 한다. 팻이 낚시를 즐기는 법을 배웠고 캐서린^{마지막 장에서 만날 것이다}이 자전거를 즐기는 법을 배운 것처럼 말이다.

많은 독자들의 생각이 충분히 짐작이 된다.
"다 좋다. 하지만 남편은 **내가** 좋아하는 일을 언제 시작할까?"
시간을 충분히 주라. 다이애나는 이렇게 솔직히 고백한다.
"나의 필요들은 처음에는 뒷전에 두었다. 나는 켄을 사랑하는 데 온전히 집중할 수 있도록 하나님께 나를 사랑해 달라고 기도했다."

리치의 말을 잊지 말라12장. 팻이 리치와 함께 낚시를 다니기 시작하자 리치도 팻이 좋아하는 활동들에 더 참여하고 싶어졌다고 했다. 때로는 관계에 더 관심이 있는 쪽에서 상대에게 맞춰 주어야 한다.

"믿음이 강한 우리는 마땅히 믿음이 약한 자의 약점을 담당하고 자기를 기쁘게 하지 아니할 것이라. 우리 각 사람이 이웃을 기쁘게 하되 선을 이루고 덕을 세우도록 할지니라"롬 15:1~2.

남편을 기쁘게 함으로써 당신은 친밀함을 얻는 것이며, 그 친밀함을 가지고 남편에게 긍정적인 방식으로 영향을 미칠 수 있다. 남편이 **당신의** 삶에 관심을 품는 것도 거기에 포함된다.

문제가 있는 우선순위

여기서 짚고 넘어가야 할 근본적인 이슈가 또 하나 있다. 남편이 레크리에이션에 푹 빠져 영원한 우선순위에 대한 마음을 잃어버린다면 어떡하나? 어떤 아내들의 이런 질문이 상상이 된다.

"우리는 먼저 하나님의 나라를 구하도록 부름 받았다. 그런데 내가 나스카 경주에 가야 한다고?"

"나는 이 도시의 구원을 위해서 기도하고 있다. 그런데 레드삭스 팀이 양키스 팀을 다시 이길 수 있을까에 정신이 팔린 남편 때문에, 나까지 기도를 옆으로 제쳐두어야 한다고?"

하나님은 대체로 우리보다 훨씬 더 인내심이 많으시다. 그분은 아들을 이 땅에 적시에 보내시려고 수세기를 기다리셨다. 그 후에 예수님도 30년을 육체 노동을 하며 지내신 후에야 공적인 사역을 시작하셨다. 남편과의 공통 관심사에 참여함으로 당신은 그의 마음을 얻는 것이고, 그리하여 그의 영혼에 영향을 미칠 수 있다.

진정한 영적 열정은 전염성이 있음을 나는 경험했다. 내 친한 친구 하나는 일본에서 선교사로 섬기고 있는데, 온 세상의 잃어버린 영혼들을 향한 그의 관심은 내게 감동을 준다. 함께 골프를 치러 갔다가 나중에 점심을 먹으려고 기도할 때면, 그는 그날 함께 골프를 쳤던 사람을 위해서 하나님께 간절히 기도한다. 우리가 그 사람을 다시 볼 일이 없을 텐데도 말이다. 그의 곁에 있으면 비그리스도인들을 향한 하나님의 뜨거운 관심을 떠올리게 된다.

동일한 원리가 당신 부부에게도 적용될 수 있다. 당신이 남편의 영적인 관심을 자극하는 최선의 길은 당신 자신이 그렇게 사는 것이다. 바울도 사역에 그런 틀을 사용했다. 그는 고린도 교인들에게 "그러므로 내가 너희에게 권하노니 너희는 나를 본받는 자가 되라"고전 4:16고 말했다. 그들이 알아듣지 못했을까 봐 그는 일곱 장 뒤에서 되풀이해 말한다.

"내가 그리스도를 본받는 자가 된 것 같이 너희는 나를 본받는 자가 되라"고전 11:1.

갈라디아 교인들에게도 바울은 사실상 똑같이 권고한다.

"형제들아 … 너희도 나와 같이 되기를 구하노라"갈 4:12.

하지만 그렇게 **말할** 수 있으려면 바울은 먼저 그렇게 **살아야** 했다. 심호흡을 하고 남편의 세계 속에 들어가라. 그리고 하나님이 당신의 모범을 통해 남편의 마음에 도전을 주실 것을 신뢰하라. 사도 베드로는 이렇게 권면한다.

"아내들아, 이와 같이 자기 남편에게 순종하라. 이는 혹 말씀을 순종하지 않는 자라도 말로 말미암지 않고 그 아내의 행실로 말미암아 구원을 받게 하려 함이니 너희의 두려워하며 정결한 행실을 봄이라"
벧전 3:1~2

게다가 가끔씩 나스카 경주나 프로 야구 경기에 가는 것보다 하나님의 사랑을 가장 필요로 하는 사람들을 만나기에 더 좋은 곳이 또 어디이겠는가? 또 당신의 부부관계가 실패로 돌아가면, 당신이 전하는 화해의 메시지에 누가 된다는 점도 잊지 말라. 부부관계에 온 마음을 다함으로써 당신은 하나님 나라를 전하기 위한 기초를 더 든든히 닦는 것이다. 그러느라 당신에게 시시해 보이는 활동들을 더러 해야 될지라도 말이다.

배운 교훈들

대부분의 이혼이나 외도는 하나의 큰 결정의 결과가 아니다. 오히려 일련의 작은 단절들 후에 그리될 때가 훨씬 많다. 그런 단절들이 관계의 최종적 파멸, 영원한 파멸로 이어지는 것이다.

다이애나는 남편보다 일을 앞세우면서 자신도 모르게 켄과 단절되기 시작했다. 그러다 그녀는 정서적으로 멀어지는 쪽으로 또 하나의 결정을 내렸다. 딸에 대한 상처 때문에 남편과의 성적인 친밀함을 완전히 차단한 것이다.

켄도 작은 결정들을 수없이 내렸다. 그는 채팅방에 들어가기로 선택했다. 같은 여자에게 계속 메일을 쓰기로 선택했다. 사진을 교환하기로 선택했다. 그러다 만날 계획까지 세우기로 선택했다.

다이애나와 켄이 우리에게 가르쳐 주는 것이 있다. 결혼생활을 잠시 동안만이라도 방치해 두고는 나의 한동안의 부재를 배우자가 참아주기를 바란다면, 우리는 결혼생활을 위험에 빠뜨리는 것이다. 외로움을 의지적으로 견디는 사람은 우리 문화에 별로 없다. 게다가 우리는 더 이상 작은 동네에 살고 있지 않다. 인터넷과 휴대전화와 항공 이동 덕분에 세상은 말 그대로 우리의 손안에 있다. 배우자를 방치하게 만드는 원인이야 무엇이든 직장 일, 병든 아버지나 어머니, 문제에 빠진 자녀, 바쁜 교회, 커지는 사역 등 방치된 배우자 쪽에는 별 차이가 없다. 무시당하는 기분이 들면 그들은 아프리만치 취약해진다. 한번의 인터넷 채팅, 직장에서 있었던 한번의 긴 점심식사, 옛 고등학교 여자 친구에게서 걸려온 한 통의 전화, 스포츠 행사나 사업 회합에서의 한번의 우연한 만남이면 된다. 거기서 그들은 불현듯 외로움의 '즉석 치료제'를 맛본다. 그 치료제에 당신의 결혼생활을 파탄 낼 잠재력이 있다.

우리는 친해지는 것도 점진적이고 멀어지는 것도 점진적이다. 다이애나는 나스카가 남편에게 그렇게 중요하다면 자기에게는 더 중요해져야 함을 깨달았다. 켄도 깨달아야 한다. 다이애나가 어떤 때에 자동차 경주에 함께 가듯이 자기도 가끔씩 아내를 극장에 데려갈 필요가 있음을 말이다. 물론 우리의 주요 관심사와 노력은 하나님 나라에 집중되어야 한다. 하지만 지금 우리는 여가 시간에 대해서 말하고 있다. 공통 관심사를 잃은 결혼생활은 무미건조해지기 쉽다. 대부분의 사람들은 정서적인 핵을 잃어버린 결혼생활을 지속하지 않을 것이다.

끝으로, 우리는 부부관계야말로 모든 관계적인 삶의 기초가 됨을 알아야 한다. 일도 중요하다. 자녀양육도 중요하다. 취미도 유익하다. 하지만 일이나 취미나 심지어 자녀양육 때문에 부부관계를 소홀히 한다면, 온 집이 무너질 수 있다. 그리고 종종 일, 자녀양육, 기타 모든 것도 함께 무너진다.

여기 '켄과 다이애나' 식의 유익한 연습이 있다. 당신이 지난 6개월 동안에 내린 작은 결정들을 보라. 당신은 의식적으로 남편 쪽으로 가고 있는가, 아니면 남편에게서 멀어지고 있는가? 당신 부부는 공통 관심의 영역들을 가꾸고 있는가, 아니면 본의 아니게 천천히 각자의 삶으로 가고 있는가?

우리는 현실적이 되어야 하지만—내 아내는 절대로 나와 함께 마라톤을 하지는 않을 것이다—또한 의도적이 되어야 한다. 우리 부부는 의도적으로 늘 같이 산책한다. 당신도 남편의 모든 관심사를 공유할 수는 없을지 모르나 몇 가지는 함께하는 것이 좋다.

새 출발

　인터넷 외도가 발각된 지 두 달 후 켄은 드디어 다이애나를 사랑한다고 말할 수 있게 되었다. 2003년 7월에 둘은 브리티시콜롬비아의 밴쿠버와 빅토리아로 결혼 20주년을 기념하는 여행을 가서 경치도 구경하고 고래도 보았다. 그들은 유명한 부처드 가든도 둘러보고, '최고의 딸기잼'을 곁들인 하이 티보통 차와 샌드위치로 된 가벼운 저녁식사—옮긴이도 먹고, 해안 도로를 달리며 조수 웅덩이들도 보았다. 전체적으로 '정말 좋은 환상적인 시간'을 보냈다.

　여행 내내 다이애나는 자기네 부부관계가 아직도 멀쩡하다는 사실에 놀랐다. 12개월 전만 해도 켄과 함께 결혼 20주년을 축하한다는 생각은 현실과 거리가 멀어 보였었다.

　"사실 좀 이상했다."

　다이애나의 고백이다.

　"마냥 좋은 시간을 보내다 보니 그런 문제들이 마치 아득한 옛날 일처럼 느껴졌다. 그런가 하면 모든 일이 수년 전도 아니고 불과 몇 달 전의 일이었음을 상기하게 될 때들도 있었다. 그래도 나는 주로 감탄사를 연발했다. 하나님이 **정말** 우리를 이전보다 더 강하게 하셨기 때문이다."

　하나님은 또한 그들이 치유된 일을 통해 다른 사람들을 돕기 시작하였다.

　"우리는 그간 간증을 나눌 수 있었는데, 그건 정말 멋진 일이었다. 생각해 보면 정말 놀라운 이야기다. 우리를 치유해 준 처방을 말하라고 한다면, 나는 모두가 하나님의 은혜와 우리의 순종으로 귀결된다고 말하고 싶다."

힐러리는 끝내 그 '사건'에 대해서 몰랐다. 최근에 그녀는 대학에서 심리학 과목을 들었는데, '중년에 흔히들 겪는 문제들이 나의 부모님에게는 없어서' 참 특이하다는 힐러리의 말에 다이애나는 씩 웃었다. 다이애나의 설명이다.

"정서적으로 불안을 안겨줄 또 다른 일이야말로 지금 힐러리에게 필요하지 않다. 딸이 이 짐을 안고 살지 않아도 돼서 다행이다."

그러나 이따금씩 켄과 다이애나는 비슷한 위기를 당한 다른 부부들에게 도움이 되도록 자기네 이야기를 조심스레 나누었다. 한 젊은 부부가 최근에 인터넷 포르노와의 싸움을 털어놓았다. 켄도 인터넷과 관련해서 씨름했기 때문에 그는 자신이 겪었던 여러 유혹과 그간 하나님이 가르쳐 주신 것들을 고백할 수 있었다.

아파하며 회개하는 이 남자에게 다가가면서 켄은 동정이나 기도 이상의 것을 줄 수 있었다. 경험에서 얻은 실제적인 도움을 준 것이다. 그는 자기 컴퓨터에 고린도전서 10장 13절 말씀을 붙여 놓은 이야기, 방문객들이 사무실에 들어서는 순간 그의 컴퓨터 화면이 곧바로 보이도록 자기 사무실의 구조를 바꾼 이야기를 해 주었다.

다이애나는 그 남자의 아내를 섬겼다. 이 젊은 아내는 이미 다이애나의 이야기를 들었던 터라 다이애나라면 자기의 아픔을 이해해 줄 것을 알았다. 또 이런 상황에 처한 대부분의 아내들이 가장 두려워하는 질문에 맞서도록 다이애나가 자기를 도와줄 수 있음도 알았다. "어떻게 다시 신뢰할 수 있을까?"라는 질문이다.

켄은 외도를 쉽게 잊어버린 듯했지만, 다이애나는 그게 힘들었다.

"어렵다. 3년 전의 사건인데도 때로는 이전의 의심이 다시 살아난다. 그럴 때면 다시금 하나님을 신뢰해야 한다. 어쩌면 나는 다시는 켄을 온전히 신뢰할 수 없을지도 모른다. 하지만 나는 하나님을 신뢰한다. 켄이 혹시 잘못된 결정들을 내린다 해도 하나님이 나를 돌보아 주실 거라는 굳은 믿음도 거기에 들어 있다. 다시는 이전 같지 않을지도 모름을 켄도 인정한다."

다이애나는 이런 상황에 대해 이따금씩 대화할 필요가 있음을 켄이 참을성 있게 받아 주어 감사하다. "남편은 자기가 큰 실수를 저지른 것과 이것이 어느 정도는 평생 따라다닐 문제임을 알고 있다."

그러나 로마서 8장 28~29절 말씀이 그들의 삶에서 사실로 입증되었다. "우리가 알거니와 하나님을 사랑하는 자 곧 그의 뜻대로 부르심을 입은 자들에게는 모든 것이 합력하여 선을 이루느니라. 하나님이 미리 아신 자들을 또한 그 아들의 형상을 본받게 하기 위하여 미리 정하셨으니." 현재 다이애나와 켄은 더 강하고 더 지혜로우며 그리스도를 더 닮아 있다. 가정도 하나로 남았다. 그들은 또한 다른 부부들에게 희망과 치유를 주고 있다. 화해 과정의 한복판에서 자기들이 과연 어떻게 해낼지 막막해 하는 부부들에게 말이다.

오늘 다이애나는 이렇게 말한다. "전적으로 하나님이 하신 일이다. 나는 깊은 상처와 깊은 환멸에 빠져 있었다. 그러나 여전히 우리는 함께이며 전보다 강해졌다. 하나님은 참 좋으신 분이다."

더 예쁜 부부관계를 꿈꾸며...

1. 당신 부부는 공통 관심사를 어느 정도로 가꾸고 있는가? 부부들이 이 부분에서 자라갈 수 있는 실제적인 방법들은 무엇인가?

2. 아내들은 어떻게 남편이 아내의 취미에 관심을 갖도록 도와줄 수 있을까?

3. 켄의 잘못을 지적하는 동안 다이애나는 어떻게 견고한 신앙 덕분에 바른 태도를 유지할 수 있었는가?

4. 사탄은 잠시 자연스레 대화가 끊긴 상황을 이용하여 그 가정을 영원한 파경으로 몰아붙이려 한다. 부부들은 그것을 어떻게 막아낼 수 있을까?

5. 당신이 '남편의 마음을 얻어 그의 영혼에 영향을 미칠 수 있는' 실제적인 방법들을 토의해 보라.

6. 당신 부부는 현재 점점 친해지고 있는가, 아니면 서서히 멀어지고 있는가? 전자라면 어떻게 그것을 더 강화할 수 있을까? 멀어지고 있다면 어떻게 그것을 뒤집을 수 있을까?

신앙이 없거나 초신자인 남편을 돕는다

16

약 4백년 전에 엘리자베스는 존과 결혼하여 불후의 사랑 이야기를 만들어냈다. 존의 전체 이름은 존 번연이다. 나중에 그는 그리스도인의 삶을 주제로 간행된 책들 중에서 역사상 가장 영향력 있는 책 중 하나인 《천로역정》을 쓴 사람이다. 존은 홀아비였고 이미 네 자녀가 있었다. 엘리자베스는 그와 결혼한 지 몇 달 만에 첫 아이를 임신했다.

전문 포커 선수가 카드를 세듯이 국교회가 신앙을 통제하던 시절에 존은 열정적으로 복음을 전했다. 교회가 존에게 허가해 주지 않았으므로 존이 말씀을 전하는 것은 사실상 불법이었다. 하지만 존은 그런 금지령에 승복하지 않고 하나님의 진리를 거리낌 없이 공적으로 선포했다. 그리고 즉시 감옥으로 보내졌다.

엘리자베스와 결혼한 지 채 6개월도 안 되어서였다.[1]

17세기에만 해도 남편을 옥에 둔 아내는 일주일에 한번씩 면회만 가면 남편 걱정을 하지 않아도 되는 호사를 누릴 수 없었다. 재소자에게 음식, 옷가지, 세탁, 기타 모든 것을 수발하는 일이 전적으로 가족들 책임이었다. 그러니 생각해 보라. 결혼한 지 6개월도 안 된 **임신한** 엘리자베스는 존이 이전 결혼에서 낳은 네 자녀를 돌보아야 했을 뿐 아니라 하루같이 감옥을 다니며 새 남편을 먹여 살려야 했다.

신앙이 없는 어떤 남편들은 좀처럼 술을 끊지 못한다. 카지노나 볼링장이나 골프장에서 헤어나지 못하는 사람들도 있다. 그런데 하나님의 사람 존 번연은 감옥에서 헤어나지 못하는 사람이 되었다. 출옥하자마자 그는 다시 불법으로 말씀을 전하기 시작했고, 그러다 다시 교회 당국의 수색을 받고 다시 감옥으로 보내졌다. 물론 비용은 본인 부담이었다.

사실, 존이 그런 열정으로 말씀을 전한 탓에 이들 부부가 결혼 후 첫 20년 동안 함께 산 기간은 **3년**도 못 되었다. 17년의 옥살이 동안 엘리자베스는 자식들을 혼자 기르고, 생활비를 벌고, 남편에게 생필품을 대야 했다.

조지와 캐런 그랜트는 엘리자베스를 이렇게 묘사한다. "고생과 궁핍에 단련된 그녀는 박해와 오명을 딛고 믿음과 헌신으로 남편에게 격려와 위로와 감화의 목소리가 되었다. 이들의 결혼생활에는 언약의 우정이라는 강한 유대는 물론 사랑이라는 정서적 유대도 함께 돋보였다."[2]

사랑은 아프다

영적으로 어린 남편을 사랑함에 관한 이번 장을 엘리자베스와 존의 사랑 이야기로 시작한 것은 당신에게 바른 시각을 제시하기 위해서다. 남편이 '미지근하거나' 신앙이 없는 사람이어서 영적인 여정을 함께할 수 없다면, 그때 당신이 느낄 수밖에 없는 아픔은 가히 상상이 된다. 하나님을 추구하는 데서 오는 고유의 친밀함을 부부의 한 부분으로 누릴 수 없다면, 당신이 상실감을 맛볼 것은 당연하다. 하지만 두 성숙한 그리스도인 부부라 해서 이 부분이 아주 '쉬울' 거라고 과대평가하지는 말라! 위의 예에서 보듯이, 믿음은 희생이 따르는 모험이다.

남편이 영적으로 성숙하든 어리든 그 중간이든, 하늘 아버지는 당신에게 그를 사랑하고 그를 위하여 희생하라고 명하신다. 당신이 남편의 무관심에 속이 상하든 아니면 남편의 열심에 부담을 느끼든, 결국 모든 것은 하나로 귀결된다. 결혼생활은 희생이라는 것이다.

우리는 예수님의 말씀이 얼마나 과격한지 잊어버릴 때가 있지만, 다음 본문을 결혼생활의 맥락에서 생각해 보라.

너희가 만일 너희를 사랑하는 자만을 사랑하면 칭찬받을 것이 무엇이냐. 죄인들도 사랑하는 자는 사랑하느니라. 너희가 만일 선대하는 자만을 선대하면 칭찬받을 것이 무엇이냐. 죄인들도 이렇게 하느니라. 너희가 받기를 바라고 사람들에게 꾸어 주면 칭찬받을 것이 무엇이냐. 죄인들도 그만큼 받고자 하여 죄인에게 꾸어 주느니라. 오직 너희는 원수를 사랑하고 선대하며 아무 것도 바라지 말고 꾸어 주라. 그리하면 너희 상이 클 것이요 또 지극히 높으신 이의 아들이 되리니 그는 은혜를 모르는 자와 악한 자에게도 인자하시니라. 너희 아버지의 자비로우심 같이 너희도 자비로운 자가 되라눅6:32~36.

예수님의 말씀이 이보다 더 분명할 수는 없다. 당신이 만일 남편을 사랑하기 쉬운 때에만 겨우 사랑한다면, 당신에게 왜 하나님이 필요하겠는가? 남편이 사려 깊고 자상하고 이기적이지 않고 성숙한 사람이라면, 그리스도인이 아닌 여자들도 그런 남편은 사랑할 수 있다. 당신이 칭찬받을 것이 무엇인가? 당신이 도로 섬김 받기를 바라며 남편을 섬긴다면, 무슨 영적인 상을 얻기를 바랄 수 있겠는가? 그것은 서로 호의를 교환하는 일에 지나지 않는다. 하지만 당신이 주되 받지 **않을** 때, 사랑할 줄 **모르거나** 사랑하기를 **거부하는** 사람들을 사랑할 때, 은혜를 모르는 자와 악한 자까지도 정말 사랑할 수 있을 때, 바로 그 순간에 당신은 하나님이 죄짓고 반항하던 우리에게 베푸신 것과 똑같은 사랑을 베푸는 것이다. 그리고 예수님은 그런 당신에게 풍성한 상을 주시겠다고 약속하신다.

남편이 당신보다 영적으로 연약하다면, 당신이 할 일은 그의 약점을 참아 주는 것이다. 그래서 그를 허물지 않고 세워 주는 것이다. 최악의 상황으로 단정할 게 아니라 남편을 최선의 상태로 이끌어 주라. 어떤 여자들은 영적으로 연약한 남편을 세워 주기는커녕 오히려 애써 자신의 말로 남편을 낙심시키고 허물어 내린다. 영적인 지도력이 부족하다며 남편을 깎아내린다.

이것은 로마서 15장 1~2절에 나오는 사도 바울의 권면과 정반대된다.

"믿음이 강한 우리는 마땅히 믿음이 약한 자의 약점을 담당하고 자기를 기쁘게 하지 아니할 것이라. 우리 각 사람이 이웃을 기쁘게 하되 선을 이루고 덕을 세우도록 할지니라."

남편의 특성 때문에 끙끙거려야 할 때는 **결혼하기 전**이지 후가 아니다. 일단 혼인서약을 했으면 당신은 자신의 의무, 사랑할 의무에만 집중해야 한다.

사랑을 잘 하려면 몇 가지 힘든 질문을 솔직하게 던져야 한다.

"정서적으로 거리를 두는 남자를 나는 어떻게 사랑할 것인가?"

"기도라고는 생전 하지 않는 것 같은 남자를 나는 어떻게 사랑할 것인가?"

"영적인 지도자는커녕 그게 뭔지도 모르는 남자를 나는 어떻게 사랑할 것인가?"

"나를 사랑하는 것보다 자기 교인들을 더 사랑하는 남자를 나는 어떻게 사랑할 것인가?"

단, 이런 질문을 던질 때에는 원망과 불평의 마음이 아니라 겸손히 알려는 마음, 기도하는 마음으로 하라.

당신 부부가 영적으로 불균형 상태에 있다면, 교만이 당신의 가장 큰 유혹이 될 것을 예상하라. 당신은 하나님이 당신과 남편 둘 다에게 일하고 계심을 망각할 수 있다. 하지만 하나님의 완전하신 거룩함에 비추어 보면, 당신과 남편의 의義의 차이는 아무것도 아니다. 빌립보서 2장 3절은 우리에게 "오직 겸손한 마음으로 각각 자기보다 남을 낫게 여기"라고 말한다.

같은 장에서 바울은 그리스도인들에게 "두렵고 떨림으로 너희 구원을 이루라. 너희 안에서 행하시는 이는 하나님이시니 자기의 기쁘신 뜻을 위하여 너희에게 소원을 두고 행하게 하시나니"12~13절라고 권면한다. 하나님은 당신을 사용하시어 남편을 중생重生과 구원으로 이끄실 수 있듯이, 또한 **구원받지 못한 당신의 남편까지도** 사용하시어 당신을 더 깊은 거룩함으로 이끄실 수 있다. 그 거룩함의 큰 부분은 바로 그리스도를 닮은 태도를 기르는 것이다. 그리스도는 연약하고 미성숙한 사람들을 향하여 언제나 애정의 마음을 품으셨다.

부디 내 말을 오해하지는 말라. 신앙을 공유하지 않은 사람과 함께 사는 그 외로움과 정당한 상심을 나는 축소하고 싶지 않다. 그러나 나는 그런 결혼생활이 가져다주는 놀라운 성장의 기회에 당신의 눈을 뜨게 해주고 싶다. 그러려면 20년이 넘도록 비그리스도인 남편을 위해 기도한 한 놀라운 여인의 사연을 소개하는 게 가장 좋을 것 같다.

존과 캐서린

존과 캐서린실화이며 인용된 말도 다 실제 그대로이지만, 자녀들을 보호하기 위해 가명을 썼다.은 둘 다 스물한 살 되던 해인 1968년에 결혼했다. 많은 사람들이 뜻밖의 결혼이라고 생각했을 것이다. 캐서린은 수녀가 되려고 진지하게 생각했었고, 실제로 7개월을 수련원에서 살기도 했다. 그러나 결국 그녀는 수련원에서 나와, 고등학교 때 사귀었던 존과 결혼했다.

캐서린의 신앙적인 성향이 존에게는 없었다. 존은 처음에는 특별한 날에는 교회 예배에 나갔지만, 결혼하고 얼마 안 되어 자신의 심중을 아주 명확히 밝혔다. 캐서린에게 그는 "교회 나가는 게 나한테는 아무 의미가 없어요. 더 이상 나가지 않겠어요"라고 말했다.

그 뒤로 2년 동안은 캐서린도 별로 교회에 가지 않았다. 그러나 스물세 살에 아기가 생기면서부터 달라졌다. 2년 후에 캐서린은 거듭남을 체험했다. 그녀는 존에게 자기가 예수 그리스도를 구주와 주님으로 영접했으며 그래서 이제부터 삶이 크게 달라질 거라고 말했다.

존은 이렇게 대답했다. "얼마나 오래가나 봅시다. 당신은 충동적인 일을 많이 하니까 한번 두고 봅시다."

존은 해군 조종사이다 보니 그 다음 24개월 중 20개월을 집에 살지 않았다. 그 기간 중에 캐서린은 새로 찾은 신앙의 기쁨으로 교회에 '쉬지 않고' 나갔다. 존이 집에 돌아온 뒤로는 "하나님이 나를 그리스도인 아내가 되도록 훈련시키기 시작하셨다"고 캐서린은 회고한다. 그전의 2년 동안에는 그리스도인 엄마가 되는 데 집중했었으나 이제 캐서린은 자신의 이력서에 '아내'를 추가해야 했다.

캐서린은 자기가 처음에는 실수가 많았다고 고백한다.

"하나님의 은혜와 자비가 놀라울 뿐이다. 그분이 아니었다면 나는 우리 결혼생활을 망쳐 놓았을 것이다. 나는 잘못한 일이 많았다."

우선 그녀는 남편을 팽개쳐 두고 교회에 너무 자주 나갔다.

"나는 매주 일요일 오전, 일요일 저녁, 화요일 오전, 수요일 저녁, 목요일 오전에 교회에 있었다. 나는 남편한테 소홀히 했고 그것은 잘못된 일이다. 그가 임지에서 막 돌아온 뒤였으니 특히 더했다."

캐서린의 기도의 초점은 존이 구원받는 것이었다. 일찍이 하나님은 사도행전을 통해서 캐서린에게 고넬료처럼 그녀의 '온 집'이 구원을 받으리라는 확신을 주셨다행 11:14.

캐서린은 간혹 존에게 교회에 가자고 했다. 존은 늘 점잖게 반응했으나 그는 아내의 신앙을 비웃거나 아내를 교회에 못 가게 한 적이 없다, '종교'에 관한 한 자신을 그냥 내버려뒀으면 좋겠다고 분명히 말했다.

"이것 때문에 우리의 관계가 나빠지게 하지 말아요"라고 그는 말했다.

한번은 존이 동의하여 자녀들이 속해 있는 어린이 프로그램에 갔으나, 프로그램에 덧붙여 많은 노래와 기도, 그리고 짧지만 핵심적인 전도 메시지까지 들어야 했다. 존은 속아서 온 기분이 들었다. 그는 캐서린에게 "다시는, 다시는 같이 오자고 하지 말아요!"라고 말했다.

존이 마침내 신앙에 이르기까지의 오랜 기간 동안, 캐서린은 많은 교훈을 배워야 했다. 그중 가장 중요한 것은 밀알이 땅에 떨어져 죽어야 한다는 예수님의 말씀에서 왔다요 12:24 참조.

"이 구절을 내 삶에 적용하려면, 내 필요가 가장 중요한 필요가 아니라는 대전제가 필요했다. 남편의 필요가 내 필요보다 앞서야 했다. 내 정서적인 필요들은 하나님이 채워 주실 줄로 믿고 기꺼이 양보하면, 수확이 있을 거라고 하셨다."

캐서린은 자신의 '정서적 빈곤'"나는 아주 빈곤했다. 아무도 그런 필요들을 채워줄 수 없었다"이 결혼생활에 긴장을 야기했다고 솔직히 고백한다. 캐서린은 정서 표현이 풍부한 가정에서 자랐다. 존의 가정도 깊은 애정을 누리기는 했으나 캐서린의 집처럼 감정을 표현하는 일은 드물었다.

존은 자기가 결국 기꺼이 신앙을 재고하게 된 주된 이유로 캐서린의 인내를 꼽는다. "아내의 인내, 특히 아내가 하나님과 그분의 타이밍을 신뢰한 것이 열쇠였다. 아내는 최선을 다해서 하나님이 원하시는 삶을 살았고, 그런 가치관을 말없이 보여 주었다."

캐서린이 완전했던 것은 아니다. 존은 이렇게 시인한다.

"내가 듣지 않으려고 하면 아내도 참을성을 잃을 때가 있었다. 그러나 내가 관심 없다고 말하면 아내는 한번도 나에게 강요하려 하지 않았다."

남편을 놓아주기

캐서린이 셋째 아이를 낳은 뒤에 전환점이 찾아왔다. 그들은 덴버로 다시 이사를 갔고 캐서린은 외로웠다. 존은 새 일자리를 구하러 다니느라 대부분 집에 없었다. 캐서린은 출산 후마다 찾아오는 호르몬 변화를 겪고 있었고, 이제 막 새로운 지역으로 온 터였다.

"나는 주님께 감정을 털어놓았다. 분명히 나는 마음속에 원망을 품고 있었고, 결혼생활의 기초가 흔들리고 있었다."

하나님은 캐서린에게 아주 분명히 말씀하셨다. 남편이 하지 못할 일들을 남편에게 기대하는 한, 그는 실패할 것이고 그녀는 원망을 품게 될 거라고 하셨다. 하나님은 이런 말씀으로 그녀에게 도전하셨다.

"네가 남편을 용서하고 놓아주면, 내가 그의 삶 속에서 일할 문이 열릴 것이다."

그 뒤로 몇 년 동안_{짧은 여정이 아니었다!} 캐서린은 감정이 상할 때마다 이렇게 큰소리로 말했다.

"주님, 남편을 용서합니다. 남편을 주님께 놓아드리오니 주님이 그의 삶 속에서 일하소서."

하루는 캐서린은 그런 기도를 하는 데도 지쳤다. 그래서 하나님께 고백했다.

"그럼 존한테야 좋지요. 하지만 **저의** 필요는 누가 채워 주나요? 저는 어떡합니까, 하나님?"

하나님의 응답이 들려왔다.

"캐서린아, 너의 필요는 내가 **항상** 채워 준다."

캐서린은 하나님의 보호와 공급에 순복한 것이 '기적 같았다'고 말한다. 남편에게 용서를 베풀 때마다 그녀는, 무시당한 기분 때문에 존을 벌하거나 심리전을 펼치지 않고도 다시 방에 들어갈 수 있었다.

존은 자기에게 신앙이 없는 것이 아내에게 얼마나 상처가 되는지 이해했다. 한번은 존이 가족들을 교회에 데려다 주었는데, 캐서린이 예배에 들어가니 마침 아내들을 높이기 위해 남편들이 준비한 예배였다. 아내들에게 장미꽃을 건네는 남편들을 보며 캐서린은 마음이 무너져 내렸다. 부부 동반에 강조점을 둔 예배에 그녀는 준비되어 있지 않았고, 곁에 남편이 없어 슬펐다. 어찌나 심란했던지 거의 예배 시간 내내 울었고 성경공부도 빼먹었다.

나중에 캐서린과 아이들을 데리러 온 존은 아내의 슬픔을 감지하고 "당신한테 이런 걸 해주지 못해 미안해"라고 말했다. 캐서린은 여전히 마음이 아팠지만, 존의 부재로 인한 자신의 고통을 존이 용케 알아주어 그나마 한결 나았다.

캐서린은 가끔 남편에게 복음 메시지를 나누었지만 되도록 삼갔다. 23년 동안 '상황이 생겼을 때' 열 번 정도였을 것이다. 예를 들어, 존은 콘티넨탈 항공사의 조종사였는데 회사가 어려워져 3년 동안 실직한 적이 있었다. 결국 저축해 둔 돈도 다 떨어졌다.

캐서린이 말했다.

"존, 지금이 당신이 하나님을 신뢰할 수 있는 절호의 기회예요. 하나님은 신실하신 분이니 **반드시** 우리의 필요를 채워 주실 거예요. 그분이 어떻게 하시는지 나랑 함께 지켜볼래요? 그분이 우리의 기도에 응답하시면 당신도 인정할래요?"

이후 사흘 동안, 세 가정에서 각기 따로 존과 캐서린에게 준 돈이 도합 1천 달러가 넘었다.

그래도 존은 굽히지 않고 캐서린에게 이렇게 말했다.

"나는 당신처럼 그렇게 믿을 수 없어. 믿어지지가 않아."

그러자 하나님은 하나의 계획을 실행하셨는데, 그것이 결국 존을 신앙으로 이끌게 된다.

가정의 위기

존과 캐서린의 두 딸은 '문제 없이' 중고등부를 잘 마쳤으나 아들 브라이언은 중고등부의 신임 목사와 잘 지내지 못했다. 설상가상으로 브라이언이 교회 캠프에서 구타를 당하는 일이 있었다. 뿐만 아니라 그는 신앙에 전혀 관심이 없는 아빠를 같은 남자로서 그대로 따라 하기 시작했다.

아들이 위험한 선택들을 하는 것을 지켜보면서 캐서린은 남편에게 화가 났다. 그는 존에게 말했다.

"우리 아이들이 하나님을 섬기는 모습을 보는 것이 나한테는 세상에서 가장 중요한 일이에요. 브라이언은 당신을 존경하고 있고 당신을 영웅으로 알아요. 당신은 아들과 사이도 아주 좋아요. 만약에 브라이언의 신앙에 무슨 일이 생기면 나는 당신한테 직접 책임을 물을 거예요. 절대로 당신을 용서하지 않을 거예요." 캐서린이 존을 위협하기는 그때가 처음이자 마지막이었다.

"이것이 우리의 관계에 영향을 미칠 거란 말이요?" 그가 물었다.

"그래요!" 캐서린은 대답했다.

그 대화는 이들 부부가 자전거를 타던 중에 있었다. 존이 휙 앞으로 나가자 캐서린은 '내가 너무 심했구나' 하는 생각이 들었다. 캐서린은 따라가서 사과하려고 페달을 더 세게 밟았으나, 하나님이 자기를 진정시키시며 더 이상 말하지 못하게 하시는 것 같았다. 그녀는 이렇게 생각한다. '내가 그 말을 하지 말았어야 되겠지만, 그 일로 더 말하면 아마 상황이 더 악화되었을 거야.'

브라이언이 마약 문제와 징계를 겪기 시작하면서 캐서린은 기도 중에 주님이 이렇게 말씀하시는 것을 느꼈다. 처음에는 앞뒤가 맞지 않는 말이었다.

"너는 더 이상 이 집의 영적인 머리가 아니다."

"제가 아니라면 누구인가요?"

"영적인 머리의 권위를 존에게 주겠다. 네가 그렇게 말해 주어라."

"그게 어떻게 가능해요? 남편은 거듭나지도 않았는데요!"

하지만 캐서린은 결국 굽히고, 자기가 기도 중에 하나님께 들었다고 생각되는 말씀을 존에게 전했다. 존도 캐서린만큼이나 대경실색했다.

"무슨 소리야? 캐서린! 내가 어떻게 그럴 수 있단 말이오?"

"나도 몰라요. 하지만 하나님이 그렇다니까 나도 그렇게밖에 말할 수 없네요."

나중에 주님은 캐서린에게 날마다 존을 위해서 기도하라고 지시하셨다. 구체적으로, 하나님이 친히 곁에서 존에게 가르치시는 동안 존이 영적인 머리 역할을 하는 법을 배우기를 위해서 기도하라고 하셨다. 어느 것 하나 앞뒤가 맞아 보이지 않았지만 캐서린은 계속 따르기로 했다.

지금 캐서린은 그러기를 아주 잘했다고 생각한다.

브라이언이 대마초를 피우다 잡힌 뒤로 존과 캐서린은 상담자를 만나러 갔다. 이 방문을 놓고 기도하던 중에 캐서린은 하나님이 말씀하시는 것을 또 한번 느꼈다.

"브라이언을 징계할 사람은 더 이상 네가 아니다. 존이 해야 한다. 너는 존의 징계 과정을 위해서 날마다 기도해라."

존에게는 그것이 **전혀** 문제될 게 없었다! 사실, 캐서린이 너무 부드럽게 나갈까봐 우려했던 그는 그 말을 듣고 다행으로 여겼다. 이때만은 그에게도 하나님의 생각이 아주 좋아 보였다.

그때를 돌아보며 캐서린은 깨닫는 게 있다.

"그거야말로 하나님이 제자리에 맞추신 가장 중요한 퍼즐 조각 중의 하나였다. 존은 자기가 영적인 머리 역할을 하고 있다는 것을 몰랐다."

아주 힘겨운 1년 반이 지났다. 브라이언은 계속 마약을 하다가 고등학교 3학년 때 정학을 당했다. 이들 부부는 더 진지하게 상담을 받았으나 캐서린은 간호대학에 들어간 직후라서 그 어느 때보다도 바빠졌다. 그즈음에 캐서린은 하나님이 존의 구원을 위하여 간절히 기도하라고 인도하심을 느꼈다. 물론 그녀는 거의 결혼생활 내내 존을 위해 기도했지만 산발적일 때가 많았다. 남편을 위해서 한동안 강하게 싸우다가 낙심해서 물러서곤 했었다. 그러다 치유가 되면 다시 한동안 간절한 기도에 들어가곤 했다. 캐서린은 친구에게 이렇게 말하곤 했다.

"남편이 그리스도인이 되도록 다시 한동안 기도에 들어갈 거야."

나와 함께 침대에 있는 이 사람이 누구지?

집에서는 브라이언의 문제가 여전히 급선무였다.

"캐서린, 이제 우리 어떻게 하지?"

어느날 존이 그렇게 물었다. 캐서린은 대답했다.

"여보, 당신이 알아서 해야 돼요. 나는 학교 공부를 따라가느라 쩔쩔매고 있잖아요. 당신이 브라이언을 잘 도와줘요. 하나님이 꼭 당신을 도와주실 거예요."

존은 브라이언의 학교에서 마약 남용에 관한 비디오 두 편을 빌려다 보았다. 그날 밤 그는 늦게야 침대로 돌아와 비디오 내용에 대해서 말하기 시작했다. "이 경찰관이 그러는데 우리가 아이들을 잃고 있는 이유는 인간이 영과 마음과 몸으로 만들어져 있기 때문이래. 우리는 아이들에게 지적으로 다가갈 뿐 영적으로는 다가가지 않고 있다는 거야. 당신은 어떻게 생각해?"

캐서린은 기쁨 못지않게 놀라움을 느꼈다. '나와 함께 침대에 있는 이 사람이 누구지?' 그런 생각이 들었다고 한다.

존은 말을 이었다.

"브라이언한테 이런 얘기를 해보면 어떨까? 브라이언이 마약에서 헤어나오지 못하는 이유는 그것이 영적인 부분이기 때문이라고, 우리가 너를 마냥 어린애로만 봐서 미안하다고 말이야."

캐서린은 아주 직설적으로 말했다.

"존, 당신이 삶의 영적인 부분을 무시하고 있는데 브라이언이 당신 말을 듣겠어요?"

"하긴, 그래서 나도 걱정이야." 존이 고백했다.

"우리 이 문제로 함께 기도할까요?"

잠시 침묵이 흘렀다.

"좋아." 존이 말했다.

캐서린의 심장이 마구 쿵쾅거리기 시작했다. 혹시 소방서에서 듣고 급히 달려오지나 않을까 걱정될 정도였다. 결혼한 지 20년이 넘도록 남편과 함께 기도하기는 처음이었다!

다행히 하나님은 그녀를 진정시켜 주셨다. "내가 브라이언 못지않게 자기 때문에 흥분하고 있음을 존은 눈치 채지 못했던 듯싶다. 6년 전에 내가 브라이언이 하나님을 버리면 남편에게 책임을 묻겠다고 말하던 그때, 남편이 정말 책임을 느꼈던 것 같다."

바로 이튿날, 존은 신앙의 중요성에 대해 브라이언과 긴 대화를 나누었다. 여태까지 자신의 삶에는, 솔직한 고백으로, 신앙이 중요하지 않았지만 말이다.

거듭남

돌아보면 캐서린은 자기가 그 당시에 공부로 바빴던 게 복으로 여겨진다. 그러지 않았다면 그녀는 더 개입하여 아마 하나님의 계획에 차질을 불러왔을 것이다. 캐서린에게 주신 하나님의 경고는 아주 엄중해 보였다. "너는 이 일에 손대지 마라. **내** 손으로 주권적으로 일할 것이다!"

캐서린은 남편에게 책 한 권을 권하기는 했다. 정치에 관심이 많은 남편이라 저자를 좋아할 것 같았다. 찰스 콜슨의 《거듭나기》홍성사였다.

존은 책을 보며 말했다. "내가 좋아할 만한 책이군."

캐서린은 자신의 표현으로 '미칠 듯이' 좋았다.

"나는 **너무도** 흥분되었다. 결혼한 지 20년이 넘었지만 남편이 그렇게 관심을 보이는 모습은 처음 보았다."

캐서린은 목사님에게 전화하여 기도를 부탁했다. 그리고는 입을 꾹 다물고 있었다. 캐서린은 이렇게 고백한다. "책갈피가 옮겨져 있는지 가끔씩 슬쩍 살피기는 **했다**. 속도는 느렸지만 옮겨져 있었다."

존은 1994년 10월에 그 책을 읽기 시작했다. 그해 12월에 캐서린은 크리스마스가 일요일인 것을 보고 존에게 물었다. "올 크리스마스 예배에 우리와 함께 교회에 가지 않을래요? 아직 때가 아니라면 이해할게요."

존의 대답은 그녀를 충격에 빠뜨렸다.

"물어보게 해서 미안해. 나도 이제는 교회에 가보겠다고 말하려고 하던 참이었거든."

평소에 감정이 풍부한 캐서린은 그 자리에서 감격하여 울고 말았다.

"고마워요. 나한테 얼마나 굉장한 일인지 몰라요."

사상 처음으로 캐서린 집의 다섯 식구가 일요일에 함께 교회에 나갔다. 캐서린은 약간 구경거리가 된 기분이었다. 이 교회를 개척 때부터 도왔던 그녀인지라 모두가 그들 일가족을 지켜보며 캐서린의 흥분과 기쁨을 함께 나누었다. 캐서린은 도무지 현실 같지가 않았다.

"마치 내가 다른 사람의 삶을 영화로 보고 있는 기분이었다. 그렇게 오래도록 기다려온 일인데 막상 벌어지니 믿어지지 않았다."

캐서린은 모든 일을 지휘하신 하나님이 놀랍기 그지없었다. 하나님은 그녀에게 가정의 영적인 머리 노릇을 그만두고 물러나라 하셨고, 아들을 징계하는 일을 존에게 맡기라고 지시하셨다. 캐서린이 새로 작정 기도에 들어간 일, 존이 비디오를 본 일, 존이 찰스 콜슨의 책에 공감을 느낀 일도 떠올랐다. 설령 캐서린이 그 하나하나를 지휘하려 **시도**했다 하더라도 절대로 할 수 없었을 것이다.

캐서린의 고백이다.

"지켜보면서 정말 놀라웠다. 아직도 나는 하나님의 신실하심이 놀랍기만 하다."

존은 다음 일요일에도 교회에 갔고 그 후로 매 주마다 교회에 나가고 있다. 캐서린은 그에게 신약의 일부가 들어 있는 책과 묵상집을 주었는데, 존은 그 묵상집을 거의 날마다 읽었다. 그는 캐서린에게 아주 많은 질문을 던졌다. 함께 그들은 새 신자 반에 들어갔다. 존이 교사와 뜻이 맞는가 싶더니 마침내 서로 친구가 되어 캐서린은 감격했다.

마침내 3월에, 목사님이 예배 시간에 설교를 마치면서 그리스도를 믿고 신앙을 고백하고 싶은 사람이 있느냐고 물었을 때, 캐서린은 존의 손이 올라가는 것을 보았다. 목사님이 존과 함께 기도할 때, 존은 자기가 그전에 이미 믿음이 생겼을지도 모르지만 찰스 콜슨의 구원 경험을 읽으면서 자기도 구체적인 회심 날짜를 원했다고 설명했다.

배워야 할 교훈들

나는 존과 캐서린이 그 과정에서 배운 교훈들에 대해 그들과 함께 얘기했다. 특히, '멍에를 함께 메지 않은' 아내들이 남편을 신앙 쪽으로 부드럽게 이끌 수 있는 방법에 대해서 대화했다.

다리를 놓으라

캐서린은 공통점이 이렇게 적은 두 사람이 과연 어떻게 살아갈 수 있을지 의문일 때가 많았다. 때로 그녀는 존에게 이렇게 묻기까지 했다. "우리가 결혼생활을 잘 해낼 수 있을까요? 우리는 공통점이 너무 적어요. 나한테는 아주 중요한 신앙이 당신한테는 아예 있지도 않잖아요!"

존은 이렇게 말하곤 했다.

"캐서린, 우리의 관계는 좋은 부분에서는 아주 좋잖아. 거기에 집중합시다."

존은 캐서린이 실망에 찌들기보다는 결혼생활의 좋은 면들에 집중하기를 원했다.

캐서린은 수십 년 동안 아주 어려운 시련의 시절을 지났다고 솔직히 고백한다. "신앙생활을 함께하지 못하는 삶은 말할 수 없이 외롭다. 자녀를 혼자서 지도해야 한다. 그러면서 원망을 떨치고 부부관계를 좋게 해야 한다. 정말 굉장히 어려운 일이다."

대부분의 여자들은 이런 상황에서 캐서린처럼 자기연민에 빠지고 싶어질 것이다. 빌립보서는 "모든 일을 원망과 시비가 없이 하라"빌 2:14고 말한다. 여기 '모든 일' 이라는 말에는 결혼, 나아가 신앙이 없는 사람과의 결혼도 들어간다. 원망과 불평은 이 관계에서 당신의 영적인 생산성을 막을 뿐이다.

캐서린은 자기네 부부가 그리스도를 믿는 믿음을 공유하고 있지 않기에, 자신이 다른 공통 관심사를 찾고자 갑절로 더 노력해야 함을 깨달았다. 안타깝게도 존 쪽에서 가장 흥이 나는 일들은 캐서린 쪽에서는 거의 혹은 전혀 관심이 없는 일들이었다. 예컨대 자전거 타기처럼 말이다.

"나는 결단해야 했다. 남편과 함께 자전거를 타기 시작할 것인가, 아니면 집에 혼자 앉아 우리 사이의 갭이 더 벌어지게 둘 것인가?"

첫 시도들은 캐서린에게 별 힘이 되지 못했다.

"정말 한심했다! 내 체력이 말이 아니었던 것이다. 그런데 이상하게도 1년 반이 지나서는 자전거 타기를 내가 남편보다 더 좋아하게 되었다! 우리는 '록키산맥 자전거 일주' 도 함께 했다. 2백 명의 다른 사람들과 함께 7일 동안 자전거로 록키산맥 180킬로미터 구간을 종주한 것이다. 정말 좋았다. 우리는 종주에 대비해 훈련하는 데만 수백 시간을 함께 보냈다."

캐서린은 계속 긍정적인 쪽에 집중했다. 그녀의 고백이다. "우리 가족은 교회에는 함께 가지 못했지만 자전거는 함께 탔다."

어떤 아내들은 일부러 덜 맞추어 줌으로써 신앙이 없는 남편을 벌하고 싶을 수 있다. "당신이 내 신앙을 공유하지 않으면 나도 당신의 관심사를 공유하지 않겠어요." 하지만 이런 쩨쩨한 태도는 비록 이해는 되지만 오히려 갭을 넓어지게 할 뿐이다. 캐서린은 신앙이 없는 남편과 결혼한 다른 여자들에게 이렇게 간곡히 권한다. "남편이 좋아하는 일들을 찾아서 그것을 남편과 함께 하는 법을 배워야 한다."

아내라면 누구한테나 요긴한 교훈이다!

존은 낚시도 좋아했는데, 이 또한 캐서린으로서는 전혀 매력을 못 느끼던 활동이었다. 전에 아이들이 어렸을 때는 캐서린은 아이들과 함께 캠프장에 남아 있고 존만 낚시를 갔었다. 그런데 아이들도 나이가 들면서 아빠를 따라 낚시를 나가기 시작했다. 어느 해에 캐서린은 깨달았다. 그녀는 캠프장에 혼자 남아 있을 수도 있었고, 아니면 별로 관심은 없는 활동이지만 가족들과 합세할 수도 있었다.

캐서린은 낚싯대를 들고 따라나섰다.

세월이 흐른 지금, 그녀는 존과 함께 파리 낚시를 즐긴다. 사실, 이제 낚시는 그녀가 가장 좋아하는 일 중의 하나가 되었다. 그녀는 말한다.

"이상하다. 한때는 고작 의무감 때문에 하던 일이 이제 내 삶에 가장 즐거운 일 중의 하나가 되었다."

캐서린이 이런 귀한 교훈을 배우는 데는 여러 해가 걸렸다. 그녀는 고백한다.

"나는 누구 못지않게 이기적이고 소극적인 사람이다. 하지만 성령께서 나를 인도하고 계셨음을 안다. 지금도 나는 이따금씩 이렇게 말한다. '우리, 잘할 수 있을까요?' 우리 두 사람이 좋아하는 일들이 결코 다 똑같을 수는 없다. 물론 둘 다 좋아하는 부분들도 있지만, 확연한 차이점도 많이 있다. 결혼생활이란 부부관계의 강점들에 주안점을 두겠다는 선택이다. 그 부분들에 집중하겠다는 **선택**이다. 교차점이 전혀 없는 부분에서는 우회로를 찾으면 된다."

다시 말해서, 캐서린은 자족을 배웠다. "나는 내게 없는 것들 때문에 평생을 불평하며 살기보다는 내게 이미 있는 것들을 누리기 시작했다."

당신도 오늘부터 그 과정을 시작할 수 있다. 당신이 남편의 약점들을 머릿속으로 계속 되뇌고 있다면, 남편의 모습 중에서 당신이 좋아하는 점들을 묵상함으로 그런 성향을 물리치라. 서로의 차이점 때문에 끙끙거리기보다는 당신 부부가 정말로 함께 즐겨하는 일을 한두 가지 생각해 보라.

현실적이 되라

캐서린은 이렇게 경고한다. "아내들은 이런 생각에 온통 지배당할 수 있다. '이래봐야 소용없어. 우리는 너무 달라. 생각도 다르고, 열정의 대상도 다르고, 사물을 보는 눈도 달라!' 결국 우리가 배워야 할 것은 이것이다. 우리의 소원들 중의 일부는 끝내 이루어지지 않겠지만, 하나님은 이미 있는 강점들을 개발할 길을 열어 주신다. 그 강점들을 당신은 모르고 있을 수 있다. 이 과정에서 우리는 서서히 성숙해 가며, 예수님이 곧 우리의 기쁨의 대상임을 깨닫게 된다. 나의 가장 큰 즐거움은 하나님과의 관계다."

하나님은 존이 캐서린의 모든 필요를 채워 주도록 의도하신 적이 없다. 캐서린은 그것을 배워야 했다. 설령 결혼생활 내내 존이 그리스도인이었다 해도, 어떤 필요들은 여전히 채워지지 않을 것이다. 그리스도인이든 아니든, 어떤 남편도 하나님이 아니다. 그런데 아내들은 불완전한 남편이 불완전하게 행동하면 실망하는 경향이 있다!

당신은 남편에 대한 실망에 어떻게 대응할 것인가? 불만과 원망과 분노의 독극물이 서서히 당신의 가정에 독을 흘리도록 둘 것인가, 아니면 하나님을 의지하는 가운데 용서하며 살기로 선택할 것인가? 당신은 자신이 충분히 사랑받고 있는지 염려하기보다는 남편을 사랑하는 데 집중하겠는가?

남편과 함께 변화되라

캐서린은 결국 '존이 그리스도인이 되기를 기다리던 그 기간이 의미가 있었음'을 깨달았다. 그녀는 그저 존을 기다리고만 있었던 게 아니다.

"남편에게뿐 아니라 **내가** 그리스도 안에서 자라가는 데에도 전체 과정이 꼭 필요했다. 하나님은 내가 방관자나 순교자나 그냥 기다리는 사람이 되어서는 안 됨을 분명히 알려주셨다. 하나님께는 내가 배워야 할 교훈들도 있었던 것이다."

당신이 영적으로 남편보다 앞서 있을지라도 아직 완전히 도달한 것은 아니다. 우리 중에 누구도 그렇지 않다. 당신은 계속 성숙해가고 성품이 자라야 한다. 바울은 디모데에게 "이 모든 일에 전심 전력하여 **너의 성숙함을 모든 사람에게 나타나게 하라**"딤전 4:15고 말했다. 우리가 이 세상에서는 완전에 이를 수 없지만, 모든 성장하는 그리스도인은 조금이라도 영적인 진보를 보여야 한다.

하나님은 캐서린의 결혼생활을 통하여 그녀에게 두려움 그녀의 경우, 결혼생활의 실패에 대한 두려움을 더 잘 처리하는 법을 가르쳐 주셨다. 캐서린이 이런 부분에서 자라가면서 하나님은 그녀의 삶뿐 아니라 가정에도 놀라운 일을 하셨다. 그리하여 디모데전서 4장 16절 말씀이 진리임을 입증하셨다. "네가 네 자신과 가르침을 살펴 이 일을 계속하라. 이것을 행함으로 네 자신과 네게 듣는 자를 구원하리라."

솔직해지라

캐서린의 말에 의하면 '두 삶을 사는' 법을 배우기가 캐서린에게는 심히 어려웠다. "내가 애지중지하는 일이 두 가지가 있다. 하나는 하나님과의 관계이고, 또 하나는 결혼생활이 활기차고 강해졌으면 하는 깊은 갈망이다. 그 둘이 하나로 수렴될 수 없을 때 정말 어렵다. 내가 둘로 나누어지는 기분이다."

헌금이 특히 괴로운 문제가 되었다. 캐서린은 하나님께 헌금을 하고 싶었으나 자신은 직장 생활을 하지 않았으므로 처음에는 존이 뭐라고 말할지 두려웠다. 그래서 그녀는 생활비에서 푼돈을 모아 그것으로 헌금을 하기 시작했는데, 지금은 후회하고 있다.

"결국 나는 헌금이 내게 얼마나 중요한 일인지 존에게 말할 수밖에 없었다. 젊은 아내들에게 말해주고 싶다. 자신에게 중요한 일들을 숨기지 말고 솔직히 털어놓으라고 말이다." 일단 캐서린이 헌금을 하고 싶은 이유와 헌금 생활이 자신에게 얼마나 큰 의미가 있는지를 설명하자, 존도 수긍하고 한 달에 1백 달러를 내게 해주었다. 캐서린은 처음부터 솔직하지 못했던 것을 아쉬워하고 있다. 잠언에도 있듯이, "적당한(정직한) 말로 대답함은 입맞춤과 같으니라" 잠 24:26.

인내하라

일부 어리석은 여자들은 이런 말로 캐서린에게 깊은 상처를 주었다. "당신의 남편은 벌써 오래 전에 구원받았어야 한다. 당신이 뭘 잘못하고 있기에 이런가?"

그러나 존과 얘기해 보면, 캐서린의 인내심이 한없이 고맙다는 말이 그의 입에서 끊이지 않는다. 만일 캐서린이 너무 열심히 하려고 했다면, 그래서 계속 재촉했다면, 십중팔구 그녀는 존을 신앙에 더 가깝게 이끄는 게 아니라 오히려 더 멀리 밀어냈을 것이다.

당신 남편의 내면에 우주적인 영적 전투가 벌어지고 있음을 명심하라. 영원이 달린 문제다. 영원에 비추어 보면 10년, 20년은 그리 길지 않다(물론 20년이 영원처럼 느껴질 수 있지만 말이다. 아내와 아이들이 교회에 갈 준비를 하고 집 앞을 빠져나갈 때면, 존의 내면에 '너도 따라가라'는 속삭임이 들리곤 했다. 그런데 그는 어떻게 해야 할지를 몰랐다. 시간이 필요했다. 만일 캐서린이 강요하려 했다면 상황을 더 호전시키기보다 오히려 더 악화시켰을 것이다. 누가복음 8장 15절에 예수님은 우리에게 '**인내로** 결실하는' 거라고 말씀하신다.

최후의 순복

그리스도의 신부인 당신에게, 믿음이 없는 남자의 아내로 사는 일보다 더 어려운 일은 없을 것이다. 캐서린은 양쪽으로 세게 잡아당겨지던 기분이었다고 고백한다. 그녀는 남편을 사랑했고 결혼생활이 잘되기를 원했지만, 또한 하나님을 사랑했고 그분을 첫자리에 모시고 싶었다. 그 둘을 당장 합칠 수 없을 때, 그것이 그녀에게 깊은 아픔이 되었다.

사실, 쉬운 답은 존재하지 않는다. 나는 당신에게 남편의 회심을 보장하는 완벽한 처방을 내놓을 수 없다. 그리고 아무라도 이와 다르게 말하는 사람이 있다면 솔직히 거짓말을 하는 것이다. 그러나 아내가 온유하고 침착한 심령으로, 인내심을 가지고, 계속 기도하고, 남편과 소통할 길들을 찾는다면, 어느 날 꿈꾸던 대로 남편과 **함께** 하나님께 기도하게 될 가능성이 훨씬 높아진다.

당신에게 이것만은 말할 수 있다. 베드로후서 3장 9절에 아주 분명히 나오듯이, 하나님은 누구도 멸망하기를 원하지 않으시며, 또 디모데전서 2장 4절에는 우리 구주께서 "모든 사람이 구원을 받으며 진리를 아는 데에 이르기를 원하시느니라"고 선포되어 있다. 하나님의 은총, 성령의 인도하심과 죄를 깨닫게 하심, 믿는 아내의 인내하는 사랑, 이것을 다 합하면 그 남자는 **얼마든지** 가망이 있다.

 이 영광스런 일에 하나님이 당신을 복 주시기를 빈다! 당신이 남편을 데려갈 수 있는 가장 중요한 자리는 바로 하나님 앞이다. 영원한 유익들과 남편의 영적인 건강을 생각하면, 아무것도 그 근처에 오지 못한다. 쉬운 전투가 아니며 승리가 보장된 것도 아니다. 그러나 결국은 가치 있는 싸움이다.

1. 누가복음 6장 32~36절에는 사랑하기에 늘 쉽지만은 않은 사람들을 사랑하라는 예수님의 말씀이 나온다. 이 말씀의 의미를 특히 신앙이 없거나 이름뿐인 그리스도인과 결혼한 아내와 연결시켜 토의해 보라.

2. 신앙이 없거나 영적으로 어린 남편과 결혼한 그리스도인 아내들은 바울이 빌립보서 2장 3절에 말한 "오직 겸손한 마음으로 각각 자기보다 남을 낫게 여기"라는 지시에 어떻게 따를 수 있을까?

3. 하나님은 어떻게 구원받지 못한 남편을 통해서 그리스도인 아내가 경건함에서 자라가게 하실 수 있을까?

4. 비그리스도인과 결혼한 그리스도인 아내가 교회 행사에 너무 자주 다니는 것이 잘못일 수 있다는 캐서린의 말에 당신은 동의하는가? 비그리스도인과 결혼한 그리스도인 아내들이 흔히 범하는 다른 잘못들은 무엇이 있을까?

더 예쁜 부부관계를 꿈꾸며...

5. 그리스도인 아내가 신앙이 없거나 영적으로 어린 남편에게 그가 할 수 없는 일들을 기대한다면 오히려 남편의 실패를 자초할 수 있다. 어떻게 그런가?

6. 캐서린은 아내들에게 "남편이 좋아하는 일들을 찾아서 그것을 남편과 함께 하는 법을 배워야 한다"고 권한다. 어떻게 아내들은 신앙의 차이에서 오는 좌절은 그냥 지나치면서 동시에 다른 활동들을 함께하는 데는 마음을 열 수 있을까?

7. 멍에를 함께 메지 못한 부부 사이에 문제가 될 만한 실제적인 이슈들은 무엇인가? 돈 관리나 교회에 들이는 시간 등이 있을 수 있다. 어떻게 하면 믿는 아내 쪽에서 싸움 대신 구속救贖을 촉진하는 쪽으로 말하고 행동할 수 있을까?

8. 아내들은 끈기 있게 인내하는 일(때가 오기를 기다리는 일)과 복음을 직접 나누는 일 사이에 어떻게 균형을 유지할 수 있을까?

후기

결혼,
그
영원한
아름다움

　새 나라의 탄생을 앞두고 애비게일 애덤스에게 새 아기가 잉태되었다. 때는 1776년, 식민지 13개 주는 영국으로부터의 독립을 선언했고, 이탈한 지도자들은 신생 국가를 만들고자 열심히 노력하고 있었다.

　남편 존이 집을 시도 때도 없이 집을 비워야 했던 점을 생각하면 애비게일과 존이 아기를 잉태할 시간이 있었다는 게 신기하다. 어쨌든 아기는 잉태되었다. 그러나 그 직후인 1777년 초에 존은 신생 국회의 또 다른 회의에 참석하고자 다시 집을 떠나야 했다.

　임신한 애비게일은 자기가 설득하면 존이 집에 있으리라는 것을 알았다. 그녀가 친구에게 보낸 편지에 그렇게 나온다.

"남편을 못 가게 말리고 싶었고, 그랬으면 남편도 내 말을 들었을 것이다. 하지만 그때 나라가 워낙 암울한 처지라서, 나라에 남편의 도움이 필요할 때가 있다면 바로 이럴 때이겠다 싶었다. 그래서 나는 체념하고 이듬해에 많은 시간을 불안하고 우울하게 보냈다."[1]

애비게일은 자기 옆에 남편이 필요한 줄 알면서도 신생 국가에 그가 더 필요하다고 믿었다. 그래서 조국을 위해 기꺼이 불편을 감수했다.

존은 아내의 희생을 고마워했다. 그는 아내의 이타심을 알아주고 존중했다. 애비게일은 정당한 권리가 있었고, 자상한 남편이라면 누구라도 임신한 아내가 겨우내 혼자 남아 겪을 고생을 모른척할 수 없다. 어느 유명한 팸플릿은 혁명기를 '남자들의 영혼을 시험한' 시대라고 표현했거니와, 이에 대해 존은 '남자들뿐 아니라 여자들의 영혼을 시험한 시대'였다고 응수했다.[2]

이런 불편함은 그저 한 철만의 일이 아니었던 듯싶다. 다른 편지에 애비게일은 이렇게 털어놓았다. "결혼한 지 14년이 다돼가는데 우리가 함께 사는 행복을 누린 것은 그 기간의 절반도 안 된다. 무정한 세상은 그것을 제멋대로 생각하겠지만, 나에게 그것은 조국을 위한 희생이자 내 최고의 불운 중 하나다."[3]

애비게일은 자신의 사랑과 헌신에 값비싼 대가를 치렀다. 그녀는 남편을 나라와 공유했을 뿐 아니라 정부 관리들을 겨냥한 악의에 찬 공격도 많이 당했다. 한 친구에게 그녀는 "남편이 상처를 입으면 나는 피를 흘린다"고 말했다. 훗날 애비게일은 공인으로서의 자기네 삶을 '화려한 불행'이라고 표현했다.

　이들은 부부간의 불화도 남못지않게 겪었다. 존은 완고한 면이 있었다. 그는 아내의 조언을 구했지만 매번 그대로 따르지는 않았다. 사실, 결혼 초에 이들 부부는 큰 돈을 벌 기회가 있었다. 요즘과 달리 그때는 정부 관리로 일을 잘해도 경제적인 안전이 전혀 보장되지 않았다. 존 애덤스는 저축을 위한 투자로는 땅이 최고라고 믿었다. 마침 새로 발행된 국채에 투자할 기회가 생겼을 때 애비게일은 남편에게 그 기회를 놓치지 말라고 권했다. 하지만 존은 '돈과 사업'에 대한 투자를 계속 미심쩍어했다. 그는 땅, 농업의 가치, 식량의 중요성은 잘 알았지만 은행은 믿지 않았다. 지나고 보니 "애비게일의 뜻대로 국채에 투자했더라면 애덤스 부부는 거의 틀림없이 결국 큰 부자가 되었을 것이다."[4]

　하지만 이렇게 기회를 놓쳤다고 불만이 오래갔던 것 같지는 않다. 애비게일은 현실주의자였을 뿐 아니라 남편이 하는 일의 열정적인 동반자였다. 남편이 외교에는 뛰어나지만 투자 감각은 영 신통치 못함을 그녀는 인정했다. 모든 남자들처럼 그도 한계가 있었던 것이다. 자신이 선택한 남편인 만큼 애비게일은 끝까지 그의 장점은 지원해주고 단점에는 아량을 베풀었다.

　애비게일의 흔들리지 않는 헌신 덕분에 남편의 마음은 그녀에게 굳게 결속되었다. 미국의 2대 대통령이 되었을 때 존은 애비게일에게 지체 없이 자기 곁으로 와 달라고 간청하는 긴 편지를 썼다.

내가 당신한테 가든지 당신이 나한테 오든지 해야겠소. 당신 없이는 못 살겠소. … 간곡히 청하니 한시도 지체하지 말고 채비해서 와 주시오. 그래서 내 공무만 빼고는 당신이 내게서 인생의 모든 짐을 벗겨 주고, 당신의 조언으로 나를 도와 주고, 당신의 대화로 나를 위로해 주었으면 좋겠소. 중요하고 위험한 시기이니만큼 당신이 꼭 곁에서 나를 도와주어야 하오. 간곡하고 간절하게 다시 한번 말하리다. 나는 당신 없이는 아무것도 할 수 없소.[5]

존 애덤스는 아내가 곁에 있기를 **애타게** 바랐다. 아내의 대화와 조언이 필요했다. 오죽했으면 "나는 당신 없이는 아무것도 할 수 없소"라고 강변했겠는가.

지금까지 나는 수백 페이지에 걸쳐 여자가 남편에게 영향을 미칠 수 있는 길에 대해서 말했지만, 애비게일은 벌써 두 세기도 더 전에 이 분야를 석권했음이 분명하다.

1818년 10월에 애비게일이 죽을병으로 몸져눕자 남편은 한시도 아내 곁을 떠나지 않았다. 마지막 며칠 만에 그녀는 정신을 잃은 듯 멍하게 깨어나 곁에 있는 남편을 보았다. 그리고는 자기가 곧 죽을 것이며, 그게 하나님의 뜻이라면 자기는 준비되었노라고 가만히 고백했다. 계속 살고 싶은 마음이 있다면 오직 남편을 위해서라고 그녀는 말했다.

죽음의 문턱에서도 약해질 줄 모르는 아내의 헌신을 듣자 존은 감정이 복받치고 말문이 막혀 비틀비틀 방에서 나왔다. 아래층에서 그는 친구에게 이렇게 말했다. "나도 아내 곁에 누워 같이 죽을 수 있다면 좋으련만."

이틀 후에 애비게일은 죽었으나 존의 존중과 충절과 추억은 영원히 남았다. 오랜 후에 존의 아들이 대통령이 되자 사람들이 존을 치하하며 아버지 노릇을 한 보람이 크겠다고 말했다. 그러자 애덤스는 이렇게 힘주어 말했다. "내 아들에게는 훌륭한 어머니가 있었소!"[6]

사랑의 수고에 뒤따르는 로맨스

이쯤 되면 이렇게 생각하는 독자들이 있을지 모른다. "여태껏 저자가 말한 모든 접근 방법은 수고의 연속인 것 같네! 로맨스는 어디 있나? 재미는 어디 있나?" 내가 애덤스 부부의 이야기를 다시 말한 이유는 그들의 결혼생활에 최상의 로맨스가 있다고 믿기 때문이다. 그 로맨스는 각자의 씨름과 희생이라는 현실 속에 싸여 있다.

나는 결혼을 믿는다. 결혼생활의 모든 기쁨과 낙과 웃음과 로맨스는 물론 모든 수고와 의무와 희생까지 다 합해서 말이다. 그 이유는 하나님이 우리들 대부분을 그 삶으로 부르시기 때문이다. 당신이 이 책을 읽고 있다면 당신은 아마 독신으로 부름 받지 않았을 것이다. 신체적, 정서적, 영적으로 하나님은 당신을 불완전하기 짝이 없는 한 남자와 평생의 헌신된 관계 속에 살도록 설계하셨다. 그 삶에 좋은 부분은 물론 부정적이거나 힘들어 보이는 부분에까지 순복하면, 결국 가장 만족스런 삶을 누리게 된다. 당신은 그렇게 믿을 만큼 하나님을 신뢰할 수 있는가? 믿음을 기초로 평생의 추억 위에 쌓아올린 사랑, 가정을 하나로 지킨 데 대한 자녀들의 존경, 그분의 구속과 화해의 사랑을 간증하는 가정을 일군 데 대한 하늘 아버지의 보상, 그것을 당신은 누리게 된다.

평생의 로맨스는 결혼생활의 수고 안에 숨어 있다. 결혼생활을 하노라면 당신도 현실 속의 남자를 사랑하는 법을 익히기보다는 차라리 편히 누워 로맨스 영화들 속에나 푹 빠지고 싶은 유혹이 간혹 들 수 있다. 사랑에서 물러나고, 애정에 게을러지고, 결혼생활의 타성에 젖기가 더 쉬워 보일 수 있다. 하지만 그렇게 기분 내키는 대로 대충대충 살아가면, 결국 그것이 당신의 참된 만족감과 행복을 앗아간다. 당신은 한때 남편한테 품었던 낭만적인 감정을 잃을 것이고, 결국 자신의 그런 모습이 아주 싫어질 것이다.

관계 초기의 로맨스는 노력으로 얻어내는 게 아니며, 대개 우리는 그 진가도 모른다. 하나님이 우리를 그렇게 지으셨다. 그때의 친밀함은 즉각적이고 짜릿하다. 그러나 결혼생활이 오래되면 로맨스는 수고와 의도적인 선택들과 구체적인 행동들을 통해서만 유지된다. 감정을 억지로 만들어낼 수는 없지만, 감정이 으레 따라올 만한 행동을 선택할 수는 있다. 사랑에 빠진 것처럼 행동하면 계속 사랑에 빠지게 된다. 이것은 성장의 과정이다. 하나님을 향한, 서로를 향한, 자신의 거룩함을 향한 성장의 과정이다.

나는 그것을 이렇게 본다. 하나님이 내게 요구하시는 모든 것들은 결국 내가 되기 원하는 모습이다. 즉 충절을 다하는 사랑 많은 남편,

희생적이고 다정다감하며 함께하는 아빠, 복음의 뜨거운 일꾼, 신실하고 다정한 친구의 모습이다. 반면, 세상적 관점의 낭만적 관계에서 비롯되는 모든 결과는 내가 가장 싫어하는 것들이다. 즉 배신과 이혼으로 상처를 입는 부부들, 가정의 파탄으로 황폐해지는 자녀들, 나이가 들수록 더 이기적이고 쾌락적이 되어가는 개인들이다.

지혜를 그 열매로 알진대 성경은 역사상 가장 달콤한 가르침이다. 그런데도 성경은 가장 쓰디쓴 열매들과 경쟁 관계에 있으니 묘한 일이다. 그 쓴 열매들은 겉보기에는 다 익어 당장 먹으면 될 것 같지만, 먹는 순간 심한 배탈을 일으킨다.

성경적인 사랑은 그리스도 중심의 사랑이며, 하나님을 경외함으로 거룩함을 완성시키려 힘쓴다. 이제 함께해온 여정을 끝내면서 당신에게 권하고 싶다. 당신이 하나님의 아들을 잘 사랑함으로써 하나님께 드리는 즐거움을 잠시 멈추어 상상해 보라. 당신의 남편은 아마 때로 당신의 사랑과 헌신을 당연시할 것이다. 매정하고 비판적으로 행동할 수 있다. 배려할 줄 모르고 이기적일 수 있다. 하지만 당신의 집에는 남편만 사는 게 아니다! 그분의 딸이 그분의 아들을 사랑할 때, 하나님이 모든 것을 보시고 큰 기쁨을 얻으신다. 그분은 영혼에 만족을 주는 친밀함, 그 무엇과도 다른 친밀함을 신령한 복으로 부어 주신다.

"형제 자매들이 잘 지내는 것은 얼마나 놀랍고 얼마나 아름다운 일인가! 그것은 값진 붓는 기름 같고 … 헐몬 산의 이슬 같다. …

그렇다. 바로 거기서 하나님은 복을 명하시고 영생을 명령하신다."시 133,《메시지》.

머지않은 미래에 어느 아가씨에게 나를 역사상 가장 행복한 시아버지의 하나가 되게 해줄 기회가 주어질 것이다. 그 방법은 그녀가 내 아들을 잘 사랑하는 것이다. 너그러움과 친절과 격려를 베풀고, 하나님이 의도하신 본연의 모습이 되도록 그를 도와주고, 그가 죄를 지으면 용서해 주고, 그가 낙심할 때는 세워 주고, 그가 슬플 때면 위로해 주고, 그가 성공할 때는 그 영광을 함께 누리는 것이다.

죄인인 나도 내 아들에 대해서 이렇게 느낄 수 있다면, 하늘에 계신 당신의 시아버지께서 그분의 아들을 사랑하는 당신을 보고 얼마나 밝게 웃으실지 상상해 보라!

관계란 어렵고 아플 수 있다. '실수가 많은'약 3:2 남자와 부부로 사노라면 피곤하고 지칠 수 있다. 하지만 하나님은 실체이시며, 그분의 아들이 우리 죄를 위하여 큰 희생을 치르셨다. 성령께서 우리에게 능력을 주실 것이고, 그분의 살아 있는 말씀이 우리를 인도하실 것이다. 그리고 하나님이 약속하신 하늘의 상은 이 세상이 주는 그 무엇보다도 더 확실하고 안전하다.

당신은 쉽지 않은 삶을 선택했지만, 지금 당신은 상상할 수 없는 잠재력을 지닌 풍요로운 삶을 살고 있다. 하나님은 어떤 여자들에게 회사를 세우는 은사를, 어떤 여자들에게 책을 쓰는 은사를, 어떤 여자들에게 사역 기관을 창립하는 은사를 주셨다. 하지만 그럴지라도 여자들은 사랑하고 사랑받을 때, 이 친밀한 연합 속에서 믿음을 구사하고 경건함에 자라가고 삶을 함께할 때, 가장 큰 만족을^{또한 가장 큰 상을} 얻는다고 나는 믿는다.

이 동반의 여정을 지속하는 동안, 주님이 원하시는 결혼생활을 세워 나가는 법에 대해 그분의 인도를 구하라. 불완전한 남자를 사랑하는 '거룩한 기술'을 개발하는 부분에서 그분의 지혜를 달라고 부르짖으라. 그런 사랑을 통해 당신의 남편은 하나님이 원하시는 본연의 모습이 될 수 있다.

남편에게 비로소 영향을 미치게 되면서 당신은 알게 될 것이다. 주님도 당신에게 영향을 미치시어 당신을 그분께로 더 가까이 이끌고 계심을 말이다.

주

01_ 그리스도 안에서 자존감을 회복하라
1. C. F. Keil & F. Delitzsch, *Commentary on the Old Testament: The Pentateuch* (Grand Rapids: Eerdmans, 1956), 103. (《카일 델리취 구약주석》, 기독교문화사)
2. 같은 책, 102.
3. 다음 책에 인용된 Friedrich Hauck의 말을 고쳐 썼다. Willam Lane, *Mark* (New International Commentary on the New Testament, Grand Rapids: Eerdmans, 1974), 357.
4. Lane, *Mark*, 356,357.

02_ 참는 것이 능사는 아니다! 문제를 덮어 두지 말라
1. D. Elton Trueblood, *The Life We Prize* (New York: Harper & Brothers, 1951), 158.
2. 다음 기사에 인용된 말. Del Jones, "FedEx Chief Takes Cue from Leaders in History," *USA Today* (2005년 6월 20일), 7B.

03_ 배우자를 통하여 자라게 하시는 하나님
1. David McCullough, "Knowing History and Knowing Who We Are," *Imprimis* (2005년 4월), 5.
2. 다음 책에 번역된 말이다. Andre Castelot, *Josephine* (New York: Harper & Row, 1967).
3. 이 귀한 통찰을 들려준 내 친구 디나 혼에게 감사한다.

04_ 남자의 가장 깊은 갈증을 이해하라
1. "The GQ Poll: The State of Man," *GQ* (2004년 12월), 224.
2. 이 말을 비롯한 Leslie Vernick의 말들은 이 책의 개념들에 대한 우리의 토의에서 나온 것이다.
3. Lysa TerKeurst, *Capture His Heart* (Chicago: Moody Press, 2002), 12-13.
4. Dan Allender, *How Children Raise Parents* (Colorado Springs: WaterBrook, 2003), 196. (《타고나는 부모는 없다》, 예수전도단)
5. 같은 책.
6. 같은 책, 197.

05_ 불완전한 남자를 인정하는 법을 배우라
1. 말을 한 사람은 Henry Belafonte이다. 그가 Bono에게 그 이야기를 들려주었다. 다음 책을 참조하라. Michka Assayas, *Bono: In Conversation with Michka Assayas* (New York: Riverhead, 2005), 86.
2. 같은 책.
3. 같은 책, 87.
4. Norma Smalley, "Differences Can Strengthen a Marriage." 출전: *The Joy of a Promise Kept* (Sisters, Ore.: Multnomah, 1996), 39.
5. Elyse Fitzpatrick, *Helper by Design: God's Perfect Plan for Women in Marriage* (Chicago: Moody Press, 2003), 54~55.
6. Patricia Palau, "Influencing Our World for Christ." 출전: *The Joy of a Promise Kept*, 148.
7. 같은 책.
8. 같은 책, 149.
9. 같은 책, 152.
10. Martie Stowell, "When He Doesn't Keep His Promises." 출전: *The Joy of a Promise Kept*, 164~68.
11. Ruth Bell Graham, *It's My Turn* (Old Tappan, N.J.: Revell, 1982), 74.
12. 다음 기사에 인용된 내용이다. Ginny Graves, "As Women Rise in Society, Many Married Couples Still Don't Do 'Equal,'" *USA Today* (2005년 6월 30일), 12A. 흥미롭게도 이 수치는 1987년의 14퍼센트보다 더 높아진 것이다.
13. 같은 기사.
14. Linda Dillow, *Creative Counterpart* (Nashville: Nelson, 2003), 178.
15. 동유럽 민간전승에서 온 이야기다. 공격 측 황제 콘라드는 그 아내들의 행동에 깊은 감명을 받아 바바리아 대공과 모든 남자들의 목숨을 살려주었다고 한다.

06_ 결혼의 고귀한 소명을 받아들이라
1. Linda Dillow, *Creative Counterpart* (Nashville: Nelson, 2003), 138.
2. Derek Kidner, *Genesis* (Downers Grove, Ill.: InterVarsity, 1967), 65. (《창세기》, 기독교

문서선교회)
3. Carolyn Mahaney, *Feminine Appeal* (Wheaton, Ill.: Crossway, 2003), 34.

07_ 하나님이 결혼에 주신 소명과 책임에 집중하라
1. Gordon Fee, 1 and 2 Timothy, *Titus* (Peabody, Mass.: Hendrickson, 1995), 187.
2. Linda Dillow, *Creative Counterpart* (Nashville: Nelson, 2003), 155.
3. Desiderius Erasmus, "Marriage." 출전: *The Book of Marriage*, Dana Mack & David Blankenhorn 편집 (Grand Rapids: Eerdmans, 2001), 101.
4. 같은 책, 103.
5. 같은 책, 106.
6. 같은 책, 108.

08_ 남자의 뇌를 알면 답이 보인다
1. 이 두 일화는 다음 기사에 나온다. David Leon Moore, Thomas O'Toole & Kelly Whiteside, "Coaches Have Plenty of Tales to Tell," *USA Today* (2003년 2월 4일), 10C.
2. Michael Gurian의 책, *What Could He Be Thinking? How a Man's Mind Really Works* (New York: St. Martin's, 2003)에 이 문제가 아주 상세히 논의되어 있다.
3. Gurian, *What Could He Be Thinking?* 12.
4. 같은 책, 15.
5. 같은 책, 16.
6. 같은 책, 86.
7. 같은 책, 82-84.
8. 같은 책, 475.
9. John Gottman, "The Seven Principles for Making Marriage Work." 출전: *The Book of Marriage*, Dana Mack & David Blankenhorn 편집 (Grand Rapids: Eerdmans, 2001), 472.
10. 같은 책.
11. 같은 책.
12. Gurian, *What Could He Be Thinking?* 227.

13. 다음 책에 인용된 말이다. Shaunti Feldhahn, *For Women Only: What You Need to Know About the Inner Lives of Men* (Sisters, Ore.: Multnomah, 2004), 146. (《여자들만 위하여》, 미션월드)
14. Linda Weber, "Building a Strong Marriage." 출전: *The Joy of a Promise Kept* (Sisters, Ore.: Multnomah, 1998), 97.

09_ 끈질긴 추구의 위력을 경험하라

1. Evelyne Lever, *Madame de Pompadour: A Life* (New York: Farrar, Straus and Giroux, 2002), 11.
2. Christine Pevitt Algrant, *Madame de Pompadour: Mistress of France* (New York: Grove, 2002), 46.
3. 같은 책, 55.
4. Lever, *Madame de Pompadour*, 116.
5. 같은 책, 80.
6. Algrant, *Madame de Pompadour*, 76.
7. 같은 책.
8. Carolyn Mahaney가 "True Beauty"라는 글에 이 문제를 다루었다. 출전: *Biblical Womanhood in the Home*, Nancy Leigh DeMoss 편집 (Wheaton, Ill.: Crossway, 2002), 35.
9. C. F. Keil & F. Delitzsch, *Commentary on the Old Testament: Proverbs, Ecclesiastes, Song of Solomon* (Grand Rapids: Eerdmans, 1973), 131. (《카일 델리취 주약주석》, 기독교문화사)
10. Lever, *Madame de Pompadour*, 131.
11. 같은 책, 262.
12. John Stott, *The Message of 1 Timothy and Titus* (Downers Grove, Ill.: InterVarsity, 1996), 188. (《디모데전서 디도서 강해》, IVP)
13. Lever, *Madame de Pompadour*, 126.
14. Algrant, *Madame de Pompadour*, 288.

10_ 남편의 분노에 자존감을 꿋꿋이 보여주라
1. 조는 집필과 강연 사역을 하고 있다. 웹사이트 www.jofranz.com을 통해 조에게 연락할 수 있다.

11_ 남편 분노의 메커니즘을 알고 대응하라
1. Shaunti Feldhahn, *For Women Only: What You Need to Know About the Inner Lives of Men* (Sisters, Ore.: Multnomah, 2004), 24. (《여자들만 위하여》, 미션월드)
2. 같은 책.
3. 같은 책, 25.
4. 이 단락에 유익한 제안들을 해준 레슬리 버니크에게 감사한다.
5. 이 통찰은 엘튼 트루블러드의 것이다.
6. 나는 앤드류 머레이의 《겸손》이라는 책을 아주 좋아한다. 《뿌리 깊은 영성은 흔들리지 않는다》, 《상 주시는 믿음》, 《내어드림의 영성》 등 내 책 여러 권에도 이 '모든 덕의 여왕'에 대한 장들이 있다. 겸손은 결혼생활과도 관계가 있으므로 내 책 《사랑과 행복 그 이상의 결혼 이야기》에도 겸손에 대한 장이 나온다. 강의 테이프를 듣고 싶다면, C. J. 마허니가 2002년 3월에 "PDI 리더십 집회"에서 교만에 대한 탁월한 설교를 했다(주강의 1번). C. J.의 설교는 다음 웹사이트에서 들을 수 있다.
www.sovereigngraceministries.org
7. 다음 기사에 인용된 말이다. Amy Patterson-Neubert, "Get Serious: Domestic Violence Is Not a Joke," *Purdue News* (2003년 10월 16일). Ximena Arriaga의 기사 "Joking Violence Among Highly Committed Individuals"는 *Journal of Interpersonal Violence*, 2002년 6월호에 처음 수록되었다.
8. 같은 기사.

13_ 바쁜 남편, 가정을 첫자리에 두도록 도우라
1. Stanley Weintraub, *Charlotte and Lionel: A Rothschild Love Story* (New York: Free Press, 2003), 17.
2. 같은 책, 53.

3. 같은 책, 64.
4. 같은 책.
5. 같은 책, 189.
6. 같은 책, 293.
7. Michael Gurian, *What Could He Be Thinking? How a Man's Mind Really Works* (New York: St. Martin's, 2003), 36,39.
8. 같은 책, 63.
9. 같은 책, 47.
10. 같은 책, 48.
11. 같은 책, 62.
12. 이 이야기의 인용문들과 내용은 다음 기사에서 온 것이다. John Feinstein, "The Punch," *Sports Illustrated* (2002년 10월 21일), 68 이하. 이 기사는 같은 제목의 책으로 나오기도 했다.
13. Dr. Steve Stephens & Alice Gray, *The Walk Out Woman* (Sisters, Ore.: Multnomah), 147. (《나 지쳤어 - 현실 속의 여성 시리즈》, 사랑플러스)
14. 다음 책에 인용된 일화다. Judith Martin, *Miss Manners' Guide to Excruciatingly Correct Behavior* (New York: Atheneum, 1982), 7.

14_ 순결한 정열, 남편의 애정을 굳히고 지켜준다

1. "Christian and Sex: Sexual Issues in the Church," Church Research Report, *Christianity Today International* (2004년), 3.
2. Michael Gurian, *What Could He Be Thinking? How a Man's Mind Really Works* (New York: St. Martin's, 2003), 109~10.
3. 같은 책, 113.
4. Shaunti Feldhahn, *For Women Only: What You Need to Know About the Inner Lives of Men* (Sisters, Ore.: Multnomah, 2004), 100. (《여자들만 위하여》, 미션월드)
5. 같은 책.
6. 같은 책, 95.

7. 다음 웹사이트 기사에 인용된 통계다. Jerry Grimes, "Fighting the Battle against Pornography" (2005년 1월), www.ciu.edu/seminary/resources/articles/life/dealing-w-pornography_grimes.pdf.
8. 이 말을 비롯한 Mitch Whitman의 말들은 이 책의 개념들에 대한 토의에서 온 것이다.

16_ 신앙이 없거나 초신자인 남편을 돕는다
1. 이야기와 인용문들은 다음 책에서 온 것이다. George and Karen Grant, *Best Friends: The Extraordinary Relationships of Ordinary People* (Nashville: Cumberland, 1998).
2. 같은 책, 113.

후기_ 결혼, 그 영원한 아름다움
1. 다음 책에 인용된 말이다. David McCullough, *John Adams* (New York: Simon and Schuster, 2001), 168.
2. 같은 책, 172.
3. 같은 책.
4. 같은 책, 429.
5. 같은 책, 479.
6. 같은 책, 626.